AF377838

LÉVITIQUE.

INTRODUCTION

A L'ÉTUDE

DE L'ARTILLERIE.

[illegible]

[illegible]

[illegible]

INTRODUCTION

A L'ÉTUDE

DE L'ARTILLERIE.

DE L'INSTRUCTION

CONSIDÉRÉE

DANS SES RAPPORTS AVEC LES DIFFÉRENS SERVICES
DE CETTE ARME.

PAR JOACHIM MADELAINE,
CAPITAINE D'ARTILLERIE.

Væ qui cogitat inutile.

A PARIS,

CHEZ BACHELIER, LIBRAIRE,

QUAI DES AUGUSTINS, N° 55.

1825.

IMPRIMERIE DE GUIRAUDET,
RUE SAINT-HONORÉ, N° 315.

Nous soumettons avec confiance cet essai à MM. les inspecteurs généraux, membres du comité spécial et consultatif de l'artillerie, et à MM. les officiers du corps royal, persuadé que, s'il présente quelques vues utiles, ils les accueilleront, qu'ils modifieront les propositions peu fondées, et écarteront toutes celles que l'expérience leur fera juger inadmissibles.

L'instruction peut être considérée comme l'âme du corps de l'artillerie, et les écoles régimentaires comme la réunion de tous les moyens propres à former des officiers capables de servir dignement l'État, et de conserver à l'arme le rang qui lui est assigné par les nombreux services dont elle est chargée. Aussi le sujet que nous embrassons est-il de la plus haute importance. Il exigerait sans doute, pour être convenablement traité, des talens, de l'expérience et beaucoup d'instruction. Dans notre insuffisance, nous nous efforcerons au moins de bien établir les questions que nous nous proposons de discuter, et si nous parvenons à soutenir l'attention des lecteurs jusqu'à la fin de notre travail, nous croyons qu'il ne sera pas inutile, ne fût-ce que par les discussions que probablement il provoquera.

Considérer l'instruction dans ses rapports avec les différens services de l'artillerie, c'est essayer de fixer les connaissances sur lesquelles reposent ces services, c'est rechercher les moyens de rendre tous les agens plus aptes aux fonctions qu'ils ont à remplir. Ainsi notre travail doit reposer sur deux bases distinctes : 1° exposé de l'état actuel de l'instruction; 2° extension et modifications dont elle est susceptible. C'est à cette division que nous avons tâché de nous assujettir dans la distribution des matières.

Ayant à présenter l'état actuel de l'in-

struction, nous ne pouvions nous dispenser de parler des écoles préparatoires,
d'établir les rapports qu'elles ont entre
elles et avec les services de l'artillerie.

Après avoir exposé les travaux de
l'arme dans toutes leurs ramifications,
nous avons essayé d'indiquer en quoi
doit consister l'instruction complémentaire à donner aux officiers anciens
élèves, et comment doit être dirigée
celle des autres officiers et des sous-
officiers. — Les opérations dans les
établissemens reposant sur les applications des sciences mathématiques, physiques et mécaniques, nous avons esquissé le programme des connaissances
à exiger pour l'admission des officiers de
régiment dans les services spéciaux,
en bornant autant que possible ces
connaissances aux plus indispensables,
de manière que la carrière de tous les
emplois soit ouverte au plus grand nombre, et que cependant les différens
services soient toujours remplis à l'a-

vantage des officiers et à celui du Gouvernement.

Les modifications à apporter au système d'enseignement dans les écoles,
et tout ce que nous avions à dire sur
la rédaction des cours d'artillerie, sur
l'emploi des officiers dans les services
spéciaux, exigeaient d'assez grands développemens : nous avons tâché de les
présenter avec méthode. Des questions
accessoires, mais qui se rattachent toutes plus ou moins à notre sujet, telles
que celles sur le nombre des écoles nécessaires, sur leur emplacement, sur les
travaux des officiers, sur l'émulation, etc., ont dû trouver place dans
notre travail. (1)

Ce n'est pas d'aujourd'hui que l'on

____

(1) N'ayant en vue que l'intérêt des services, nous
nous efforcerons de prouver, en émettant nos opinions,
que nous n'avons été influencé par aucune considération particulière. En attendant, nous croyons devoir
protester ici contre toute interprétation désobligeante
envers les personnes, envers tous nos camarades, dont
nous désirons mériter également l'approbation.

reconnaît que la plupart des matériaux
de la science qui nous occupe sont épars,
et combien sa marche est encore incer-
taine. En parcourant les différens établissemens, on trouve tels moyens admis dans quelques uns par des entrepreneurs, tels préférés dans d'autres.
Faute d'accord, on prend souvent différens chemins ; les efforts sont divisés, et
l'immense avantage des forces réunies.
est perdu ; les bonnes méthodes se propagent avec peine, les considérations les
plus fécondes restent isolées et stériles :
ainsi, au milieu des théories les plus
brillantes et les plus diverses, épuisées
par tant d'hommes célèbres, l'artillerie
manque quelquefois du nécessaire. C'est
ainsi que la balistique, exploitée par les
Bernouilli, Euler, Legendre, etc., a
fait si peu de progrès, et que l'on a encore si peu de données précises sur les
épaisseurs des bouches à feu, sur leurs
longeurs, sur les charges, sur les meilleurs modes d'éprouver les poudres, etc. ;

enfin, c'est ainsi que, pour les fonderies, les efforts des chimistes les plus
distingués sont restés impuissans dans la
recherche des meilleurs alliages, etc.

Dans toutes les questions que nous
abordons, nous ne nous flattons pas
d'avoir toujours rencontré juste ; malgré nos efforts, nous sentons combien,
dans notre isolement, et appuyé sur
une faible expérience, nous avons dû
errer souvent ; mais ne devons-nous
pas être rassuré sur l'influence de ces
erreurs par la maturité avec laquelle
des questions si importantes peuvent
être discutées, *au sein des conférences,*
dans les écoles, où tous les moyens se
trouvent réunis : *instruction variée,*
expérience étendue, et conflit d'opi-
nions qui produisent les objets sous toutes leurs faces, et fixent leurs vrais rapports. Reconnaissant la faiblesse de nos
moyens ; fléchissant déjà sous le far-
deau dont nous nous sommes chargé,
il n'a pu venir à notre pensée d'entrer

dans des détails sur l'organisation des écoles, sur leur administration, sur celle des établissemens, sur les règle- mens, qu'il appartient à des personnes plus expérimentées que nous de cher- cher à améliorer. Tel le géographe, se confiant à des renseignemens plus ou moins exacts, rapporte d'une main in- certaine des points sur une carte dont il a tracé l'ensemble, fixe les distances des lieux, indique les routes ; tel nous présentons le tableau des connaissances nécessaires à l'artilleur, heureux si nous ne nous trompons point dans l'ensemble, convaincu que, s'il était juste, les détails viendraient facile- ment se ranger, prendre leur place avec plus d'exactitude.

S'il nous était permis d'exposer com- ment nous avons été conduit à rédi- ger ce travail, nous dirions qu'occupé à réunir des matériaux pour composer *la chimie de l'artillerie*, qui a tant de points de contact avec la physi-

que, avec la mécanique, avec les. constructions , nous fûmes très-embar-
rássé pour choisir ces matériaux et les
classer avec méthode. Cherchant des
points d'appui et des limites, nous n'en
trouvions pas , car trop peu d'ouvrages
spéciaux sur l'artillerie ont encore paru.
Alors nous pûmes juger , d'après nous,
que, sans plan arrêté d'avance , sans
bases fixes , les officiers pourraient s'é-
carter de la bonne voie ; se diriger vers
un même but en se croisant sur leur
route , enfin que des efforts isolés ne
produiraient pas le meilleur effet possible ; qu'en conséquence , la première
chose à faire serait d'arrêter un plan
général qui indiquât les sujets à traiter,
leurs points de contact, de telle manière que, ce plan une fois adopté , chaque ouvrage embrassât toutes les questions qui s'y rapportent, sans empiéter
sur celles qui l'avoisinent. Nous avons
essayé d'esquisser ce plan : nous serions
satisfait si le travail que nous présentons

pouvait fournir quelques moyens d'en
former un plus complet, et contribuer
à exciter le zèle de nos camarades, les
porter à faire jouir le corps de l'artillerie du fruit de leurs veilles et de leur
expérience, en les engageant soit à concourir à la discussion de ce plan d'études, soit à le rendre plus utile par la
publication de leurs travaux.

Un plan d'études bien raisonné est
d'autant plus nécessaire, qu'emportés
par notre imagination et notre impa-
tience, nous voulons tout embrasser,
de sorte qu'au lieu d'approfondir, nous
ne faisons souvent que parcourir, qu'entrevoir ce qu'il aurait fallu méditer.
L'homme est naturellement disposé à se
jeter en dehors des sujets dont il doit
s'occuper par état, s'il ne s'est d'avance
prescrit des bornes, s'il ne trouve tracé
autour de lui le cercle dont il ne doit
pas sortir. Combien ce plan devient
encore plus nécessaire lorsque les sujets à embrasser sont si variés et d'une

importance relative qu'il faut savoir apprécier. Les routes à suivre une fois bien tracées, chaque but sera plus facile à atteindre; on parviendra nécessairement et à de meilleurs résultats, et avec plus d'économie.

L'importance que nous accordons, dans cet essai, aux différens services de l'artillerie, ne tient point à une de ces exagérations que dictent souvent l'amour-propre et l'intérêt qu'on attache aux objets dont on s'occupe. Indépendamment des effets combinés de l'artillerie avec les autres armes sur les champs de bataille, dans les siéges, tous les militaires savent jusqu'à quel point il importe que le matériel de guerre, poudres, armes à feu, armes blanches, etc., avec lesquelles ils doivent se défendre et repousser l'ennemi, soit confectionné avec soin, et de quelle influence peuvent être les progrès des arts qui les fournissent.

Il nous siérait mal de faire l'apo-

logie de *l'instruction* devant des officiers d'artillerie; mais au dehors un
rigorisme déplacé, un faux esprit de
calcul, se sont quelquefois élevés contre
elle, ont cherché à la resserrer dans les
limites les plus étroites, en lui opposant la subordination et la discipline militaire, qu'elle tendrait à affaiblir. Pour
éloigner un semblable reproche, ne suf-
firait-il pas de rétorquer l'argument,
d'exposer qu'au contraire l'instruction,
indépendamment de son utilité directe,
rend la subordination plus facile, puisque officiers et sous-officiers apprennent
à mieux connaître leurs devoirs, puisqu'elle diminue les frottemens entre les
différens grades, qu'elle adoucit les relations de service, que le subalterne a
un respect mieux senti pour ses chefs,
et ceux-ci plus d'égards pour leurs subordonnés. S'il fallait même une preuve
de ce que nous venons d'avancer, ne la
trouverions-nous pas dans l'administration paternelle des corps de l'artillerie

et du génie ? De quelle autre influence puissante doit être l'instruction par tout ce qu'elle inspire de sentimens généreux et de devoirs à remplir envers le souverain et la patrie !

Nous terminerons en appréciant l'avantage de pouvoir, dans un corps tel que celui de l'artillerie, se reposer sur l'impartialité de juges aussi éclairés, qui ne redoutent pas les innovations, parce qu'ils savent les apprécier. Nous comptons sur leur bienveillance, parce qu'ils sont loin d'ignorer que si, d'un côté, il faut des connaissances approfondies et de l'expérience pour juger sainement, de l'autre, pour proposer, il faut s'être au moins donné la peine de réunir des matériaux, les avoir coordonnés entre eux, enfin faire un effort sur soi-même pour se permettre d'appeler l'attention de tout un corps à talens sur une production sans doute bien au-dessous du sujet que nous osons embrasser.

TABLE DES MATIÈRES.

CHAPITRE III.

PRÉCIS HISTORIQUE

ÉCOLES D'ARTILLERIE.

....

L'HISTOIRE des institutions présentant des faits, des antécédens positifs, n'est pas seulement curieuse, elle doit être d'un vif intérêt, surtout pour les hommes qui ont le désir et qui tentent de perfectionner ces institutions : ceux-là doivent les bien connaître, les considérer dès leur naissance, en étudier les progrès, avoir égard à l'expérience des temps passés, pour pouvoir mieux se diriger et porter sur chaque objet un jugement plus sûr. Un autre avantage à tirer de l'histoire, c'est qu'elle fait ressortir les anomalies, les contradictions, qui tendent elles-mêmes à éclairer et à mettre sur la bonne voie. Par exemple, en 1755, on réunit les corps de l'artillerie et du génie ; en 1811, au contraire, on voulut les isoler à tel point, que peu s'en est fallu qu'on n'ait mis à exécution le projet de ne plus prendre des élèves à l'Ecole Polytechnique pour le service de l'artillerie, de les tirer tous de l'école de Saint-Cyr, du Prytanée de La Flèche, et même des lycées, tandis que le corps des ingénieurs aurait continué non seulement à prendre des élèves à l'Ecole Polytechnique, mais encore les aurait choisis parmi les premiers de cette Ecole. Des dispositions si opposées conduisant nécessairement à des attributions bien différentes pour le corps royal de l'artillerie, on voit par cet exemple qu'avant de parler de l'instruction dans les écoles régimentaires, combien il importe de rapprocher les différens services de l'arme, de les présenter sous leur véritable aspect, et de constater quelles connaissances ils exigent pour être remplis convenablement (1).

Nous exposerons rapidement les modifications apportées dans l'instruction depuis la création des écoles, et les changemens les plus importans dans l'organisation personnelle, en ne nous arrêtant que sur ce qui touche à la constitution du corps, et sur ce qui pourrait influer sur une meilleure organisation. Ce sont des jalons que nous placerons aux différentes époques pour pouvoir mieux constater les progrès plus ou moins rapides de la science jusqu'à nos jours. Ce précis servira ainsi à

____

(1) On n'a pas attendu jusqu'à ce jour pour reconnaître combien le projet de décret de 1811, et ceux qui depuis avaient été mis à exécution, étaient vicieux; mais il importait de retracer ici ces anomalies, afin qu'elles puissent ajouter aux motifs d'organiser assez fortement l'instruction dans les écoles pour n'avoir plus à craindre des oscillations aussi funestes.

lier le passé au présent, et à faire mieux apprécier l'état
actuel des choses et ce qui reste à faire (1).

---

(1) En remontant jusque vers la fin du treizième siècle, époque à
laquelle l'emploi des bouches à feu n'était pas encore connu, les
artilliers appelés déjà ainsi, étaient employés à fabriquer les armes
de trait et d'hast, les béliers, les balistes, les tortues, etc., et formaient un corps sous la direction de maîtres d'artillerie dépendans
du grand-maître des arbalétriers, un des premiers officiers militaires
dont l'autorité s'étendait sur une grande partie de l'armée.

. Le corps des artilleurs était composé de machinistes, d'ouvriers en
bois, en fer, qui suivaient les armées. Ceux qu'on ne réformait pas
à la paix étaient distribués dans les arsenaux, qui seuls devaient
fournir les armes et machines de guerre; leurs chefs étaient aussi appelés *engigneurs*, du mot *engin*, terme générique servant à désigner les machines en usage dans les siéges et celles qu'on employait
aux armées.

Les mines, déjà pratiquées chez les anciens, firent ressortir davantage les effets de la poudre, lorsque l'on vit, par son emploi, le sol,
les murailles, au lieu de s'affaisser, sauter en l'air, et ensevelir pêle-
mêle les hommes et les moyens de défense.

. Les armes de trait luttèrent long-temps contre les arquebuses,
mousquets, et même contre les fusils. On se servait à la fois des uns
et des autres, tandis que les bouches à feu, qui furent sans doute les
premières employées, ne tardèrent pas à remplacer les plus grosses
machines en usage dans la défense et dans l'attaque des places. Les
maîtres de l'artillerie continuaient à être chargés de la fabrication
des armes anciennes et nouvelles, et même de l'emploi des nouvelles,
puisqu'ils avaient sous leurs ordres les canonniers formés pour la ma-
nœuvre des bouches à feu, déjà avant 1411.

. Les attributions et prérogatives du grand-maître des arbalétriers,
diminuées par celles des maîtres généraux de l'artillerie, passèrent

Les époques les plus remarquables sont :

1°. L'organisation d'un corps particulier pour le ser-

---

enfin au *grand-maître* de l'artillerie, dont l'office fut créé sous François Ier. Henri IV en fit une charge de la couronne en faveur de Sully, à qui le titre de grand-maître avait été conféré deux ans auparavant.

Les maîtres particuliers de l'artillerie changèrent de nom ; des édits établirent successivement, sous le grand-maître, un lieutenant, des lieutenans et commissaires provinciaux ordinaires, extraordinaires, des officiers pointeurs, qui obtinrent les mêmes grades que les autres officiers de l'armée.

On avait fait successivement des canons pour lancer des projectiles de plus en plus gros. On eut des bouches à feu pour des projectiles de 80, de 100, 200, 500 livres et au-dessus. La difficulté de transporter, de manœuvrer de pareilles bouches à feu en dut restreindre l'usage. Les calibres furent très-variés jusqu'en 1572, date de l'édit de Charles IX, d'après lequel on ne devait plus couler en France des canons que de six calibres différens, dont les plus forts projectiles devaient être de 33 livres un tiers.

Les travaux dans les arsenaux et dans les parcs d'artillerie étaient exécutés par des ouvriers libres et payés à la journée : quelques chefs d'ateliers étaient seulement entretenus à l'année et dirigeaient les travaux.

Tant que les chevaliers dédaignèrent de servir à pied, que l'artillerie et l'art militaire, en général, furent dans un état assez peu avancé pour qu'on considérât toujours la cavalerie comme la force la plus importante des armées, l'infanterie française ne fut pas estimée. Aussi se trouvait-on obligé de confier la garde de l'artillerie à des corps étrangers les plus distingués ; aux Suisses, sous Charles VIII, aux Lansquenets lorsque les Suisses se déclarèrent contre François Ier, et de nouveau à ceux-ci après la bataille de Marignan.

vice de l'artillerie et la création des écoles pour l'instruction de ce corps ;

2° Les modifications apportées en 1720 et en 1729 dans le personnel et dans l'instruction ;

3° La réunion des deux corps d'artillerie et génie en 1755 ; leur séparation en 1758 ; la réorganisation de l'école pour les élèves de l'artillerie ;

4° L'ordonnance constitutive de 1765, les ordonnances de 1772, 1774, 1776 et 1779 ; la création de l'école de Châlons-sur-Marne en 1790, et le règlement de 1792 concernant les écoles régimentaires ;

5° La création de l'école centrale des services publics, en 1794.

L'organisation, à Metz, de l'école d'application de l'artillerie et du génie, en 1803.

Le décret projeté de 1811 et celui exécuté de 1812, pour les élèves de Saint-Cyr, et du Prytanée de La Flèche.

Le projet de règlement de 1817 pour les écoles régimentaires.

PREMIÈRE ÉPOQUE.

Avant le règne de Louis XIV, les officiers d'artillerie désignés sous les noms de *lieutenans*, de *commissaires provinciaux*, *ordinaires*, *extraordinaires*, d'officiers *pointeurs*, tenant leur charge du grand-maître, servaient dans les places, dans les équipages, avaient la direction de tous les travaux de l'artillerie. Les officiers pointeurs étaient exclusivement attachés au service des équipages. Des canonniers appointés étaient répartis dans les places, dans les garnisons, et devaient servir les pièces à l'aide de soldats commandés aux batteries, et qu'on détachait à cet effet des autres troupes.

1671. — Le premier corps *particulier* attaché au service de l'artillerie fut le *régiment des fusiliers du Roi* ; sa création date de 1671. Ce régiment, ainsi désigné, *parce qu'il fut le premier qu'on armât de fusils*, était composé de compagnies de fusiliers, d'ouvriers et de sapeurs.

Les officiers du régiment de fusiliers fournissaient les hommes pour le service; ils étaient chargés de maintenir l'ordre et la discipline, de même que des officiers d'infanterie le feraient pour les travailleurs qu'ils fourniraient à l'artillerie et au génie. Les officiers d'artillerie continuèrent à former un corps à part dépendant du grand-maître, et ne relevant que de lui. C'était à ce dernier corps qu'appartenait l'administration des arsenaux, la direction des constructions, la conduite des équipages.

Alors s'élevait Vauban. Sa haute capacité, ses grands succès dans les siéges, si nombreux sous Louis XIV, lui donnèrent un ascendant sur le corps de l'artillerie, tel qu'il disposait, pour ainsi dire, de tous ses moyens. Un motif y contribuait encore : Louvois, ministre secrétaire d'état au département de la guerre et surintendant des fortifications, homme-impérieux, parvenait ainsi à empiéter sur les droits du grand-maître, et à s'arroger une partie de son autorité (1).

1679. — La première école d'artillerie date de 1679 ; elle fut établie à Douai, transférée ensuite à Metz, de là à Strasbourg. Les commissaires d'artillerie et les officiers pointeurs qui, en temps de paix, n'étaient point

---

(1) Il est difficile de déterminer depuis quelle époque et jusqu'à quel point les ingénieurs formèrent un corps séparé. Jusque sous le règne de Louis XIII rien n'était fixe ; la fortification ne commença à former un corps de doctrine que sous les de Ville, Fabre et Pagan, qui perfectionnèrent le relief et le tracé des places. Dans les temps antérieurs, les maires, les gouverneurs, les trésoriers de France, faisaient construire les fortifications par des architectes et des appareilleurs. Des surintendans de fortifications étaient nommés pour la partie administrative ; cette charge se confondit avec celle de grand-maître de l'artillerie, et fut ensuite réunie au portefeuille de la guerre.

Au commencement du règne de Louis XIV, chaque régiment avait ses ingénieurs volontaires, qui se dévouaient par goût et par zèle à ce service. Plusieurs recevaient des commissions, et sans cesser de compter dans leurs corps, étaient détachés pour les siéges et pour les travaux de place. C'est ainsi que l'illustre Vauban débuta dans la carrière, après s'être enrôlé à l'âge de dix-sept dans le régiment du grand Condé.

employés dans les places, devaient suivre les travaux de cette école.

. On établit ensuite des écoles plus fixes à Douai, à Strasbourg, etc. (1)

Tous les canonniers qui étaient appointés dans les places furent réformés, six compagnies de canonniers furent par suite organisées : on tira, pour ces compagnies, les soldats des autres troupes, et les officiers du régiment des fusiliers du Roi.

On reçut dans chaque compagnie *deux cadets* qui comptaient pour le complet parmi les soldats, et en faisaient le service. Tel fut d'abord le fond dont on commença à former les officiers du corps d'artillerie, plus tard des *volontaires* sans appointemens furent reçus à la suite, et devenaient ordinairement officiers pointeurs.

L'instruction fut d'abord toute de tradition ; Saint-Rémi, chargé par le grand-maître d'établir un règlement pour les écoles, adopta un ordre qu'il suivit ensuite pour la rédaction de son ouvrage, publié sous le titre de *Mémoires*, et qui fut le *cours écrit* des cadets.

Les *exercices-pratiques* des élèves et des officiers se réduisaient au tir des grosses et petites pièces d'artillerie.

_____

(2) Les autres puissances n'avaient point encore d'école pour leurs officiers d'artillerie ; ce ne fut que plus tard qu'elles en organisèrent à l'imitation de la France.

Quant à *l'instruction théorique*, parmi les commissaires d'artillerie attachés aux écoles, ceux qui étaient les plus instruits en mathématiques, en fortification et dans le dessin donnaient des leçons les jours de la semaine non employés aux exercices, suivant que le prescrivait le commandant d'école. Certains jours de la semaine étaient désignés aussi pour des cours plus élémentaires. Au reste, l'instruction, toute de détails et très-peu étendue, était encore sans applications sur le terrain.

1684. — Un régiment de bombardiers pour le service des mortiers et des pièces de siége fut organisé; le Roi en était colonel. Deux compagnies avaient déjà été levées en 1670, et le nombre en avait même été porté jusqu'à quatorze lorsqu'elles furent réunies en un régiment.

En 1689, six compagnies de canonniers furent organisées et réunies aux six qui existaient déjà, de sorte qu'il y eut douze compagnies qui, faisant partie du régiment, ne formaient point corps avec les bataillons, et étaient regardées comme compagnies détachées.

Louis XIV, voulant attacher davantage tous les officiers du régiment des fusiliers au service de l'artillerie, donna à ce régiment le nom de *Royal-Artillerie*, en 1693; mais les officiers restaient encore officiers de troupes, et ceux de l'artillerie formaient toujours un corps à part avec les mêmes attributions.

Les douze compagnies de canonniers furent incorpo-
rées dans le régiment Royal-Artillerie en 1695. Le
nombre des bataillons ayant été porté successivement à
six, et une compagnie de grenadiers ayant été attachée
à chaque bataillon, ces six compagnies de grenadiers furent converties en compagnies de canonniers, de sorte
qu'il y eut depuis, dans chaque bataillon, trois compagnies de canonniers, dont deux anciennes et une nouvelle.

Pour stimuler davantage les officiers des deux régimens (Royal-Artillerie et Bombardiers), le Roi or-
donna qu'ils prendraient les titres de lieutenans d'artillerie, de commissaires, etc., avec provision du grand-
maître, et qu'ils partageraient les profits des batteries de
siége. Enfin les fusiliers du régiment Royal-Artillerie
furent appelés aussi canonniers, et les officiers de troupes assimilés aux officiers d'artillerie, le rang d'ancienneté devant seul prévaloir.

Il y avait des capitaines du charroi subordonnés à
un capitaine-général, personnage qui devait être d'une
grande expérience.

Un capitaine commandant des ouvriers avait inspection sur tous les ouvriers de l'artillerie, et commandait
lui-même une compagnie d'ouvriers à Douai.

Quatre compagnies de mineurs avaient été créées successivement; la première de Mesgriguy, en 1673; les
autres en 1679, 1695 et 1706. Le grand-maître de l'artillerie nommait aux emplois de ces compagnies.

DEUXIÈME ÉPOQUE.

1720. — L'incorporation du régiment royal de Bombardiers et des compagnies de mineurs fut faite dans le régiment Royal-Artillerie. On divisa le régiment en cinq bataillons composés de canonniers, bombardiers, mineurs, sapeurs et ouvriers, et qui eurent cinq garnisons différentes.

Chacun de ces bataillons eut une école.

PERSONNEL. — Jusqu'en 1720, les compagnies de canonniers n'étaient employées que pour les batteries de canons, celles de bombardiers pour les mortiers, celles de mineurs pour les mines, etc. Les applications devinrent plus générales pour les officiers par la division des compagnies en trois escouades; 1° de canonniers et bombardiers; 2° de sapeurs et mineurs; 3° d'ouvriers. Ainsi chaque compagnie devint un diminutif du corps entier.

Quoique les officiers de troupes fussent assimilés aux officiers d'artillerie, ceux-ci conservèrent cependant la direction des travaux, et les premiers restèrent encore, pour la discipline et l'entretien des compagnies, sous l'autorité du colonel-général d'infanterie et de ses maî-tres-de-camp-lieutenans.

Les officiers de troupes qui montaient d'un grade dans le régiment devaient, comme avant 1720, avancer en proportion dans les charges de l'artillerie, et prendre provision du grand-maître. Les lieutenans-colonels envoyèrent les mémoires d'avancement, comme auparavant, à leur maître-de-camp-lieutenant.

Écoles. — Elles furent organisées plus fortement.

D'après l'instruction du 5 février 1720, les écoles devaient se tenir toute l'année, être distinguées en école de *théorie* et en école de *pratique*; celle de théorie fut principalement pour les officiers et cadets; avec la permission du commandant, les canonniers mêmes pouvaient entrer dans les salles : ce qui est digne de remarque pour l'époque.

Un professeur de mathématiques enseignait l'arithmétique, la géométrie et, quand il en était temps, la trigonométrie; puis donnait des leçons de mécanique et de fortification; il faisait dessiner à l'aide de la règle et du compas.

Lorsque des officiers étaient suffisamment instruits, le maître de mathématiques se portait sur le terrain pour faire opérer. Ainsi on commença à lier les principes avec les applications.

Les généraux Destouches (Camus), auquel l'artillerie doit le réglement de 1720 sur l'instruction, et De Valière père, furent nommés, le premier, directeur général, et le second, inspecteur général des écoles, dans leurs départemens. Chaque année ils devaient faire la revue des bataillons du régiment royal et s'assurer de l'instruction et de la capacité des officiers et soldats. Le réglement pour l'instruction fut établi sur des bases très-larges : indépendamment des travaux de batterie , etc., la fortification, l'art des sapes, la conduite des galeries de mines et rameaux, la construction des fourneaux , etc., devaient être enseignés; mais les moyens ne répondaient pas encore complètement à ces exigences; l'instruction préparatoire des officiers n'était ni assez étendue ni assez profonde.

Avant cette époque, chaque commandant d'école réglait les travaux comme il l'entendait. Il s'ensuivait que les officiers dont l'instruction était bornée et devait l'être, en passant d'une école dans une autre, étaient fort embarrassés. Le mode d'instruction devint alors plus uniforme, et l'on commença à sentir l'importance de l'unité, non seulement pour l'enseignement, mais encore pour les constructions.

Ce qui distingue surtout cette instruction de celle de Saint-Rémy, qui se réduisait au service des bouches à feu et à l'étude des simples détails d'artillerie, c'est qu'on devait s'étendre davantage sur tout ce qui a rapport à l'attaque, à la défense des places, aux sapes, aux mines, et que l'on devait faire des applications sur le terrain. Mais il ne suffisait pas que les réglemens fussent mieux coordonnés entre eux; on ne les suivit pas ponctuellement : le commandement des écoles fut trop souvent confié à des chefs peu instruits, peu zélés pour l'instruction, et partisans de cette pratique aveugle et resserrée qu'ils croyaient suppléer à tout; les ordonnances qui promettaient de l'avancement au mérite seul restèrent sans exécution; le service d'infanterie absorbait trop de temps; les congés, les absences interrompaient les cours d'instruction et forçaient à les recommencer sans cesse; les officiers instruits, obligés de revenir toujours aux élémens, se rebutaient; les cadets et volontaires n'étaient pas assujettis à des examens assez rigoureux; enfin les officiers des bataillons conservèrent l'esprit de l'infanterie, qui portait alors au mépris de toute science et de toute étude: aussi trouvait-on une différence remarquable entre l'instruction des officiers d'artillerie et celle des officiers des bataillons, quoique les uns et les autres suivissent les exercices des écoles.

PERSONNEL. 1729. — Le régiment royal fut réorganisé; les canonniers, bombardiers, sapeurs furent séparés en compagnies dans les mêmes bataillons; les mineurs et ouvriers formèrent des compagnies indépendantes des cinq bataillons.

Dès cette époque, le lieutenant-colonel de chaque bataillon, les capitaines d'ouvriers et de mineurs envoyèrent directement leurs mémoires au grand-maître pour proposer aux emplois vacans.

1732. — Les dimensions des pièces, des mortiers et pierriers furent déterminées d'une manière uniforme; il

(31)

fut réglé qu'il ne serait fabriqué des pièces de canon que
des calibres de 24, de 16, de 12, de 8 et de 4; des
pierriers de 15° et des mortiers de 7°, pour l'épreuve
des poudres, etc.

Au résumé, les écoles, quoique faibles encore, ne
contribuèrent pas peu à assurer la supériorité de l'artillerie française sur celles des autres puissances. Cette
supériorité se manifesta surtout dans les campagnes de
1744 à 1748.

TROISIÈME ÉPOQUE.

1755. — Louis XV ayant accepté la démission de
Charles de Bourbon, comte d'Eu, de la charge de grand-
maître et capitaine général de l'artillerie, l'ordonnance
du 8 décembre 1755 portait : « que Sa Majesté jugeait
« convenable au bien de son service de prendre elle-
« même l'administration de ce corps, et d'unir les in-
« génieurs à l'artillerie, afin que ceux qui compose-
« raient ces deux corps pûssent employer conjointement
« leurs talens et leur capacité sous son autorité immé-
« diate, pour le succès des opérations dont ils seraient
« chargés. »

Les officiers d'artillerie cessèrent dès lors d'être distingués en aucune manière de ceux des bataillons du
régiment Royal-Artillerie. Les lieutenans de l'artillerie

prirent le titre de *lieutenans-colonels*; les commissaires provinciaux et ordinaires prirent ceux de *capitaines en premier et en second*; les commissaires extraordinaires et les officiers pointeurs furent assimilés aux *lieutenans*: depuis il ne fut plus question des premiers titres.

Par cette fusion générale, le gouvernement espérait mettre fin d'une part à la mésintelligence qui existait quelquefois entre les officiers d'artillerie et ceux des bataillons, de l'autre, aux discussions qui survenaient dans les siéges entre les officiers d'artillerie et les ingénieurs, pour l'emplacement des batteries, pour les travaux de sapes et de mines. Le ministre de la guerre, comte d'Argenson, qu'il suffit de nommer pour en faire l'éloge, pouvait croire qu'il y aurait unité d'action lorsque tous les travaux seraient dirigés par un seul chef, et que les officiers seraient instruits, exercés dans les deux services liés par tant de rapports.

Les bataillons du régiment Royal-Artillerie, les compagnies de mineurs et d'ouvriers qui servaient à leur suite, les officiers d'artillerie et les ingénieurs ayant été réunis en un même corps, les rangs que ces officiers devaient tenir entre eux furent réglés, et les établissemens faits antérieurement, tant dans l'artillerie que dans le génie, furent confirmés.

Pour assurer et compléter l'instruction dans le nouveau corps, le 8 avril 1756, parut une ordonnance concernant les écoles du corps royal de l'artillerie et du

génie. D'après cette ordonnance, nul ne pouvait être admis dans le corps sur l'artillerie et du génie, sans être
parfaitement instruit sur l'arithmétique, sans posséder
les élémens de géométrie et les principes de la statique.
Une école fut établie à La Fère pour recevoir les élèves
examinés sur ces matières et jugés dignes d'y être
admis.

Dès cette époque, il ne devait plus être reçu de cadets
ni de volontaires dans les anciennes écoles régimentaires
qui furent maintenues.

Il y eut à l'école de La Fère un professeur de mathématiques, un aide, et un maître de dessin. Les élèves devaient être exercés dans la théorie et dans la pratique.

L'examinateur envoyé chaque année pour reconnaître
les progrès des élèves dans leurs études, devait s'attacher
à discerner les genres de services pour lesquels chacun
d'eux montrait le plus de dispositions. Le roi décidait,
sur le rapport qui lui était fait, du choix de ceux d'entre
les jeunes élèves qui devaient être admis à une seconde
école établie à Mézières depuis 1748 et primitivement
destinée pour les élèves ingénieurs, ou bien entrer de
suite dans les bataillons pour y remplir les places vacantes et continuer à s'instruire dans les écoles régimentaires, comme par le passé. Les officiers des bataillons et
postérieurement ceux qui devaient y entrer, pouvaient
se présenter à l'examen pour être admis à l'école de Mézières, quand ils croyaient avoir acquis les connais-

sances exigées. Les élèves qui passaient à cette dernière école avaient rang de lieutenant en second ; ils devaient y rester deux ans ; après la première année, on les répartissait dans les places de la direction de la Meuse ; au bout de la seconde année, on jugeait s'ils étaient capables de remplir les deux services de l'artillerie et du génie.

· 1758. — Les ingénieurs furent séparés de l'artillerie L'ordonnance du 5 mai était ainsi motivée :

« Sa Majesté ayant remarqué que le nombre des ingé-
« nieurs destinés à faire dans les places le service de la
« fortification n'est pas suffisant pour remplir convena-
« blement une partie aussi essentielle de son service, a
« arrêté que les ingénieurs formeraient un corps séparé
« sous la dénomination de *corps royal des ingénieurs.*»

Les officiers des bataillons de Royal-Artillerie, ceux des compagnies de mineurs et d'ouvriers et les officiers de l'ancien corps de l'artillerie détachés dans les places, continuèrent à ne former qu'un seul corps, sous la dénomination de *Corps royal de l'artillerie.*

Bientôt après, le 5 novembre 1758, les six bataillons furent changés en un pareil nombre de *brigades*, composées de 800 hommes, et divisées chacune en huit compagnies.

La nouvelle école de La Fère, nommée *Ecole des élèves*, fut conservée et destinée pour les élèves de l'artillerie seulement.

Les compagnies de sapeurs, *qui avaient fait, jusqu'à cette époque, partie intégrante* des bataillons, furent retirées des brigades, réduites au nombre de six et restèrent attachées, *jusqu'à nouvel ordre*, au corps royal, ainsi que les compagnies de mineurs.

Les anciens départemens généraux de l'artillerie furent supprimés, et les chefs principaux du corps chargés de ces départemens remplacés par *sept inspecteurs généraux*, dont le premier eut le titre de *directeur général*, sans avoir néanmoins d'autre autorité, d'autres fonctions et d'autres appointemens que les six autres inspecteurs.

Les trente-trois départemens particuliers, ou directions de provinces, furent convertis en vingt-deux *directions*.

1759. — D'après une ordonnance du 10 mars 1759, les compagnies de sapeurs qu'on avait séparées en 1558, et celles de mineurs, qui devaient, les unes et les autres, rester attachées, *jusqu'à nouvel ordre*, au corps de l'artillerie, cessèrent de lui appartenir, et furent attachées au corps des ingénieurs. Les compagnies de sapeurs non employées aux armées devaient être en garnison à Mézières, et les compagnies de mineurs à Verdun, pour s'y instruire de tous les ouvrages relatifs à leur service.

1760. — Les compagnies de sapeurs furent retirées du corps du génie, d'après une ordonnance du 27 février, et rentrèrent dans les brigades du corps royal de l'artillerie, pour former les premières compagnies de chaque brigade. Il est à remarquer que cette réunion s'effectua sous le même ministère du maréchal de Belle-Isle qui avait décidé un an auparavant la séparation des sapeurs de l'artillerie.

D'après la même ordonnance, vingt-quatre lieutenans, les plus anciens ou les plus méritans dans le corps royal, devaient jouir de la commission de capitaine, en continuant cependant à faire le service de lieutenant.

1761. — Les six compagnies de mineurs furent séparées du corps des ingénieurs, le 21 décembre 1761, et rentrèrent dans l'artillerie. Une compagnie fut attachée à chacune des six brigades. — Trente-six lieutenans les plus distingués desdites brigades, au lieu de vingt-quatre, devaient obtenir la commission de capitaine, d'après la même ordonnance.

Au sujet de la réunion des ingénieurs au corps de l'artillerie et de leur séparation, le général d'Arçon s'exprimait ainsi en 1789 (1). « Quoiqu'au début d'une « guerre, la réunion n'avait cependant donné lieu à « aucun inconvénient notable, de l'aveu même des ad- « versaires de cette mesure, mais elle avait été exécu- « tée sous le ministère de M. d'Argenson, et la sépara- « tion fut faite dix-huit mois après, sous celui du ma-

______

(1) *De la Force militaire* considérée dans ses rapports conservateurs.

« réchal de Belle-Isle, ennemi personnel de Valière,
« lorsque l'instruction commençait à se répandre de
« proche en proche, lorsqu'on touchait au moment de
« recueillir les avantages économiques de l'opération.
« Ainsi l'expérience de cette réunion, loin de prouver
« contre la bonté de la mesure, servit, en l'examinant
« de plus près, à en confirmer les avantages, puisque,
« malgré les circonstances défavorables, on ne put citer
« aucun événement où le service en ait souffert. ».

Il faut cependant convenir qu'on se pressa trop d'in-
tervertir les rôles. Dès le principe on ne distingua plus
les officiers des deux corps; on chargea les officiers du
génie des fonctions de ceux de l'artillerie, et l'on exigea
que ceux-ci remplissent les devoirs des ingénieurs, sans
préparation aucune, ce qui était d'autant plus opposé aux
bons principes que l'instruction de part et d'autre n'était,
ni assez profonde, ni assez étendue, et que les études
avaient été jusque-là trop spéciales dans les deux services.
Le marquis de Valière, général d'artillerie d'un très-grand
mérite, jugeait d'après lui; son génie lui permettait d'embrasser l'ensemble des deux services : mais de pareilles
facultés étaient et seront toujours trop rares pour qu'on
puisse songer à former *des masses d'hommes à toutes
mains* dans des travaux aussi compliqués, surtout lorsque les moyens ne sont pas préparés à l'avance, et qu'on
veut tout d'un coup opérer de pareilles transformations.
Lors même qu'on posséderait tous les principes, qu'on

aurait des connaissancce générales sur les deux services (ainsi qu'on les acquiert maintenant à l'école d'application de l'artillerie et du génie), ces connaissances ne sauraient suffire dans des détails aussi variés, *qui exigent de la pratique* pour être bien appréciés. Aussi peut-on croire qu'on n'arrivera pas de long-temps à former *un corps entier d'officiers qui puissent d'un jour à l'autre passer indistinctement par tous les services des deux armes, et les remplir convenablement,* quelque bien dirigée que soit leur instruction préparatoire.

La séparation des sapeurs et mineurs de l'artillerie, leur réunion au corps des ingénieurs, ne furent pas mieux entendues que l'avait été, deux ans auparavant, la fusion de tous ces corps. D'après le nouveau plan, les compagnies de sapeurs et mineurs conservaient leurs officiers, lesquels ne pouvaient pas rouler avec les ingénieurs; mais se trouvant, par le fait, sous les ordres de ces derniers, les officiers dé mineurs et sapeurs devaient se borner aux détails de discipline. Ainsi on tendait à soumettre un corps à un autre, à abaisser, à humilier des officiers qui se croyaient aussi capables que les officiers du génie. Cette organisation dura encore moins que la réunion des deux armes de l'artillerie et du génie.

Le peu de succès de ces réunions mérite d'être remarqué; ces exemples pourraient servir à mieux se diriger dans une pareille mesure, si l'on cherchait de nouveau à la mettre à exécution; ils prouvent d'ailleurs que toutes les

fois que l'esprit de corps parvient à obtenir une certaine
influence et à la faire entrer dans les règlemens, ceux-ci
ne sont pas plus durables que la volonté des hommes
qui passent, et que l'on ne fait de cette manière que
compromettre des résultats qui, pour être bons et permanens, doivent ne reposer que sur la nature des
choses.

D'après une ordonnance de 1761, ayant pour but de
régler la manière dont les élèves de l'Ecole royale militaire, fondée sous le ministère de M. d'Argenson, devaient être employés dans les troupes, ceux en qui on
reconnaissait de l'aptitude et des connaissances suffisantes pour entrer dans l'artillerie, devaient être admis
en qualité de sous-lieutenans, après avoir subi leur examen à La Fère.

On créa, en 1762, une septième brigade, destinée
d'abord au service des colonies, et affectée ensuite à
celui de l'artillerie de terre.

En 1764, les mineurs furent détachés des brigades,
et réunis à Verdun sous les ordres d'un commandant
d'artillerie.

A cette époque, l'instruction de la jeunesse, dans les
colléges, était encore bornée à l'étude des langues anciennes et d'une philosophie scolastique, tandis que,
dans les écoles d'artillerie, on professait les mathématiques et la physique; aussi les personnes avides d'instruction sollicitaient souvent l'autorisation de suivre

les cours des écoles d'artillerie, qui servirent non seulement à assurer la supériorité de l'artillerie française
sur celles étrangères, mais encore à faire faire un pas à
l'enseignement public et à lui donner plus de développemens.

QUATRIÈME ÉPOQUE.

1765. — Les améliorations ne sont que successives ;
elles sont filles du temps et de la persévérance. Lorsqu'on assimila les officiers du régiment Royal-Artillerie
aux officiers d'artillerie qui, jusque là, avaient présidé
seuls aux opérations de l'arme pour lesquelles ils ne
reçurent pendant long-temps du régiment Royal que
les bras nécessaires, on ne pensait point que les troupes
d'artillerie dussent avoir une organisation toute différente de celle des autres corps. On n'avait point songé
à mieux les approprier à leur destination, c'est-à-dire
au service propre de l'artillerie : toutes les réunions,
désunions, augmentations survenues dans le personnel
ne contribuèrent qu'à faire pressentir que l'on n'était
pas encore arrivé à une organisation convenable.

Enfin parut Gribeauval : doué d'une sagacité rare,
d'un jugement sain, fort d'une expérience longue et
réfléchie, résolu à surmonter tous les obstacles prove-
nans des hommes et des choses, non seulement il porta

ses vues sur le personnel, mais encore sur les constructions dans les arsenaux, sur les produits des forges, des manufactures, des fonderies. Il établit la distinction importante à faire entre l'artillerie de siége et celle de campagne, en créant celle-ci et en l'organisant jusques dans ses moindres détails; embrassant toutes les parties de son point de vue, il en fit un tout aussi parfait qu'on pouvait l'espérer. Son système, fruit de longues méditations, l'a emporté longtemps sur ces inspirations vagues qui, sans fondemens solides, n'ont fait qu'apparaître et se sont évanouies aussi rapidement qu'elles avaient été conçues (1).

Le général Gribeauval dévoila la véritable constitution du corps de l'artillerie, en montrant le principe sur lequel elle devait être fondée : il s'agissait de rattacher la répartition des troupes à leur destination, de s'assu-

---

(1) Il était d'autant plus glorieux pour le général Gribeauval de triompher, que des savans tels que Buffon, de Tressan, etc., de l'Académie des sciences, Leblond, etc., soutenaient le général de Valière, aussi membre de l'Académie ; ce qui pourrait servir de preuve que la science *sans applications* est le plus souvent stérile, et peut même induire en erreur.

Ces discussions, quoique déjà éloignées de nous, n'ont point encore perdu de leur intérêt ; il serait à désirer qu'elles fussent mises maintenant dans leur vrai jour. Ce serait un beau sujet à traiter ; il serait doublement instructif, parce qu'on y verrait peints, d'une part, les hommes avec leurs intérêts et leurs passions, qui ne changent pas;

rer combien d'hommes il faut pour servir une pièce de canon, et en partant de cette unité, voir si le même nombre se retrouvait à peu près pour l'obusier et le mortier, si la même unité ou la division par escouades pouvait convenir aux sapeurs et aux mineurs. Appuyé sur cette base, l'illustre général détermina sans peine le personnel de chaque compagnie et la composition du corps entier, d'après la force des armées et le nombre des bouches à feu à employer.

Un autre vice d'organisation consistait en ce que, pour être officier, il fallait produire des preuves de noblesse ou être fils de capitaine d'artillerie au moins; les sous-officiers ne pouvaient être élevés à un grade supérieur; ainsi l'émulation, ce stimulant qui doit avoir une grande influence, surtout dans une arme où il faut non seulement de l'instruction, mais encore de l'expérience, de l'activité, n'ayant aucune action sur des membres

---

de l'autre, les choses, que l'expérience et les progrès des arts modifient sans cesse; on y verrait le marquis de Valière, directeur général de l'artillerie, n'ayant pas donné les premières idées des améliorations, jouet de son amour-propre qui l'entraîna à s'opposer de toutes ses forces à l'adoption de la nouvelle artillerie, et un grand nombre d'officiers du corps, craignant de se mettre en opposition avec lui, se ranger de son côté; on suivrait les améliorations adoptées d'abord, repoussées ensuite, et puis reprises; on remarquerait enfin qu'il ne fallut pas moins qu'une grande ténacité et la force des choses pour faire triompher le nouveau système.

utiles du corps, le grade de sergent devait être regardé
comme celui du repos : de là une indolence excusable
par l'impossibilité où se trouvaient les sous-officiers d'arriver plus haut.

Le général Gribeauval, digne appréciateur du mérite
et des services, parce qu'il les réunissait en sa personne,
jugeant tout ce que l'on pouvait attendre d'un choix
entre de pareils hommes, proposa, en faveur des sous-
officiers, l'institution des garçons majors ou *adjudans
d'artillerie*, et parvint, non sans peine, à l'obtenir ; ces
adjudans pouvaient devenir sous-aides et aides-majors.
A ses nombreux titres à la reconnaissance de l'artillerie,
il ajouta ainsi celui de reculer les bornes trop étroites
de l'avancement pour des sujets distingués, qui, sans
une brillante éducation, peuvent cependant rendre souvent de grands services, ainsi que l'expérience l'a prouvé depuis.

Tout en reconnaissant les services rendus, par l'avancement accordé aux sous-officiers, M. de Gribeauval attei-
gnit le double but de pouvoir confier plus particulièrement le service d'infanterie à des hommes qui avaient
passé par tous les grades, et d'obliger les jeunes officiers de
s'adonner de préférence à l'étude de l'artillerie. En même
temps que ce grand homme portait ses vues sur l'organisation du personnel et du matériel, il songeait aussi à
mieux proportionner les traitemens des officiers supé-

rieurs au mérite, aux talens qu'ils doivent posséder, et
à leurs services. Le soldat même, compté toujours pour
si peu dans les organisations, se vit assuré d'une retraite
en rapport avec ses services : s'adressant ainsi aux intérêts de l'homme, Gribeauval les forçait à concourir au
bien général de l'arme.

Comme tout ce qui se rattache aux moyens d'exciter
à bien faire mérite de fixer l'attention, il peut être intéressant de retracer ici comment l'illustre réformateur
chercha à fixer le mode d'avancement des soldats et
sous-officiers : lorsqu'une place de sergent ou de fourier
devenait vacante dans une brigade, les deux plus anciens sergens ou fouriers de chaque compagnie de cette
brigade devaient s'assembler chez leur chef et lui présenter six sujets ; le chef de brigade, conjointement avec
les deux premiers officiers de la compagnie dans laquelle
la place était vacante, devaient, sur la liste, en désigner trois parmi lesquels le commandant du régiment
choisissait celui à admettre.

La nomination aux places de garçons-majors dépen-
dait du suffrage de tous les chefs de brigade et des autres officiers supérieurs, lesquels choisissaient à la pluralité des voix trois sujets qu'ils proposaient au colonel
qui désignait parmi ces trois individus celui à présenter
au ministre de la guerre. Ainsi, les chefs étaient privés
des moyens d'accorder rien aux sollicitations, et la ca-

bale, les faveurs n'enlevaient pas au mérite les récompenses qui lui étaient dues.

M. de Gribeauval, par un sentiment de bienveillance qui rehausse encore en lui le mérite, avait même porté l'attention jusqu'à créer des bourses en faveur des soldats, sans rien prendre sur leur subsistance, afin qu'en recevant leur congé absolu, ils pûssent regagner avec facilité leurs foyers.

Mettant à profit toutes les ressources que des grandes âmes peuvent seules deviner, s'emparant de tous les ressorts qui font mouvoir les hommes, modifiant ceux qui tiennent aux choses, ce général eut la gloire de perfectionner l'artillerie dans son ensemble et dans ses moindres détails. Inquiété sans cesse dans ses importans travaux, ayant à lutter contre les mauvaises dispositions des membres les plus influens du corps, il eût le bonheur d'être soutenu dans le principe par le duc de Choiseul, ministre éclairé, alors en possession du portefeuille de la guerre.

Les brigades portées successivement de cinq à sept, reçurent le nom de *régimens* qui furent composés de 20 compagnies, dont quatre de bombardiers. Ces régimens prirent le nom des villes où leurs écoles furent établies.

Ce que le règlement de cette époque pour les écoles renferme surtout de remarquable, c'est la distribution des exercices pour chaque troupe suivant l'importance de ces exercices, relativement aux services divers; les études furent aussi mieux coordonnées; des conférences furent établies plus régulièrement pour les capitaines et les officiers supérieurs, etc.

Avant 1765, les capitaines en second restaient attachés aux compagnies jusqu'à ce que leur rang d'ancienneté les appelât à les commander; leur instruction se bornait, ainsi que celle des lieutenans, à apprendre ordinairement quelques propositions de mathématiques. Depuis, les officiers, après avoir passé d'abord par une école préparatoire à La Fère, où ils s'instruisaient dans les élémens de mathématiques et de physique nécessaires à l'étude de l'artillerie, reçus lieutenans, ils se formèrent dans les exercices et manœuvres; et arrivés au grade de capitaine, ils purent acquérir dans les établissemens la connaissance particulière des opérations des fonderies, des forges, manufactures d'armes, arsenaux, poudreries, etc,; ainsi, ils eurent tous les moyens de se livrer à des applications. Devenus capitaines en premier, reprenant par conséquent le service des compaguies, on eût des officiers plus habiles; tous les services furent mieux remplis et liés les uns aux autres.

Les compagnies d'ouvriers étaient à la suite des régimens pour l'avancement des officiers, mais elles restèrent employées dans les arsenaux de construction fixés dans les garnisons des régimens d'artillerie; de manière que les officiers d'ouvriers pouvaient participer aux instructions générales, et ceux des régimens aux détails particuliers des constructions.

Aspirans. — Dix aspirans étaient admis dans châ-
que école régimentaire après avoir produit les preuves
de naissance exigées; ils ne touchaient aucun traitement,
suivaient gratuitement les cours; étaient examinés par
le commandant d'école avant d'être envoyés au concours
dans une école régimentaire désignée, où se rendait un
membre de l'académie des sciences pour les examiner
et admettre ceux capables d'entrer à l'école des élèves de
La Fère.

Élèves. — La compagnie des élèves était forte, en
1756, de 50 élèves; elle fût portée à 60 en 1765. Si,
après deux ans d'étude dans cette école, on ne les jugeait
pas capables d'entrer dans l'artillerie, ils étaient rendus
à leurs familles.

L'école des élèves fût transportée de La Fère à Bapaume en 1766. On ne peut juger pour quels motifs,
puisqu'il devait y avoir bien moins de moyens d'instruction à Bapaume qu'à La Fère, où se trouvait une
école d'artillerie, un polygone, etc.

L'école de Bapaume avait deux professeurs de mathématiques et de physique, deux de dessin, et un beau
cabinet de physique.

1772. — Les partisans du général de Valière l'ayant
emporté sous le ministère du marquis de Monteynard,
les régimens furent réorganisés, le matériel ancien repris,
et la plupart des améliorations mises de côté.

Les compagnies de mineurs furent retirées de Verdun , où elles étaient réunies depuis 1764 ; portées au nombre de sept, on en attacha une à chaque régiment ; en réunissant ainsi les officiers de régimens et de mineurs, on les mettait à portée de participer aux mêmes instructions.

L'école des élèves fût supprimée, parce que les officiers au-delà du complet, joints aux surnuméraires de Bapaume, étaient en nombre suffisant pour remplir pendant longtemps les places vacantes.

1774. — On en revint à l'ordonnance de 1765 sous le ministère du maréchal comte Dumuy ; cependant l'école des élèves ne fut pas rétablie parce que le corps royal était encore surchargé d'officiers à la suite. L'ordonnance du 3 octobre 1774 portait que « Sa Majesté « voulant de plus en plus exciter l'émulation dans le « corps de l'artillerie, elle avait résolu de faire, par la « suite, choix entre tous les officiers, de ceux qu'elle juge- « rait les plus capables de bien remplir les charges de co- « lonel, de lieutenant-colonel ; et, pour que les officiers « propres à remplir les emplois de chefs de brigade et « de majors fûssent plus sûrement connus, Sa Majesté « entendait que le commandant de chaque école assem- « blât tous les ans les colonels, lieutenans - colonels, « chefs de brigade et major du régiment, pour désigner « à la pluralité des voix les trois sujets les plus dignes « d'être élevés à ces grades ; que chacun *signerait son* « *avis* ; et que le choix serait remis par le commandant

« d'école à l'inspecteur général lors de sa revue, pour
« être adressé avec son avis au ministre de la guerre. »

D'après la même ordonnance , « S. M. n'entendait
« accorder des grades *à l'ancienneté* aux lieutenans
« qu'autant que *le mérite* y serait joint ».

1776. — Le 3 novembre, sous le ministère du comte
de Saint-Germain, parut une ordonnance constitutive
ayant pour but de fixer tout ce qui se rapporte à la
composition du corps royal, à l'administration des régimens, des compagnies de sapeurs, de mineurs, etc.; aux
services de l'artillerie dans les écoles, dans les places,
en campagne et dans les siéges. Cette ordonnance, en ce
qui concerne l'instruction, ne diffère pas essentiellement de celles de 1765 et de 1774. La dénomination de
directeur général de l'artillerie fut remplacée par celle
de *premier inspecteur général;* les inspecteurs généraux, qui, depuis 1755, correspondaient directement
avec le ministre, durent depuis rendre compte au premier inspecteur général de l'arme. D'après la même ordonnance, le commandant de chaque école devait, pour
l'avancement des capitaines en premier et des lieutenans, assembler tous les ans le colonel, le lieutenant-
colonel, les chefs de brigades et major du régiment,
pour désigner, *sans égard à l'ancienneté,* à la pluralité
des voix, les trois sujets les plus dignes d'être élevés à
des grades supérieurs; la liste devait être remise par le

4

commandant d'école à l'inspecteur lors de sa revue, pour être adressée avec son avis au premier inspecteur.

1779. — ASPIRANS ET ÉLÈVES. Une ordonnance suppléa à l'ancienne école de Bapaume, par la création de six places d'*élèves* dans chaque école d'artillerie. Ces élèves furent placés sous les ordres des commandans d'école; un officier était préposé pour veiller à leur police et discipline. L'examen d'*aspirans élèves* se faisait dans une école d'artillerie; il roulait sur le premier volume de Bezout. Les aspirans *admis* étudiaient les autres parties du cours général du même auteur, excepté celles réservées pour l'instruction des lieutenans. Pour être admis comme officiers, les élèves devaient subir un deuxième examen au concours, dans une école d'artillerie désignée; les commandans ne devaient y envoyer que des sujets distingués par leur bonne conduite, et ayant une instruction suffisante. Les examens étaient faits en présence du commandant de l'école désignée et des officiers supérieurs, par l'*examinateur,* membre de l'Académie des sciences. Le service d'élève comptait pour l'avancement.

1790. — Le corps royal de l'artillerie subit une nouvelle organisation, d'après un décret de l'Assemblée nationale, du 2 décembre 1790; le titre *de premier inspecteur général* fut supprimé.

Les régimens, les compagnies de mineurs, d'ouvriers,

quittèrent les noms qu'ils portaient, et furent désignés par des numéros, d'après leur ordre de création ou d'après ceux échus au sort.

Les compagnies des régimens furent composées de canonniers, bombardiers et *sapeurs*, sous la dénomination générale de *canonniers*.

Les compagnies de mineurs continuèrent d'être rassemblées à Verdun, sous les ordres d'un commandant d'artillerie.

L'école des élèves, supprimée en 1772, fut rétablie à Châlons-sur-Marne, le 2 décembre 1790; le nombre d'élèves fut fixé à 42. On remarquera sans doute que cette école d'application n'était pas mieux placée à Châlons qu'à Bapaume.

Les questions sur la réunion des mineurs au corps des ingénieurs et sur celle du corps des ingénieurs à l'artillerie furent agitées devant l'Assemblée nationale, et il fut décrété que les sapeurs et mineurs continueraient, comme par le passé, à faire partie de l'artillerie; que les corps de l'artillerie et du génie resteraient distincts et séparés, quoiqu'on reconnût tous les avantages de la réunion, que la crainte d'une guerre prochaine pouvait seule faire différer.

Vers la fin de l'année 1791, les deux premières compagnies d'artillerie à cheval furent créées et organisées; le nombre en fut porté successivement à trente, dont on forma des régimens.

1792. — Le règlement pour les écoles régimentaires qui parut alors est remarquable, et mérite encore d'être étudié, quoique la création de l'École Polytechnique place notre époque, en fait d'instruction, bien au-dessus de la précédente. Tout ce qui a rapport à l'instruction théorique et pratique y semble très-bien entendu : les officiers divisés en deux classes, suivant leur degré d'instruction ; les sciences traitées principalement dans leurs applications ; les exercices embrassant tous les cas que peut présenter la guerre ; tous les travaux des établissemens représentés par des produits, des modèles, des dessins et des mémoires ; les résultats des expériences et épreuves bonnes ou défectueuses conservés par leur insertion dans des registres à ce destinés ; l'émulation soutenue ; la justice mieux rendue à la bonne conduite, au travail et au mérite ; chaque officier à portée de *prendre connaissance de ses notes signées de tous les officiers supérieurs*, et remises à l'inspecteur général en tournée ; enfin un *comité d'instruction* dans chaque école, chargé de diriger les travaux de théorie et de pratique, etc.

———❦———

CINQUIÈME ÉPOQUE.

1794. — ÉCOLE CENTRALE DES TRAVAUX PUBLICS. Au milieu de la tourmente révolutionnaire, les besoins de sujets capables et de moyens de défense devenant de plus en plus impérieux, des hommes recommandables tant par leurs lumières que par leur expérience furent appelés à reconstruire l'édifice de l'enseignement, que des orages affreux avaient renversé.

Monge, le père de la géométrie descriptive, déjà illustre par ses travaux scientifiques et par les nombreux services qu'il avait rendus dans l'enseignement, Lagrange, Berthollet, Fourcroy, Guyton, Chaptal, etc., célèbres dans les annales des sciences, parvinrent à obtenir qu'on réunirait dans une seule *école centrale* quatre cents élèves reçus au concours, mais sans distinction de naissance ni de fortune, et destinés aux différens travaux ayant pour but soit la défense de l'État, soit l'amélioration, l'embellissement du sol de la patrie.

Les fondateurs de cette grande école jugèrent avec raison que, la direction de toute espèce de travaux reposant sur la connaissance des sciences mathématiques, physique et mécanique, par conséquent les principes de ces sciences devant être indistinctement transmis aux élèves destinés aux différens services, il serait plus économique pour l'État et plus avantageux pour l'instruction de ne former qu'une seule école centrale à Paris, au foyer des lumières, au milieu de tant de ressources en tous genres, et à portée d'être dirigée par les savans les plus distingués de la France. Quant aux applications qui se rapportent plus spécialement à chaque branche du service général, des opérations de détails n'ayant pas de grands rapports entre elles devaient naturellement être développées dans des *écoles spéciales*, attendu qu'il n'est pas possible et qu'il est même inutile de faire entrer tant d'applications spéciales et différentes dans les mêmes têtes.

L'expérience, appuyée sur les plus brillans succès, ne tarda pas à confirmer le mérite d'un pareil plan d'étude.

L'école centrale, bientôt célèbre et par ses professeurs et par les élèves distingués qu'elle produisit, fut connue depuis sous le nom d'*Ecole Polytechnique*.

On avait penché quelque temps à faire à la fois de l'École Polytechnique une école préparatoire et une école spéciale ou d'application pour les différens services. En conséquence, la durée totale des cours d'instruction avait été fixée à trois ans; mais on s'aperçut assez tôt des inconvéniens d'un pareil système et des avantages nombreux que procureraient des écoles d'application consacrées chacune à des services distincts, en des lieux favorablement choisis, où les élèves, trouvant

l'exemple à côté du précepte, pourraient se former beaucoup mieux et plus vite à la théorie et à la pratique de l'état
qu'ils devaient exercer. Les écoles d'application furent
donc maintenues, et l'École Polytechnique fut restreinte
à l'objet essentiel de son institution, celui de former des
élèves pour toutes les écoles des services publics. Cette
détermination fut consacrée par la loi du 28 octobre
1795, qui réduisit en conséquence la durée des cours à
deux ans au lieu de trois, et fixa les relations de cette
école avec celles de l'artillerie, du génie et des ponts et
chaussées.

Jusqu'en 1799 l'École Polytechnique fournit, à raison d'urgence, des officiers d'artillerie concurremment
avec l'école de Châlons-sur-Marne, qui alors devint
exclusivement école d'application pour les élèves de
l'École Polytechnique destinés au service de l'artillerie.

An 2. — Les mineurs, qui avaient été pendant si peu de
temps réunis aux ingénieurs, en 1759, leur furent de
nouveau attachés à l'une des époques les plus orageuses
de la révolution. La question agitée déjà et approfondie
devant l'Assemblée nationale, en 1790, fut résolue par
un simple article d'un décret qui passa le 2 brumaire.
D'après un autre décret du 14 du même mois, les compagnies de mineurs furent employées non seulement
pour les travaux de mines, mais encore pour ceux de
sapes, sous la direction des ingénieurs, sans qu'il ait été
décidé par aucun décret que les *sapeurs* ne feraient plus

partie du corps de l'artillerie. Les mineurs et sapeurs formèrent ensuite des compagnies distinctes, et depuis ont continué à faire partie du corps du génie.

An 3. — COMITÉ CENTRAL DE L'ARTILLERIE. Après la mort du général Gribeauval, en 1789, l'artillerie n'espérant pas le voir remplacé, un comité fut proposé sous la dénomination de *conseil d'administration générale de l'artillerie*; mais ce ne fut que le 18 floréal an 3 que cette proposition reçut un commencement d'exécution, par une loi relative à l'organisation de l'arme dans laquelle fut comprise la création d'un comité central de l'artillerie.

Ce comité devait fournir au ministre les données, les éclaircissemens demandés sur les différentes questions relatives à l'arme, et qui ne peuvent être bien discutées qu'à l'aide de la pratique du service de l'artillerie.

Le comité fut primitivement composé de deux officiers généraux, de trois officiers supérieurs et de quelques adjoints, lorsque les circonstances l'exigeaient. Les sessions annuelles commençaient au 1er frimaire et se terminaient au 1er floréal.

Les attributions du comité, trop restreintes par la loi du 18 floréal et par le règlement du 9 thermidor suivant, durent naturellement devenir plus étendues. Depuis, le comité fut chargé de faire le résumé général des inspections; de présenter, à la fin de l'année, au ministre un tableau raisonné de la situation du corps; d'indiquer les abus à corriger; de proposer les changemens à faire dans les constructions et dans les divers réglemens concernant les troupes et le matériel; de donner son avis sur les mémoires envoyés par le ministre; de faire éprouver les diverses machines et inventions ayant pour objet de simplifier et perfectionner le service de l'artillerie.

Les différentes organisations que le comité a subi successivement n'ont contribué qu'à faire apprécier davantage son utilité et l'importance de ses principales attributions.

An 3.—Jusqu'aux premiers temps de la révolution, les compagnies d'ouvriers d'artillerie construisaient les ponts de pontons, de bateaux, etc. Le Gouvernement reconnaissant que l'importance de ce service nécessitait qu'un corps en fût particulièrement chargé, l'artillerie organisa, en l'an 3, huit compagnies de bateliers, qui formèrent le premier bataillon de pontonniers sur le Rhin; plus tard, un second bataillon fut formé en Italie pour les opérations des armées au delà des Alpes.

An 6. — D'après une décision du 16 brumaire, les troupes eurent les rangs suivans: *artillerie, mineurs, infanterie* et *cavalerie*.

An 8. — Les équipages d'artillerie furent soumis à un nouveau mode d'organisation. Les bataillons du train furent créés, et remplacèrent les entreprises à l'aide desquelles le service des charrois de l'artillerie avait été fait jusque-là, en temps de guerre comme en temps de paix.

Le titre de *premier inspecteur général* avec ses attributions, supprimé en 1789, à la mort de M. de Gribeauval, reparut en l'an 8. M. le comte d'Aboville fut premier inspecteur général d'artillerie.

An 11. — ÉCOLE DE L'ARTILLERIE ET DU GÉNIE. Les élèves de l'École Polytechnique destinés aux différens services publics puisant dans cet établissement les mêmes connaissances générales; ceux destinés aux services militaires devant les appliquer, pour ainsi dire, de la même manière, on sentit l'importance d'une même école d'application pour les élèves de l'artillerie et du génie : en conséquence, les deux écoles d'application établies pour l'artillerie à Chalons, pour le génie à Metz, furent réunies dans cette dernière place sous la dénomination d'*Ecole de l'artillerie et du génie.*

Cette réunion, fondée sur le même principe que nous avons déjà développé (École centrale des travaux publics), outre l'avantage d'une instruction plus étendue et plus économique, en offre d'autres plus précieux par l'union de deux corps rivaux, par leur concours pour le service de l'Etat, en affaiblissant les prétentions, en prévenant les effets de la jalousie, qui, jusque-là, se manifestaient et ne pouvaient être que contraires au bien du service.

Les régimens d'artillerie furent réorganisés à la même

époque; et un nouveau règlement fut rédigé pour les écoles régimentaires; mais ce règlement, au lieu d'être en harmonie avec celui de l'école d'application de Metz qu'on venait d'instituer pour les élèves de l'artillerie et du génie, au lieu d'être à la hauteur des connaissances enseignées dans cette école, ne fut qu'une pâle copie du règlement de 1792.

1804. — Un décret conféra comme droit au premier inspecteur général de l'artillerie la dignité de *grand-officier de l'Empire.*

1811. — Un décret portant qu'on ne prendrait plus d'élèves à l'École Polytechnique pour le service de l'artillerie fut sur le point d'être mis à exécution. D'après ce décret, le corps de l'artillerie devait tirer désormais les sujets pour son service de l'École de Saint-Cyr, du prytanée de Laflèche et de tous les lycées. Les élèves de Saint-Cyr devaient entrer immédiatement dans les régimens; ceux des lycées devaient passer *un an ou deux* à l'école de Metz pour compléter leur instruction (on ne sait comment) et entrer ensuite dans l'artillerie.

Ce décret irréfléchi et plein d'incohérences ne reçut pas son exécution, sur les représentations du premier inspecteur général, comte Lariboissière; il fut remplacé par un autre, portant que le dixième des élèves de l'École de Saint-Cyr serait destiné au service de l'artillerie. Ce décret se rapprochait du premier projeté, à l'exception que l'Ecole Polytechnique continua à fournir des sujets, et que l'on n'en prit pas dans les lycées.

1812. — Un décret relatif aux élèves des lycées désignés pour l'artillerie parut et reçut un commencement d'exécution. Ces élèves, examinés sur le 1er volume de Bezout, étaient envoyés au prytanée de Laflèche, où ils devaient rester une année, et, après un examen, passer lieutenans en second dans les régimens d'artillerie.

Ces différens décrets qui se succédèrent si promptement, et qu'on ne peut concevoir que comme provisoires, indiquent suffisamment la consommation prodigieuse d'hommes, le manque d'officiers et l'impossibilité d'en tirer en assez grand nombre de la classe des sous-officiers : mesure, à raison de l'urgence, qui aurait été encore préférable à celle adoptée, si elle avait été admissible, parce que l'Etat aurait pu au moins compter, pour le service des troupes, sur la pratique et sur l'expérience de soldats aguerris; tandis que des jeunes gens avec toute l'ardeur de leur âge, mais sans expérience et sans une instruction suffisante, pouvaient compromettre le service de l'arme et ne pas être très-utiles pour les services spéciaux.

1814. — On revint *provisoirement* au règlement de 1792, rédigé pour les écoles régimentaires : seulement le comité d'instruction dans les écoles fut supprimé; et la direction de l'instruction exclusivement confiée aux commandans d'école. On conçoit en effet que, le comité central ayant été créé depuis 1792, les comités d'instruction des écoles ne devaient plus avoir la même importance; mais devenaient-ils pour cela tout-à-fait inutiles?

1815. — Le titre de premier inspecteur général de l'artillerie fut supprimé par une ordonnance du 22 septembre, et les attributions du comité central fixées par un nouveau règlement.

1817. — Un projet d'ordonnance portant règlement sur le service et l'instruction dans les écoles parut le 22 avril. Observé depuis lors dans toutes les écoles, MM. les inspecteurs généraux ont pu, dans leurs tournées successives, reconnaître de quelles modifications ce projet de règlement est susceptible.

Notre peu d'expérience doit nous éloigner de parler de tout ce qui a rapport au service de l'artillerie dans les écoles: nous devons nous borner à traiter de l'instruction; c'est même avec circonspection que nous envisagerons ici, sous ce rapport, le règlement de 1817. Beaucoup plus étendu que celui de 1792, on n'y trouve cependant pas des changemens assez prononcés qui tendent vers un mode d'instruction tel que le réclament, depuis 1803, les écoles préparatoires. Les lieutenans sont tenus de suivre *indistinctement* la plupart des cours et des exercices; cet inconvénient surtout est apprécié depuis plusieurs années. L'instruction théorique semble un peu trop subdivisée; les travaux d'application, les exercices, ne sont peut-être ni suffisamment étendus, ni assez variés. On pourrait croire que l'ensemble des connaissances théoriques, présenté dans les tableaux, ne forme pas un corps de science; qu'il n'y a pas enchaînement des parties; enfin, que la marche à suivre dans l'enseignement ne saurait être la même pour tous les officiers indistinctement.

1823. — La question de la séparation des écoles d'artillerie et du génie ayant été agitée dans ces derniers temps, une ordonnance a été rendue pour le maintien de leur *réunion*. L'article 2 de cette ordonnance porte qu'une commission composée de cinq membres, savoir, deux de l'artillerie, deux du génie et l'examinateur civil du génie, sera chargée de rédiger, d'après les ordres de S. Exc. le ministre de la guerre, un travail sur l'amélioration du régime et de l'instruction de l'école d'application de Metz. *Travail non terminé.*

CONCLUSION.

Nous avons passé rapidement en revue les progrès de l'instruction, depuis la création des écoles; nous avons touché aux principaux changemens survenus dans l'organisation de l'arme; nous avons vu qu'en 1755, on réunit les ingénieurs au corps royal de l'artillerie, en ce sens que, dans une première école préparatoire à La Fère, on choisissait les élèves les plus aptes à remplir les deux services de l'artillerie et du génie, pour les envoyer dans une deuxième école à Mézières, tandis que les autres élèves, moins capables, étaient destinés au service de troupes, et incorporés de suite dans les bataillons. Ainsi, à cette époque, où les sous-officiers ne parvenaient pas aux grades supérieurs, on pouvait fournir aux brigades des officiers ayant une instruction suffisante, et, en même temps, pourvoir aux besoins des établissemens, de l'état-major et des places, services qui demandent des connaissances plus profondes et plus variées. Nous avons vu que cette organisation, faite sous un ministre éclairé, et qui fut marquée par un pas vers le bien, ne dura que jusqu'en 1758, époque où les ingénieurs furent séparés de l'artillerie, et obtinrent, en 1759, les compagnies de sapeurs et de mineurs, pour ne les conserver que jusqu'en 1760 et 1761, et reprendre, en l'an 2, les compagnies de mineurs.

Nous avons indiqué combien le corps de l'artillerie fut redevable, tant pour le matériel que pour le personnel, au génie et à la persévérance de Gribeauval.

Enfin, arrivé à ces époques mémorables où les intérêts et les passions déchaînés s'entrechoquaient; où la fortune et les hasards de la guerre firent ressortir les talens et le mérite de tant d'officiers; où les circonstances contribuèrent si fort au développement de ces moyens

prodigieux qui, dans des temps ordinaires, seraient restés enfouis, nous avons tâché de faire ressortir le peu
d'harmonie qui existe entre les institutions de l'Ecole
Polytechnique, de l'Ecole de Metz, et les organisations
successives, en 1803, 1814 et 1817, des écoles régimentaires de l'artillerie.

Parce que, pendant le cours de la révolution, on avait
fait des prodiges; parce que la victoire, fixée sous les
drapeaux de nos armées par l'exaltation et l'impétuosité
françaises, continuait à nous prodiguer ses faveurs, on
concluait, en voyant des hommes d'un grand mérite
portés du rang de simples soldats aux premiers emplois, que, pour être artilleur, l'on devait être assez savant avec la connaissance des premiers élémens de mathématiques : ainsi se prononçait et en décidait l'homme
puissant, le chef suprème de l'Etat, qui, d'abord simple officier d'artillerie, élevé ensuite sur le pavois, ébloui
par la gloire et dominé par l'ambition, ne vit plus l'État
qu'en lui, et ne considérant l'armée que comme un
instrument propre à accomplir ses projets de conquêtes
et d'asservissement jugeait alors la science, dans un
corps tel que celui de l'artillerie, comme opposée à
une soumission aveugle à ses ordres, à ses volontés.

Sans doute le génie peut grandir seul : la science ne le
crée pas, elle ne sert qu'à le fortifier. Gribeauval n'était
pas un savant célèbre, et Vauban n'était non plus un
grand mathématicien, quoique cet illustre ingénieur ait

porté les moyens d'attaquer les places à un point de
perfection tel, que, depuis lui, la science est, pour ainsi
dire, stationnaire. Mais ne doit-on pas convenir que ces
hommes à idées justes, à grandes pensées, auraient fait
de plus grandes choses encore, s'ils avaient mieux connu
les lois de la nature, s'ils avaient eu en leur possession
les moyens que procurent aujourd'hui les sciences physique et mécanique? Ne conviendra-t-on pas que si ces
moyens doivent servir à perfectionner, pour le petit
nombre, ils sont indispensables à la masse des officiers
pour l'exécution; qu'ils servent à ceux-ci de levier pour
produire avec plus de précision et de promptitude les
effets et obtenir les résultats qu'on doit attendre d'eux?

Comment concevoir qu'avec une instruction telle que
celle qui était exigée des élèves sortant, après une année d'études, du prytanée de Laflèche, de tels lieutenans pussent bien remplir tous les devoirs d'un officier
d'artillerie, en temps de guerre, tant pour le matériel
que pour le personnel; qu'ils pussent être employés avec
quelque avantage dans ces établissemens divers, dont les
travaux exigent des *connaissances positives* dans les
sciences mathématiques, physique et mécanique?

Ce qu'il y avait de plus frappant dans ces institutions
informes, c'est que, d'une part, les connaissances, pour
des fonctions aussi variées que les présente l'artillerie,
devant être plus étendues que celles nécessaires aux
ingénieurs, qui ont principalement à s'occuper d'archi-

lecture militaire, dans laquelle l'officier d'artillerie doit être également initié, cependant on laissait d'un côté, aux officiers du génie, et avec raison, tous les moyens de bien faire leur service, tandis que, pour l'artillerie, les recherches les plus délicates en balistique, la surveillance, la direction des travaux les plus importans concernant le matériel de guerre, *armes à feu portatives, armes blanches, poudres, canons, projectiles, voitures, etc., dont l'utilité est immédiate et* DU PREMIER ORDRE, auraient pu être confiées à des officiers sans expérience et sans une instruction suffisante. Cette disparate ne sert-elle pas à prouver COMBIEN L'INFLUENCE DES MOTS PEUT SOUVENT PRÉVALOIR SUR CELLE DES CHOSES?

Nous concluerons enfin que les écoles d'artillerie qui furent les premières où l'on enseigna les sciences physico-mathématiques, et qui, dans les premiers temps, attiraient une foule d'auditeurs étrangers, ne suivirent pas d'assez près les progrès des sciences; qu'à présent, n'étant pas en harmonie avec les écoles préparatoires, il est de la plus haute importance d'y faire concorder davantage l'instruction avec celle puisée par les jeunes officiers à l'Ecole Polytechnique et à l'Ecole d'application de Metz.

CHAPITRE PREMIER.

ÉTAT ACTUEL DE L'INSTRUCTION;
CE QU'ELLE POURRAIT ÊTRE.

ARTICLE Ier.

DES ÉCOLES PRÉPARATOIRES. (*École Polytechnique. École de Metz.*)

L'ÉCOLE polytechnique, d'une création récente, a subi successivement cinq organisations : Telle qu'un chêne qui a jeté de profondes racines, elle a supporté la violence des orages, elle est restée debout; son importance l'a soutenue au milieu de tous les bouleversemens de l'administration publique qui se sont succédés depuis sa première organisation.

Les *aspirans* pour être admis, étant tenus de faire preuve d'une instruction déjà étendue en mathématiques, en dessin, et dans les langues française et latine, les examens d'admission qu'on leur fait subir permettent de faire un choix, et sont déjà une garantie de la capacité des jeunes gens appelés à servir l'État dans les différens travaux publics.

L'enseignement à l'École polytechnique, coordonné avec les connaissances acquises par les candidats admis, embrasse l'*analyse transcendante*, son application à la *mécanique rationnelle*, à la *géométrie des trois di-*

5 *

mensions, à l'*optique,* à l'*astronomie ;* la *géométrie des-*
criptive, ses *applications,* la *physique,* la *chimie ;* les
élémens d'architecture et de machines ; le *dessin ;* un
cours de belles-lettres et d'histoire de France ; enfin le
brillant tableau des connaissances que l'on puise dans
cette École célèbre est complété par un *cours d'arith-*
métique sociale, ou de calcul des probabilités.

L'ardeur des élèves est soutenue par les répétitions,
interrogations, concours, travaux graphiques, manipulations, etc. Les notes des élèves sur ces exercices concourent avec celles sur les examens généraux à leur classement définitif à la fin de la première année, pour leur
passage dans la première division, et à la fin de la seconde année, pour leur admission dans les écoles d'application des services publics.

Les élèves désignent les emplois auxquels ils se des-
tinent; mais leur admission dépend de la vogue du service qu'ils ambitionnent, du nombre des places à donner tous les ans, et principalement du rang de chaque
élève parmi leurs camarades; ainsi les cadres des services
civils et militaires se remplissent, et les élèves pour l'artillerie et pour le génie se rendent à Metz dans la même
école d'application.

L'enseignement à l'École de Metz embrasse :

1° Des *cours* sur les mathématiques et la physique
appliquées, sur la tactique, sur la fortification et sur
l'art militaire en général; sur les constructions de bâtimens, de machines, et sur l'administration;

2° Des *travaux d'application* comprenant, d'une
part: les *levers* au mètre, à la planchette, à la boussole,
à vue, etc.; de l'autre, les *projets* de bâtimens, de fortification, d'ouvrages hydrauliques, etc.

3° Des *exercices pratiques,* tels que manœuvres d'in-

(69)

fanterie, de cavalerie, d'artillerie, de ponts militaires,
construction de batteries, confection de fascinages, simulacre de siège, etc.

Le mode d'instruction ayant été subordonné, en 1807,
aux besoins plus ou moins pressans que l'on avait d'officiers, les travaux furent subdivisés en quatre sémestres,
de manière que les élèves de l'artillerie, en six mois, et
les élèves du génie en un an, pussent servir utilement
aux armées, s'il était nécessaire de les y appeler.

En temps de paix, les élèves doivent passer deux ans
dans cette École ; avant d'entrer dans le corps de l'artillerie, ils ont à subir des examens devant des officiers
supérieurs auxquels est adjoint, *suivant l'ancienne cou-
tume*, un membre de l'Académie des sciences, ayant
le titre et les appointemens d'*examinateur* civil de
l'artillerie.

Nous allons reprendre la filiation des connaissances
qu'on exige des jeunes élèves à l'École polytechnique et
à l'École de Metz; nous nous permettrons d'examiner si
elle est toujours convenable, et la plus naturelle.

Le programme des connaissances exigées des candidats à l'École polytechnique ne nous donnera sujet qu'à
une seule observation. Il semble qu'il serait bon qu'on
insistât davantage sur les examens qui concernent les
belles-lettres et le dessin (1). L'âge prescrit pour les

____

(1) On ne peut désirer mieux, pour l'éducation première des jeunes gens destinés aux services publics, sous le rapport des sciences
exactes; mais sous celui des relations sociales, peut-être serait-il à
souhaiter que, dans ces examens, on exigeât des candidats, des connaissances sur l'histoire générale des peuples anciens et modernes,
sur leur situation géographique, sur leurs ressources industrielles,
sur leur puissance, etc., connaissances qu'ils n'acquièrent point à

candidats , les connaissances dont ils doivent faire preuve dans des examens *publics et faits avec impartialité*, attestent suffisamment leur aptitude à suivre avec fruit les cours des écoles préparatoires , et à bien remplir ensuite les services que doit leur confier le gouvernement.

Nos observations sur l'instruction donnée à l'École polytechnique porteront sur la manière de faire les cours d'analyse, de mécanique rationnelle, et sur le mode d'examen et de classement des élèves; sur une modification au cours de machines; sur la nécessité de faire connaître aux élèves, avant qu'ils se prononcent pour un service, en quoi ils consistent tous, afin que chacun puisse au moins se décider avec connaissance des cause.

D'abord, le mode d'enseignement et la manière d'apprécier le savoir et la capacité des élèves, par des examens oraux, nous semblent susceptibles de quelques modifications. En effet, relativement à l'enseignement, on peut distinguer deux sortes d'intelligences, celles qui sont *faciles*, qui saisissent les choses au premier aperçu, et celles *difficultueuses*, qui, pour bien comprendre un sujet, doivent l'envisager sous toutes ses faces, se l'approprier, et ne le possèdent pas si elles ne font que l'apercevoir. Or, le cours d'analyse, ses applications à la mécanique rationnelle, à la géométrie des trois dimensions, à l'optique, etc., sont peut-être exposés trop rapidement à l'École polytechnique, de manière à n'être qu'à la portée des intelligences faciles, tandis que celles

---

l'École polytechnique ni dans les Écoles d'application. — On ne saurait du moins admettre qu'un *Cours élémentaire sur l'histoire de France*, enseigné à l'École polytechnique, soit en harmonie avec les autres cours de cette École.

difficultueuses se traînent lentement à la suite, sans pouvoir s'emparer des sujets sur lesquels on ne leur donne pas assez le temps de réfléchir. On fait quelquefois honneur à la mémoire de ce qui tient plutôt à l'intelligence. On compare vulgairement les effets que nous venons de retracer à des impressions faites sur le sable et sur l'airain ; nous ne pousserons cependant pas si loin la comparaison : il est beaucoup d'intelligences qui saisissent promptement, et qui conservent le souvenir des objets, mais tels qu'ils ont été présentés, et l'on peut dire qu'il leur est aussi difficile de les modifier, qu'elles ont eu moins de peine à les saisir, tandis qu'il n'en est pas de même pour les intelligences difficultueuses ; bien entendu que, comme nous parlons ici d'*intelligence*, il ne doit pas être question d'*incapacité*.

À cette règle comme à toute autre, il faut sans doute faire quelques exceptions, admettre par conséquent des intelligences privilégiées ; mais encore doit-on tenir compte des masses, et se régler sur elles. Il faut qu'on ne puisse pas assimiler des élèves de l'École polytechnique à cette foule d'érudits chargés du poids de l'histoire des peuples, et auxquels il serait bien difficile d'en tirer des conséquences qui pussent tourner au profit de la morale, et contribuer au bien-être de la société. De même que l'histoire ne doit pas être étudiée pour elle-même, les sciences ne peuvent être utiles que par les applications qu'on en doit faire (1).

---

(1) On peut comparer les esprits qui, *habitués à effleurer* les matières dont ils s'occupent, ne s'exercent qu'à en saisir et à en représenter les apparences, aux amateurs en peinture qui, ne cherchant que le fini, le coloris dans les tableaux, s'inquiètent peu comment on est parvenu à nuancer les teintes avec autant de naturel et de perfec-

C'est donc à exciter la réflexion, à faire naître et à multiplier les applications, que doit surtout tendre l'enseignement des sciences abstraites. Il semble qu'on approcherait davantage de ce but à l'École polytechnique, en ménageant des repos, en consacrant des leçons à revenir sur les précédentes, en s'attachant à caractériser les différences; en multipliant les rapports, en les rendant sensibles par des exemples, de telle sorte que chaque sujet apparaisse sous toutes ses faces. De même on ne saurait trop insister sur les conversions des formules en nombres, sur leurs expressions géométriques, et sur les questions diverses à proposer aux élèves pour les exercer; il faudrait même des compositions plus étendues et variées à la fin de chaque partie des cours.

Les interrogations par les répétiteurs, destinées à soutenir l'ardeur des élèves, font briller ceux qui savent seulement; mais elles n'apprennent rien aux autres qui n'ont pas eu assez de temps pour se préparer; elles servent plutôt à les décourager.

Le classement des élèves devant avoir lieu d'après leur mérite, et le mérite reposant sur la capacité, sur l'instruction acquise, il semble que, pour apprécier l'une et l'autre, il conviendrait d'ajouter aux examens oraux des

tion. Si ce mérite peut suffire quelquefois pour l'appréciation des choses, ne reposant pas sur des connaissances précises, on doit le regarder plutôt comme un obstacle à de solides études, car dès que l'habitude de juger sur des aperçus est prise, il n'est pas facile de s'en défaire. C'est ainsi que le commun des hommes étudie les résultats, ne voit qu'eux, tandis que l'homme réfléchi veut remonter à la source des faits, s'attache surtout à les lier entre eux. Aussi arrive-t-il souvent que l'homme ordinaire, doué de mémoire et d'une intelligence facile, paraîtra plus savant que tel autre, parce que l'attention du premier se portant sur des faits isolés, il les retiendra beaucoup mieux que le second, qui ne voudra ou ne pourra pas s'en tenir là.

examens par écrit, qui serviraient à juger des moyens de
l'élève en même temps que de sa manière d'écrire et de
rendre ses idées. L'examen par écrit donnant à l'élève
plus de temps pour rassembler ses idées, diminuant sa
timidité, les réponses étant plus comparables sur des
questions qui seraient les mêmes, les jugemens de l'examinateur étant plus justes, parce que les examens seraient moins pénibles, on doit convenir qu'en admettant cette mesure, très-souvent l'examinateur redresse-
rait les décisions qu'il portera tant qu'il ne s'en tiendra
qu'aux examens oraux.

Les cours d'analyse, de mécanique rationnelle, etc.,
sont sans doute *importans*; mais cette importance doit-
elle être plus grande dans les examens que celle des
cours de géométrie descriptive, de physique, de chimie, etc.? Nous ne le pensons pas; nous essaierons même
de le prouver en exposant d'abord que le but de l'Ecole
polytechnique *étant de fournir des sujets pour les services publics, et que ces services exigeant des connaissances, en définitive pratiques et déduites de l'expérience
et de l'observation des phénomènes physiques*, l'analyse
transcendante et toutes ses applications abstraites deviennent presque toujours inapplicables aux arts, et se trouvent bientôt oubliées par le plus grand nombre des officiers civils et militaires. Si l'on avance que ces études
sont propres à développer l'entendement des élèves, à
exercer leur sagacité, nous pourrions répondre que seules
souvent elles faussent l'esprit de recherches, qu'elles
portent les élèves à ne plus douter de rien, jusqu'à ce
que l'expérience leur ait appris à mieux apprécier les
choses (1).

---

(1) Depuis plus de trente ans que l'École polytechnique fournit des

Le talent de l'analyse consistant dans le maniement des données desquelles on part pour arriver à des résultats à l'aide d'artifices de calculs, ces données que l'on choisit ne coûtent rien, tandis que, dans *les constructions*, on a tant de peine à les bien saisir, et que c'est en cela que consistent principalement les difficultés. Ici, il ne suffit pas d'exprimer des relations de quantités en caractères généraux, il faut faire réagir les masses les unes sur les autres, et c'est parce qu'elles ont des propriétés différentes d'après leur rapprochement et leurs proportions, que les résultats ne sauraient souvent être exprimés d'avance, et représentés par des équa-

---

sujets, que l'on considère si les élèves sortis dans les premiers rangs se sont toujours le plus distingués par des améliorations réelles introduites dans les services, et s'ils ne sont pas, *en général*, confondus dans la foule de leurs camarades. Parmi quelques exceptions, on doit en admettre une remarquable en faveur de ceux qui, devenus professeurs, et n'ayant pas quitté l'instruction, en sont aujourd'hui les plus fermes soutiens.

Cette observation, que chacun peut peser, puisqu'elle repose sur des faits, ne doit-elle pas confirmer ce que nous avons dit sur le mode d'instruction et sur celui d'appréciation de la capacité des élèves ? — Il serait intéressant de faire un relevé des dix premiers élèves de chaque promotion, à l'entrée et à la sortie de l'école de Metz, depuis 1803 ; le résultat de ce travail tendrait à infirmer ou à corroborer nos assertions.

Nous ajouterons enfin que les études *abstraites* déplacent quelquefois les idées, tellement qu'on pourrait croire que si Vaucanson, Watt, Montgolfier, Brunel s'étaient adonnés à l'analyse, et qu'ils eussent pu y faire des progrès, peut-être n'auraient-ils pas acquis par d'aussi brillans travaux la même renommée, parce qu'au lieu d'observer la nature, de l'étudier, de s'identifier avec ses phénomènes, habitués à se procurer facilement des données, ils se seraient contentés de transformations de calculs ; soit dédain, soit inhabitude à réfléchir sur les effets physiques, ils ne seraient peut être restés que des hommes médiocres.

(75)

tions, attendu que ces êtres ont une vie et obéissent à
des lois que nous ne connaissons encore que très-impar-
faitement, telles que celles de l'élasticité, du frottement,
de la cohésion, etc. Mais, au défaut de faits propres à
servir de base à leurs calculs, les analystes adoptent des
hypothèses plus commodes et assez souvent très – éloignées de ce qui existe; aussi leurs résultats ne concordent-
ils pas toujours avec ceux de la nature, et leurs opérations doivent-elles alors être considérées comme des
jeux d'esprit: un géomètre célèbre ne voulait-il pas prouver que la température doit aller en croissant de bas en
haut, à partir de la surface de la terre, etc., etc.

Tant que l'analyse n'opère que sur des grandeurs, et
qu'elle ne s'appuie que sur des règles générales, on doit y
avoir toute confiance; c'est ainsi que l'astronomie est
devenue l'application la plus sublime de l'analyse et de
la mécanique réunies. On conçoit en effet que, pour le
système du monde, on ait pu assujettir à des calculs rigoureux les mouvemens des planètes, de leurs satellites,
parce qu'il n'y a pas là à tenir compte des difficultés
inhérentes à nos machines en mouvement, telles que
les frottemens, l'élasticité des corps, etc.; ainsi il est
plus facile de faire mouvoir le globe terrestre, de tracer sa route, que celle du boulet sortant de la bouche
d'un canon; ce qui n'est que trop vrai, puisqu'on en
est encore, malgré l'habileté de nos analystes, à déterminer les trajectoires et les portées par des moyens pratiques.

Tout ce que nous venons de dire est pour prouver
qu'il ne convient pas, dans le classement des élèves, de
donner à l'analyse plus d'importance qu'elle n'en mérite
jusqu'à présent, qu'il faut au moins tenir compte autant

des cours de géométrie descriptive, de physique, de chimie, etc., etc. (1)

En fait d'arts, de constructions, l'analyse est trop élevée; il faut qu'elle s'abaisse maintenant pour leur tendre la main. Pour qu'elle soit utile aux officiers civils et militaires, elle doit se lier avec les opérations mécaniques et avec les phénomènes physiques; ceux-ci doivent servir de base, il faut donc qu'ils soient bien connus, étudiés à fond, et par conséquent *appréciés*.

Au lieu de faire à part un cours élémentaire de machines, ne conviendrait-il pas que le professeur de mécanique rationnelle, envisageant son cours sous le point de vue d'utilité dont il peut être pour des constructeurs, multipliât autant que possible les applications de la science qu'il enseigne, et que la partie descriptive des machines, telles que les transformations de mouvemens, engrénages, etc., fût ajoutée en supplément au cours de géométrie descriptive. Si le but de l'École polytechnique est que les élèves s'y fortifient tellement sur les principes, qu'ils n'aient plus à y revenir dans les écoles d'application, peut-être serait-il avantageux d'accorder plus de temps aux sciences mathématiques appliquées, et à la physique, à la chimie, à la littérature, au dessin; de laisser le cours d'architecture, et principalement celui de machines pour les écoles d'application, où ils sont repris et donnés dans toute leur étendue.

(1) Si l'analyse pure occupe un rang si haut dans cette grande école, on pourrait croire que cela tient aussi à l'influence première des Lagrange, des Laplace, etc., hommes supérieurs, fondateurs de l'école, et à celle des examinateurs et professeurs d'analyse, dont les idées sont toutes spéculatives, et qui, naturellement, attachent une très-grande importance aux sciences qu'ils cultivent avec tant de

Relativement à l'incertitude dans laquelle doivent être les élèves sur le service qu'il leur conviendrait de choisir, puisqu'ils ne peuvent les apprécier ni les uns ni les autres, il semble qu'il suffirait d'ajouter à la fin des programmes de l'enseignement de cette École, un exposé succinct des différens services publics et des occupations auxquelles ils engagent, etc., de manière que les jeunes élèves soient éclairés sur leur vocation, et qu'ils connaissent au moins d'avance la route qu'ils doivent prendre.

Suivons maintenant les élèves admis à l'École de Metz, comme élèves *sous-lieutenans*. Tous les principes des sciences mathématiques, physique, mécanique et chimique, ayant dû être suffisamment développés à l'École polytechnique, ces principes doivent fructifier à l'École de Metz par des applications aux différens services de l'artillerie et du génie.

Le travail de la commission mixte de 1807 étant le seul régulateur qu'on puisse considérer comme OFFICIEL, nos observations porteront sur cet ouvrage.

La distribution générale des travaux en *cours, études d'application* et *exercices pratiques* semble bien entendue (1); mais on trouvera peut-être que dans l'exposi-

---

succès. — Cependant parmi les savans célèbres auxquels l'École polytechnique doit de la reconnaissance, l'illustre Monge, aussi digne *appréciateur des arts* que grand mathématicien, en créant la géométrie descriptive, en appliquant l'analyse à la géométrie des trois dimensions, donna un corps aux formules algébriques, les anima; et ouvrit ainsi une route aux applications de l'analyse transcendante:

(1) On pourrait, à la rigueur, regarder la distinction entre *études d'application* et *exercices* comme inutile; car l'on pratique aussi-bien en faisant un lever, un projet, qu'en faisant des manœuvres : on s'exerce dans l'un et l'autre cas.

tion des cours, objet le plus important, il y a encombrement de choses, que la distribution en est confuse (1). Les programmes particuliers des *travaux*

---

(1) Les différens cours pourraient être ramenés aux suivans:

1°. MATHÉMATIQUES ET PHYSIQUE APPLIQUÉES. *Géodésie, topographie.* — Levers divers; usage des instrumens, planchette, niveau, boussole, cercle répétiteur, sextan, etc. — *Balistique*..... tableaux.

2°. COURS DE MACHINES, avec applications à celles les plus employées dans les arts, et particulièrement dans les constructions et dans les établissemens d'artillerie. — Roideur des cordes, pressions, frottemens, élasticité, ténacité, résistance des matières....., tableaux et figures.

3°. CHIMIE APPLIQUÉE AUX ARTS. 1° *Constructions.* Pierres, sables, briques, chaux, mortiers, ciment, plâtre, mastics, bois de différentes espèces, coupe, conservation; cordes, etc., enduits, vernis, etc.; 2° *Métallurgie.* Métaux du commerce, extraction, propriétés, alliages. Travaux des forges; des fonderies de fonte de fer, de bronze; 3° *Salpètres; Poudres. Artifices*; composans, préparations..... Tableaux. — *Docimasie* (voie humide, voie sèche); manipulations, précautions à prendre. — Tableaux.

4°. CONSTRUCTIONS. Architecture civile et militaire. — Travaux hydrauliques. — Résistance des bois, des pierres, des métaux. — Poussée des voûtes, des terres..... Tableaux. — Figures.

5°. TACTIQUE ET FORTIFICATION PASSAGÈRE. Organisation des troupes. — Opérations militaires; des postes, retranchemens divers appropriés aux circonstances et aux localités; marches, évolutions, manœuvres, combats, batailles. — Ponts militaires. — Services des différentes armes en campagne. — Castramétation, etc...... Tableaux. — Figures.

6°. FORTIFICATION PERMANENTE. *Tracés.* — *Reliefs.* Commandement des ouvrages. Défilement, etc. — Des mines, etc. — Emploi des eaux; inondations. — *Attaque et défense des places.* Concours des différentes armes, principalement de celles de l'artillerie et du génie, etc..... Tableaux. — Figures.

7°. ADMINISTRATION des armées; Vivres, hôpitaux, approvisionnemens, dépôts et magasins. — Administration du personnel et du matériel de l'artillerie et du génie. — Législation militaire; lois, ordonnances, réglemens, etc.

d'application sont à peu près complets et paraissent bien exposés.

La rédaction des *cahiers classiques* étant faite d'après les programmes dont on trouve les tableaux dans le travail de la commission aurait coûté beaucoup de peine, et n'aurait pas rempli le but, parce que ces cahiers d'ensemble et de détails auraient été trop spéciaux, et n'auraient réellement convenu qu'aux officiers employés dans les différens services.

Nous nous élèverons surtout contre la mesure prescrite par la commission pour la DISTRIBUTION *des cours*, de manière que l'officier d'artillerie, après six mois, puisse être envoyé à l'armée. Une pareille disposition, à peine admissible dans un état de guerres *continuelles*, est essentiellement vicieuse en temps de paix; les hommes n'étant pas nés pour s'entre-tuer, d'ailleurs un gouvernement sage et pacifique ayant succédé en France au gouvernement militaire sous lequel le travail de la commission avait été rédigé, *ce travail demande à être refait entièrement aujourd'hui.*

En temps de guerre même, serait-ce bien une seule et même école d'application, que celle où les élèves ne suivraient pas les mêmes cours? Quelle complication dans la marche de l'enseignement! combien de difficultés pour atteindre imparfaitement le but! mieux vaudrait peut-être dans ces circonstances, que les élèves de promotions extraordinaires, en sortant de l'École polytechnique, fussent dirigés de suite sur une des écoles régimentaires; au moins ils y recevraient une instruction *spéciale et pratique*, et seraient plus promptement aptes à quelques services.

Peut-on même admettre que l'élève, au bout de six mois d'étude et d'exercices, puisse *convenablement* faire son service à l'armée et ensuite dans les établissemens ? Il faut plus de temps à l'élève de Saint-Cyr pour entrer dans l'infanterie, et pourtant ce service n'est qu'une bien faible partie de celui que doit embrasser l'officier d'artillerie : ici il n'y a pas à se prévaloir de l'instruction reçue à l'École polytechnique, car cette instruction a bien moins pour objet l'usage immédiat et prochain que les élèves en pourront faire, que de leur inculquer des principes qui ne sont rien sans les applications ; et l'on ne saurait admettre que les élèves puissent en si peu de temps, à l'École de Metz, se préparer suffisamment par des études, par des exercices pratiques, aux différens services qu'ils pourront avoir à remplir ; ce qui est à considérer d'une manière d'autant plus sérieuse, qu'en temps de guerre c'est en face de l'ennemi que les jeunes officiers doivent prendre place dans les régimens. Plutôt que de recourir à cette mesure insuffisante, et de mutiler l'éducation des élèves, ne vaudrait-il pas mieux, dans l'intérêt de l'Etat et dans celui de ces officiers, accorder en de pareilles circonstances de l'avancement à des sous-officiers de choix et aguerris, sur l'expérience desquels on pourrait compter, sauf à diminuer les nominations en temps de paix ; de manière à se retrouver dans la proportion établie par la loi ? S'il doit se présenter des circonstances favorables pour l'avancement des sous-officiers, ce sont bien celles-là ; par un avancement *plus prompt*, ils recevraient la récompense due à leurs services passés, et à ceux qu'ils rendraient dans ces momens d'urgence, avec d'autant plus de certitude qu'ils auraient reçu une meilleure instruction dans les écoles pendant la paix.

On ne peut contester que l'instruction doive être la même à l'École de Metz pour tous les élèves indistincte-

(81)

ment (1). Nous pensons qu'elle devrait y être plus générale ; *qu'on devrait s'y occuper un peu moins des détails des services spéciaux, qui s'acquièrent ensuite*
DANS UNE PRATIQUE DE TOUS LES JOURS ; qu'on devrait agrandir le cercle des applications, en comprenant
dans le cours de constructions les travaux qui concernent les routes, canaux, ponts, etc., en présentant l'architecture et les machines sous un point de vue plus général, en consacrant plus de temps aux travaux topo-
graphiques et géodésiques. Ainsi on généraliserait les
applications, et l'on rendrait les officiers plus aptes à
embrasser l'ensemble, et à y rattacher ensuite les détails
qui offriraient encore moins de difficultés, l'extension
à donner à chacun des cours devant toutefois être subordonnée à l'*importance* des matières et au *temps* que
les élèves doivent rester à l'école d'application.

L'utilité des *cahiers classiques* étant incontestable,

---

(1) Nous avons avancé trop légèrement qu'on ne peut *contester* que
l'instruction doive être la même pour tous les élèves indistinctement.
Les uns croiront rehausser les services de l'artillerie en réclamant la
spécialité pour la théorie balistique, en se réservant toutes les difficultés qu'elle présente, et en demandant de plus que la fabrication
des poudres, des canons et des armes, des artifices de guerre, leur
soit exposée dans des cours particuliers, etc., tandis que des ingénieurs croiront placer leur arme au-dessus de celle de l'artillerie en
cherchant à faire de quelques parties de la fortification une science
mystérieuse. Nous n'en pensons pas moins que toutes ces grandes difficultés qu'on oppose, suscitées par la vanité, et entretenues par esprit de corps, ne sont pas réelles, et que, par la raison que l'école
d'application est une, les cours devraient être communs complètement, attendu que le but de l'institution de l'école de Metz doit être
d'exercer les élèves sur les sciences qu'ils ont étudiées à l'École Polytechnique, par des *applications générales* aux arts militaires, plutôt
que de spécialiser ces applications, ce qu'ils ont tout le temps de
faire ensuite dans les écoles régimentaires et dans les services des
deux armes.

6

en tant qu'ils présenteront le précis des cours, ces cahiers devraient être soumis au même ordre que les professeurs auraient suivi dans leurs séances pour la distribution des matières; il serait peut-être convenable d'y insérer aussi *l'exposé pur et simple des principes*, *formules*, *tableaux* qui se rapportent aux faits, et dont les développemens *ont été donnés* à l'Ecole Polytechnique. Ces ouvrages seraient alors considérés comme *cahiers de principes*, et serviraient de point de départ pour l'instruction complémentaire à donner dans les écoles d'artillerie et du génie; il ne serait pas moins important qu'ils fussent coordonnés entre eux, de manière à être complets sans superflu, et qu'on ne trouvât point répété dans les uns ce qui aurait déjà été exposé dans d'autres, conditions que l'on remplirait mieux en arrêtant à l'avance les programmes des différens cours, de même que nous le proposons pour ceux à faire dans les écoles d'artillerie : ainsi les cahiers de Metz serviraient d'anneaux rattachant l'instruction des écoles régimentaires à celle de l'école d'application.

Les *exercices pratiques* de l'Ecole de Metz concernant les manœuvres *d'infanterie, de bouches à feu*, etc., devant être absolument les mêmes que ceux que les officiers doivent ensuite surveiller et diriger dans les écoles régimentaires, quelques uns des *petits manuels* ou cahiers de détails que nous proposons (tableau N° I) pourraient servir à l'école d'application. Ainsi se simplifierait l'étude des détails, et par ces dispositions l'on rapprocherait encore l'Ecole de Metz des services spéciaux.

La *même* école d'application étant destinée aux élèves des deux armes, ces élèves y arrivant les uns et les autres aux *mêmes* époques et devant suivre les *mêmes* cours,

on ne voit pas quel inconvénient il y aurait à ne désigner qu'en masse à l'Ecole Polytechnique tous les élèves
destinés à l'artillerie et au génie, et à ne les classer définitivement qu'au sortir de l'Ecole de Metz, dans les
deux services. Il semble que les élèves sous-lieutenans,
capables alors de mieux apprécier chacun des services,
y trouveraient un avantage, ainsi que l'Etat, qui serait
mieux servi, puisque les officiers seraient classés suivant
leur goût et leur aptitude. Quant au *mode d'admission*
dans l'artillerie et dans le génie, en laissant le choix aux
élèves d'après leurs rangs, ce qui est de toute justice, les
attributions des deux services étant mieux connues et
appréciées, il n'y aurait pas à craindre que les élèves les
plus faibles entrassent seuls dans l'artillerie, qui exige
des connaissances si variées, qui embrasse dans son domaine l'art de la guerre en entier, et l'industrie manufacturière, les théories les plus délicates, etc.... : travaux qui, en raison de leur étendue, de leur variété,
doivent plaire aux jeunes officiers, et convenir surtout
à ceux qui, plus instruits et plus laborieux, désirent se
distinguer dans une carrière plus vaste par des recherches utiles.

S'il était permis de porter plus loin des vues d'amélioration, avec quels avantages la même école ne four-
nirait-elle pas des sujets aux corps royaux de l'état-major
et des ingénieurs-géographes ? Le plan d'instruction de
l'Ecole de Metz devant en effet être assis sur des bases
très-larges, l'art militaire devant y être exposé dans
toute son étendue, on ne voit pas pourquoi le Gouvernement continuerait surtout à entretenir, à grands frais,
une école spéciale pour les élèves du corps royal d'état-
major, d'où sortent des officiers nécessairement moins instruits et qui doivent cependant aux armées avoir le pas

sur les officiers de Metz. A cette réunion on trouverait économie des deniers publics, émulation, intérêt des services sous tous les rappo ts, et enfin avantage à entretenir à l'Ecole Polytechnique un plus grand nombre de sujets (1). Cette mesure serait d'autant plus efficace qu'elle ferait cesser toute rivalité entre les officiers de ces différentes armes, rivalité qui dégénère trop souvent en jalousie, en haine, dont les effets ne sauraient être que très-nuisibles, et qui cependant peuvent se reproduire dans les momens les plus critiques, et aussi fréquemment que les points de contact sont plus multipliés entre des services qui se pénètrent même dans bien

---

(1) L'Ecole Polytechnique atteindrait mieux son but, et la France par plus de moyens deviendrait florissante, si, par l'admission d'un plus grand nombre de candidats, l'industrie, les manufactures, l'architecture civile et l'instruction pouvaient y puiser plus de sujets. Combien cette Ecole serait plus utile et par les avantages directs rendus aux services publics, et par les richesses que procurerait une industrie mieux raisonnée, enfin par la masse des connaissances positives qui seraient répandues dans la société.

On remarquera sans doute qu'il faudrait encore une école d'application pour les arts et manufactures ; mais où pourrait-elle être placée mieux qu'à Paris, et près du Conservatoire des arts et métiers, au milieu de tant de ressources, en particulier près de cette collection immense de modèles en tout genre, et sous la tutelle de trois professeurs distingués qui attirent la foule à leurs séances au Conservatoire ? Que l'on considère les avantages qui en résulteraient : l'exactitude mathématique appliquée aux arts mécaniques et chimiques ; des calculs jusqu'à présent abstraits, peu à peu rendus utiles ; enfin, la mécanique rationnelle devenant, avec le temps, susceptible d'applications nombreuses ; en conséquence, les ressources de l'industrie multipliées. Tels sont les résultats importans devant la perspective desquels on ne saurait reculer. — Les dépenses pour un semblable établissement se réduiraient à peu de chose, puisqu'il n'y aurait pas augmentation dans le nombre des professeurs, et peu dans le matériel. On peut dire qu'une ordonnance royale suffirait pour la mise à exécution d'un semblable projet.

des circonstances. *Tous ces officiers ayant reçu la même instruction, des mêmes maîtres, dans les mêmes écoles*, apprécieraient davantage les difficultés que présente chaque service en particulier, et les talens nécessaires pour les surmonter. Avec une opinion moins avantageuse d'eux-mêmes, les uns liés par l'amitié, les autres liés au moins par les mêmes souvenirs, ils apprendraient à s'estimer, et serviraient tous en bonne intelligence. En un mot, les officiers de ces armes différentes finiraient par former un seul et même corps, dont les membres, dans chaque service en particulier, n'auraient plus qu'un même esprit, et rivaliseraient d'efforts, uniquement pour le bien de l'Etat et la gloire des armes françaises.

Pour rendre ce tableau plus frappant par une opposition, on pourrait retracer ici les anciennes prétentions de l'Ecole de Mézières ; mais les temps sont changés. Aujourd'hui il ne serait pas moins impossible que ridicule de vouloir tenir secrètes quelques parties des sciences : le mérite des hommes, la valeur des choses, doivent paraître au grand jour pour être réels et pour qu'on leur accorde de l'importance.

Qu'on nous permette encore d'observer que, les élèves, au sortir de l'Ecole de Metz, ne devant être examinés que sur les *applications* des sciences aux constructions et à l'art militaire, les différens examinateurs devraient naturellement tous être choisis dans les deux armes. Il ne serait pas difficile de trouver dans les corps de l'artillerie et du génie des officiers capables de manier l'analyse, nous ne disons pas aussi bien que des académiciens, mais qui pussent en apprécier les applications aux services, ce qui est le plus important : car, avec toute la perspicacité possible, et tout le talent imaginable en analyse, encore faut-il utiliser les machines de la manière la plus convenable, les perfectionner; et jusque ici on n'a pas vu que tout ce qui tient à l'analyse transcendante ait été d'un puissant secours pour cela. Il faut donc que l'examinateur de mathématiques appliquées soit disposé à ne tenir compte de ces connaissances que suivant leur valeur, parce que *les services publics réclament en somme plutôt des officiers capables de faire mouvoir des hommes et de façonner de la matière* que des savans métaphysiciens, qu'il suffit de posséder en petit nombre.

Nous croyons devoir résumer ici les modifications plus ou moins importantes dont nous venons de parler :

1° Insister sur l'instruction littéraire des candidats à l'Ecole Polytechnique;

2° Habituer les élèves de l'Ecole Polytechnique à réfléchir, à méditer par des compositions fréquentes sur les différens cours; leur accorder plus souvent des leçons de révision, qui auraient le double avantage de mieux faire comprendre à ceux qui savent déjà, et de permettre d'avancer à ceux qui sont en retard; ajouter aux examens *oraux* d'autres *par écrit*, et donner surtout plus d'importance aux examens sur la physique, sur la chimie, sur la géométrie descriptive, sur le dessin et les belles-lettres, en raison de l'utilité bien appréciée de ces connaissances; présenter à la fin du programme un exposé des différens services publics, afin que les élèves puissent se décider en connaissance de cause;

3° Envoyer à Metz, après les examens, les élèves qui se destineraient à l'artillerie et au génie, sans les classer dans ces deux armes; leur faire par conséquent suivre

indistinctement les cours pendant les deux années d'é-
tudes d'application, et, suivant leur aptitude et leur désir, les classer alors dans un des deux services; modifier
le programme d'instruction de manière que les élèves
sous-lieutenans fassent des applications plus générales
aux constructions civiles et aux arts militaires; rédiger
les cahiers classiques d'après la nature des applications,
avec l'exposé des principes et formules purement et simplement, ainsi qu'on a déjà commencé à le faire, et
non pas d'après la nature des services, comme le porte
le travail de la commission mixte, attendu que ce qui
tient spécialement aux deux armes doit de préférence
être traité dans les écoles régimentaires, ou faire le sujet
de véritables manuels; enfin, lorsque la guerre éclate-
rait de nouveau, en supposant qu'elle se prolongeât assez long-temps pour que l'on eût un besoin pressant d'officiers, et qu'on prévît qu'une promotion de sous-officiers ne suffît même pas, alors le même besoin devant se
faire sentir pour les ingénieurs, suspendre dans ce *cas
très-rare* l'ordre le plus naturel des travaux qui doit
être observé dans les temps ordinaires, pour n'exercer
les élèves que sur les applications d'un usage plus fré-
quent; mais dans de telles circonstances, les élèves devraient encore rester au mois une année à Metz.

Les applications générales aux différens services, et
principalement à toutes les branches de l'art militaire,
devant être suffisamment développées dans cette école
préparatoire, il semble qu'une telle instruction conviendrait également aux ingénieurs-géographes et aux officiers d'état-major, qui seraient alors sur le même pied
que les officiers d'artillerie et du génie. Il ne paraît pas
que quelque inconvénient majeur puisse affaiblir tous
les avantages que le Gouvernement et les individus eux-
mêmes trouveraient à cette réunion des écoles.

ARTICLE II.

DES DIFFÉRENS SERVICES DE L'ARTILLERIE; CONNAISSANCES
QU'ILS EXIGENT.

L'instruction que les officiers doivent posséder pour
satisfaire aux obligations de leur état est fixée par les
services mêmes qu'ils ont à remplir.

A *l'intérieur*, les officiers d'artillerie sont chargés de
la fabrication des armes à feu portatives, de celle des
armes blanches, de la fonte des canons et des projectiles, de la fabrication de la poudre, de la préparation
des munitions de guerre et des artifices; de la construction des affûts, voitures, bateaux et attirails; de l'entretien de tout ce matériel, de l'établissement des usines
et de la construction des bâtimens nécessaires pour ces
différens travaux: ainsi les officiers doivent posséder les
connaissances qu'embrassent ces divers genres d'industrie; ils doivent être chimistes, physiciens, architectes
et administrateurs; ils doivent être en état d'apprécier
la résistance des bouches à feu, des affûts, etc. ; de faire
mouvoir avec plus de facilité les plus lourds fardeaux,
de tracer les courbes que décrivent dans l'air les projectiles qu'ils assujettissent à ne produire qu'un effet
voulu, etc.

Aux armées, le service de l'artillerie est complexe.
Considérée par rapport aux corps de l'infanterie et de
la cavalerie, elle embrasse dans son domaine la tactique,
puisqu'elle doit, devant l'ennemi, coordonner ses opérations avec celles de ces deux armes. Les officiers d'artillerie doivent avoir la connaissance du théâtre de la
guerre, avoir surtout un coup d'œil sûr non seulement
pour suivre le mouvement des troupes, mais encore pour

les prévoir et les protéger sans les gêner. Il en est de même de la fortification, puisque l'artillerie doit concourir avec le corps des ingénieurs à l'attaque et à la défense des places fortes et des retranchemens; connaître, apprécier d'une certaine distance comment les ouvrages sont disposés, comment ils se flanquent; quelle peut être leur figure, leur masse, leur résistance, afin qu'elle puisse mieux établir ses batteries et diriger ses feux.

Le *service propre de l'artillerie* pendant la guerre consiste dans les reconnaissances, dans le choix des positions pour les batteries, dans l'exécution de ces feux meurtriers qui le plus souvent décident du sort des batailles, dans l'établissement des ponts pour le passage des troupes, dans des travaux de siége et de défense des places, dans le service des batteries de côtes, enfin dans l'approvisionnement des armées en armes et en munitions de guerre.

Pendant la paix comme en temps de guerre, en campagne comme à l'intérieur, qu'il s'agisse de forger les foudres de la guerre ou de frapper, d'anéantir les masses ennemies, de renverser les obstacles opposés à la valeur du soldat, ces attributions sont dévolues à l'artilleleur. Soldat, il doit être brave, soumis à ses chefs et dévoué à son pays; constructeur, ce titre lui impose de plus l'obligation d'un travail assidu; et si, dans ses veilles, il invoque le génie de l'industrie, son application, ses travaux ont encore un but honorable, puisqu'ils tendent à rendre la puissance nationale plus grande contre les aggressions étrangères, et à créer pour ainsi dire des garanties de paix, en augmentant les forces de l'Etat par la préparation de tous les moyens propres à repousser les forces ennemies.

Ce tableau de tant de services d'une dépendance réciproque et si naturelle, qu'on les voit ressortir du corps de l'artillerie comme autant de rameaux d'une même tige, doit faire apprécier toute l'importance des travaux de l'arme, l'obligation pour les officiers de s'y livrer avec ardeur et persévérance, et la nécessité pour le Gouvernement d'accorder à l'artillerie une protection proportionnée à l'importance de ses services (1).

Notre tâche étant de traiter de l'enseignement dans les écoles régimentaires, nous devons le rapporter aux services à remplir, et avoir égard aux hommes auxquels est destinée l'instruction. Or, pour exciter l'émulation, récompenser le mérite et tous les bons services rendus à l'État, la loi sur le recrutement accordant un tiers de l'avancement aux sous-officiers, on doit admettre deux classes de lieutenans : les anciens élèves, et les of-

---

(1) Des personnes qui ne verraient dans l'artillerie que l'art de pointer des canons et de les faire mouvoir se récrieraient sans doute, et trouveraient impossible que des militaires puissent embrasser autant d'arts différens : posséder les moyens de produire, d'administrer, sans perdre de vue leurs attributions les plus importantes, qui sont de culbuter l'ennemi, de renverser les obstacles et de combiner les moyens de destruction avec ceux des autres armes. Ces personnes pourraient croire que, même en admettant que tant d'attributions puissent être réunies, il ne doit pas y avoir plus d'avantage à le faire qu'en trouverait un particulier à exercer à la fois différens états.

Il suffirait de répondre à ces allégations par des faits, puisque c'est par des officiers d'artillerie que les établissemens ont été et sont toujours dirigés à la satisfaction du Gouvernement ; mais qu'on veuille remarquer qu'il n'y a point de rapport à établir entre ce que peut faire un individu isolé, quelques moyens qu'il possède, et ce dont est capable une masse d'hommes dirigés dès l'âge le plus tendre par leurs études vers des travaux dont ils doivent faire ensuite leur occupation habituelle. Que l'on veuille bien faire attention que tou-

ficiers sortis de la classe des sous-officiers. Le mode d'in-struction ne saurait être le même pour les uns et pour les autres, puisqu'ils ne se présentent pas avec la même capacité. Si les officiers anciens élèves doivent naturelle-ment être plus aptes aux services des établissemens, à celui de l'état-major, tous doivent être en état de rem-plir dignement le service propre de l'artillerie, tel que nous l'avons considéré ci-dessus.

Si l'on doit exiger de la part des sous-officiers, comme nous verrons, une intelligence raisonnée, et même une assez grande instruction, il ne convient pas moins que l'enseignement étende ses bienfaits jusque dans les der-niers rangs des soldats; il le faut, pour que les manœu-vres des bouches à feu, les manœuvres de force, soient faites avec sûreté et précision; pour que les munitions de guerre soient confectionnées avec soin, et soient bien en-

---

tes les connaissances civiles et militaires énumérées ci-dessus, dont la diversité étonne au premier abord, reposent sur les mêmes prin-cipes, avec lesquels les plus jeunes officiers sont déjà familiarisés, et que, si les applications, en sont diverses, les dispositions des indivi-dus, leurs propensions l'étant également, celles-ci peuvent être re-présentées comme des moyens d'autant plus efficaces, si on les em-ploie avec discernement, que, le nombre des officiers, eu égard aux services à remplir, étant considérable, le corps royal de l'artillerie renferme une masse de capacités plus grande.

Si l'on ne trouvait déjà plus d'impossibilité à ce que tous les ser-vices énoncés soient bien remplis par les officiers d'artillerie, eu voulant prendre connaissance des articles sur les régies et sur les entreprises, chapitre 4, sur les progrès de l'artillerie, chapitre 5, on reconnaîtra peut-être comme aussi évident que non seulement il convient que les officiers soient eux-mêmes chargés de tous ces travaux; mais encore qu'il y va de l'intérêt de l'Etat pour la garantie si importante des produits et pour les perfectionnemens des branches d'industrie qui touchent de si près à l'art militaire.

tretenues; pour que les travaux des batteries soient exécutés avec intelligence et dextérité, etc., etc. Un autre motif
doit encore engager le Gouvernement à stimuler le désir
de l'instruction dans la classe des sous-officiers et soldats.
Quelques uns d'entre eux sont destinés à être élevés un
jour aux grades supérieurs: il faut donc qu'ils s'y prépa-
rent par l'étude. L'amour du travail fera d'ailleurs naître
en eux une émulation louable qui tournera au profit du
corps. Pour ceux même qui, à l'expiration du temps
de service exigé, rentrent dans leurs foyers, n'y a-t-il
pas dans l'instruction qu'on leur donnera, et dans l'a-
mour du travail qu'on doit leur inspirer, un but moral
et d'utilité publique? Ceux-là, rendus à la vie civile,
pourront encore, avec des mœurs pures, une bonne
santé, avec l'habitude du travail et quelque instruction,
être utiles à la société, à leurs parens. Ces moyens ne
concourraient-ils pas à les attacher encore les uns et les
autres davantage au Gouvernement paternel qui les dé-
dommagerait de six années consacrées au service de l'E-
tat. De pareils effets feraient impression; le patriotisme
y gagnerait: dès lors, pas la moindre répugnance à répondre aux appels faits par le Gouvernement, et une
plus grande facilité pour l'artillerie à se recruter de
meilleurs sujets.

L'instruction à donner devant être, comme nous
avons dit, subordonnée à celle déjà acquise par les officiers, d'une part; de l'autre, les services différens que
nous avons exposés exigeant, pour être bien remplis,
plus ou moins de connaissances, nous allons examiner
quels moyens possèdent déjà les jeunes officiers au sortir de l'école de Metz, en quoi doit consister l'instruction complémentaire à leur donner pour qu'ils puissent

être employés avec avantage dans tous les services. Nous passerons ensuite à la classe des officiers qui doivent le rang qu'ils occupent à leurs bons services ; enfin nous parlerons de l'instruction pour la classe des sous-officiers et soldats.

———

Les jeunes officiers sortant de l'école d'application ont dû d'abord, comme *candidats* à l'Ecole Polytechnique, prouver, en subissant les examens d'admission, qu'ils connaissaient à fond les mathématiques élémentaires, le dessin, les langues française et latine, connaissances qui constituent déjà en partie une éducation libérale. — A l'Ecole Polytechnique, en cultivant les mathématiques transcendantes, les sciences physique, mécanique, et la chimie, en s'occupant de belles-lettres, de dessin, ils n'ont pu perdre de vue les élémens acquis au-dehors, car ces élémens ont dû leur servir de marches pour les élever plus haut. — Les élèves arrivant à Metz possédant tous les principes des sciences ci-dessus, on peut considérer qu'ils en ont déjà fait des applications, en ce sens que la plupart des sciences qu'ils ont approfondies sont fondées les unes sur les autres, ou se touchent par quelques points. Mais c'est pendant leur séjour à Metz qu'on peut les voir occupés à ne faire que des applications des principes soit aux différentes branches de l'art militaire, soit aux constructions en général. Ces applications rappellent encore les connaissances premières acquises, puisqu'elles en dépendent et qu'il y a enchaînement.

D'après cet exposé, il semble que dans les écoles régimentaires on devrait se borner à *spécialiser* les applications qui ont dû être présentées d'une manière générale aux élèves des deux armes, dans une seule et même

école à Metz. Ainsi, au lieu de cours de géométrie descriptive, de physique, etc., et même de leurs applications générales déjà enseignées, il ne faudrait plus que
des applications spéciales de ces sciences aux travaux de
l'artillerie dans les places, dans les siéges, en campagne,
dans les établissemens. Les jeunes officiers ne pourraient
être mieux occupés qu'à des exercices sur le service propre de l'artillerie, sur la fortification, la stratégie, etc.
On ne saurait mieux soutenir leur ardeur, entretenir
chez eux l'amour du travail, qu'en leur soumettant les
difficultés que présente en assez grand nombre chaque
branche du service; qu'en exigeant d'eux enfin des mémoires, des projets de bâtimens, de machines, d'établissemens, etc., etc. Nous pensons que ces occupations,
plus en harmonie avec l'instruction qu'ils ont acquise
dans les écoles préparatoires, par cette raison leur seraient plus agréables; et que, comme complément d'instruction, elles les rendraient aussi propres à tous les
services qu'on peut l'espérer d'ailleurs de la bonne volonté et des dispositions des individus, dispositions
dont il conviendrait de tenir compte pour employer par
la suite les officiers dans les services spéciaux, ou pour
les laisser dans les régimens.

Nulle autre considération que celle de l'avantage du
service ne devant prévaloir dans la distribution des emplois, partout *en général* où les officiers se présentent
avec une capacité suffisante, ils doivent avoir les mêmes
droits : le corps d'artillerie ne saurait faire acception des
individus, mais seulement des talens. Il lui importe que
ceux qui se montrent avec éclat trouvent tous les
moyens de les développer pour l'avantage du service.

Les officiers qui ne sauront pas tirer un aussi grand parti de leurs forces morales seront encore utiles dans le service propre de l'artillerie : c'est ainsi que ceux préférant une vie active et les travaux ordinaires, les exercices, les manœuvres dans les écoles, rendront de grands services, parce qu'on peut compter qu'avec eux l'exécution sera toujours prompte et assurée. — On doit donc envisager la question *d'une manière générale* pour tous les officiers, qu'ils sortent de l'Ecole de Metz ou de la classe des sous-officiers; en modifiant toutefois l'instruction d'après les connaissances que les uns et les autres possèdent, et d'après celles nécessaires pour bien remplir les différens emplois.

Essayons maintenant d'exposer en quoi doit consister l'instruction pour le *service de régiment*, et ce qu'il conviendrait d'y ajouter pour les *services spéciaux.*

L'instruction nécessaire aux officiers pour le *service de régiment* doit évidemment ressortir de la nature des opérations auxquelles ils sont employés. Or, comme ces opérations comprennent, indépendamment des manœuvres d'infanterie, de cavalerie, d'artillerie, le pointage, les différens tirs; l'emploi raisonné des bouches à feu en campagne, sur les côtes, dans les siéges, dans la défense des places; tout ce qui tient à l'organisation des équipages; puis le tracé, la construction des différentes batteries; les levés de machines d'artillerie, de terrain; les manœuvres de force; la confection, l'entretien des munitions de guerre et des artifices; l'appréciation des effets de la poudre dans les charges employées dans les bouches à feu, dans les projectiles...., dans les mines, etc..., on voit, d'après cet exposé, combien il est important, pour que l'instruction des officiers soit complète, qu'elle embrasse au moins les élémens de géométrie, de physique mécanique et de chimie, des notions de géométrie descriptive, de fortification, puisque la plupart des sujets que nous venons d'exposer peuvent en être considérés comme les applications.

Pour que les officiers sortis de la classe des sous-officiers fussent en mesure d'être employés *avec avantage* dans les services spéciaux, pour lesquels il faut des connaissances plus étendues, puisqu'il s'agit de constructions, de fabrication dans les établissemens, de rédaction de projets, etc., il faudrait *qu'ils possédassent plus à fond les sciences ci-dessus, qu'ils fussent exercés au dessin, et de plus qu'ils eussent des notions d'architecture et de la science des machines, en un mot, qu'ils connussent les principes sur lesquels reposent les constructions et la fabrication des produits.*

Comme on doit reconnaître et mettre à profit les efforts de tous ceux qui s'occupent, qu'on doit chercher à utiliser leurs talens aussi-bien que ceux des anciens élèves, nous croyons avoir réduit ci-dessus au strict nécessaire les connaissances à exiger pour les services spéciaux, en omettant à dessein tout ce qui tient à l'analyse (l'algèbre, la trigonométrie, l'application de l'algèbre à la géométrie, etc.), afin que tous les services soient à la portée du plus grand nombre. D'ailleurs ces élèves auraient tous les moyens et surtout le temps nécessaire pour se préparer à être admis sur le contrôle des officiers qui doivent être employés dans les services spéciaux. (1).

_____

(1) En faisant dépendre des dispositions des individus et de leur assiduité au travail le choix pour les places dans les services spéciaux, on y trouverait plusieurs avantages : 1° pour le service propre de l'artillerie, qui est le plus considérable, le plus important, et qui

Nous avons parlé de l'instruction pour les officiers anciens élèves ; nous venons d'exposer en quoi doit consister celle des autres lieutenans. On voit évidemment que les uns et les autres, en tout ce qui a rapport aux sciences physiques, ne peuvent pas être assujettis à suivre les mêmes cours, et qu'il doit en être de même pour la fortification et la stratégie, qui établissent des rapports entre l'artillerie et les corps du génie et de l'état-major.

Des officiers sortis de la classe des sous-officiers seraient admis, après avoir acquis les connaissances élémentaires en fortification, à suivre les exercices sur la fortification et sur la stratégie, et, losqu'on les jugerait assez avancés pour profiter des autres cours complémentaires, ils pourraient suivre aussi ceux de construction et de fabrication. Comme règle, il n'y aurait de commun que le cours *sur le service propre de l'artillerie et les exercices pratiques* pour tous les lieutenans *indistinctement*. (Voyez les deux tableaux.)

L'instruction des officiers de régiment une fois déterminée, comme ce qu'on peut exiger du simple canonnier, est au plus, qu'il sache lire, écrire, et qu'il connaisse les quatre règles de l'arithmétique, l'instruction des

peut être le mieux rempli par les officiers non anciens élèves ; 2° pour les services spéciaux qui exigent plus de connaissances, et beaucoup moins d'officiers ; 3° enfin pour l'émulation que l'on doit chercher à exciter et à entretenir par tous les moyens.

sous-officiers devra être comprise entre celle de l'officier, d'une part, et celle du soldat, de l'autre.—Le sous-
officier étant la *cheville ouvrière* des compagnies, il
importe qu'il soit instruit, pour qu'il puisse bien faire
son service, et pour qu'il soit, en outre, plus sûr d'obtenir de l'avancement et de passer officier.

D'après la manière dont nous avons restreint et dis-
tribué les matières de l'enseignement, et d'après la durée
des cours (voyez chapitre II), le sous-officier pourra
acquérir une plus grande instruction, de telle sorte
qu'élevé au rang de sous-lieutenant, il n'aura, pour
compléter toutes les connaissances qui lui seront alors
nécessaires, et qui sont si nombreuses, qu'à faire, pour
ainsi dire, l'application des principes puisés dans les
séries inférieures.

On ne saurait objecter que les *cours élémentaires*
pour les lieutenans et sous-officiers soient trop étendus,
car ils doivent être en rapport avec les services à remplir. Ne convient-il pas, en effet, que les sous-officiers
connaissent la géométrie des plans et celle des solides,
puisque, indépendamment des notions géométriques nécessaires pour les tracés de batteries, pour la théorie du
pointage, etc., celles sur les solides leur sont encore
utiles pour calculer les volumes, les piles de boulets,
pour bien entendre la statique, etc.? Ne convient-il pas
aussi de leur enseigner les élémens de chimie, puisqu'ils
doivent surveiller la confection des munitions, des artifices, veiller à l'entretien du matériel? Enfin, il est
une dernière considération pour leur apprendre autant
de choses : c'est qu'en passant officiers, ils doivent déjà
avoir des connaissances assorties au rang qu'ils occupe-
ront, et qui leur permettent alors de se livrer à l'étude

non moins utile de la fortification, d'étendre leurs connaissances dans les sciences physico-mécaniques, d'acquérir, au moins, des notions indispensables dans
l'architecture et dans la science des machines.

Si, d'une part, la variété des travaux de l'artillerie
exige une instruction aussi étendue, et si, de l'autre, il
y a à considérer que les individus n'y sont pas, en général, préparés dès le principe, cette difficulté doit être
levée, en s'en tenant, dans chaque science, aux développemens les plus indispensables, et en fixant d'une manière convenable la durée des cours, pour que les
élèves aient tout le temps d'acquérir ces connaissances.

Nous avons présenté dans le premier tableau le programme des cours à faire aux soldats, sous-officiers et
lieutenans, que nous avons partagés en quatre séries.—
Un sujet ne pourrait passer, en temps de paix, d'un
grade à un autre plus élevé, qu'après avoir prouvé, par
des examens, qu'il possède assez bien les cours de sa série pour entrer dans celle supérieure correspondante au
grade qu'il doit occuper.

Les lieutenans, en général, devant naturellement
montrer des dispositions pour un service plutôt que
pour un autre, s'il convient, en raison de la diversité
des emplois et des connaissances étendues qu'ils exigent,
que quelques uns se livrent à des travaux plus particulièrement qu'à d'autres, afin que les différens services
soient toujours bien remplis, il y aurait donc avantage
à *classer* les lieutenans dès que les professeurs auraient,
été à portée de les apprécier; il serait même convenable
de distinguer le petit nombre de ceux doués d'une assez
grande capacité pour embrasser l'ensemble de tous les

services, afin de les faire passer, les uns et les autres,
suivant leurs dispositions, dans plus ou moins d'établissemens, ou les conserver dans la troupe, lorsqu'ils auraient atteint le grade de capitaine (1).

CONFÉRENCES. — Il nous reste à parler de l'instruction des officiers parvenus au grade de *capitaine*. On a
admis depuis long-temps, et avec raison, que l'instruction théorique de ces officiers doit être complète; qu'ils
doivent par conséquent être dispensés de suivre toute
espèce de cours : en effet, que les capitaines soient attachés à des compagnies ou employés dans les établissemens, on doit avoir égard à leurs services, et tenir
compte de leur capacité. D'ailleurs il est un âge où
l'homme ne doit plus s'instruire que par lui-même.
« Alors les leçons les plus profitables sont celles que
« donnent les livres : on les prend quand on y est pré-
« paré ou qu'on en a besoin; on les quitte pour les re-
« prendre lorsque le repos ou l'occasion rendent à l'es-
« prit son énergie. » (*Lacroix*.) C'est à exercer leur
jugement et à fortifier leur intelligence, en passant en
revue les connaissances, qu'ils ont acquises dans les
cours pendant leur lieutenance; c'est à revenir eux-
mêmes sur les applications des sciences, pour se les
approprier davantage par la lecture, par la méditation,

______

(1) Il semble qu'il serait convenable d'employer dans les établissemens (arsénaux, manufactures d'armes) quelques lieutenans déjà
anciens et assez instruits. Ainsi ils continueraient à s'occuper utilement, et l'artillerie ferait d'un petit nombre d'emplois accordés de
cette manière un sujet d'émulation d'autant plus puissant que tous
les lieutenans, dans l'état actuel des choses, sont indéfiniment attachés aux régimens jusqu'à leur promotion au grade de capitaine.

qu'ils doivent alors consacrer le temps dont ils peuvent disposer. C'est la méditation qui constitue l'homme dans toute sa force et l'arme de toute la puissance dont la nature l'a rendu capable. Aussi, que l'on considère le petit nombre d'officiers qui, au sortir des écoles, abandonnent l'étude: ne deviennent-ils pas inférieurs à ceux qui, sans beaucoup d'instruction, sont habitués à un travail de tête? Mais comme, dans leurs travaux, dans leurs recherches, les capitaines doivent rencontrer des difficultés, ou des vues neuves et des idées qui pourraient donner lieu à des améliorations, il convient, d'une part, que ces difficultés soient levées, et, de l'autre, que les germes des choses meilleures fructifient, et que, pour cela, elles soient répandues : aussi a-t-on apprécié depuis long-temps l'utilité des réunions ou *conférences* dans tous les établissemens où plusieurs capitaines et officiers supérieurs se trouvent réunis. Dans tous les services, on exige également des capitaines des *projets*, des *rapports* détaillés sur chaque partie et sur l'ensemble des services. Ces rapports, ces projets, qui sont la meilleure preuve que les officiers se sont occupés, ont l'avantage de graver mieux les faits dans la mémoire, d'exercer les officiers à écrire, de les habituer à méditer, et à envisager les choses sous toutes leurs faces par la combinaison de tous les matériaux nécessaires : travaux qui exigent beaucoup plus de temps et de moyens qu'il n'en faudrait pour prendre connaissance de pareils sujets déjà rédigés et par une simple lecture.

Si la plus grande latitude doit être accordée aux officiers dans de semblables travaux, il n'est pas moins vrai que les rapports, projets, etc., pour être rédigés avec méthode, et contenir tout ce que chaque sujet doit offrir d'intéressant, pourraient avec plus d'avantages être encadrés dans un tableau de matières auquel les officiers travailleraient d'avance *en leur particulier*. Il semble qu'à l'aide d'un tableau ou programme, il est toujours plus facile d'embrasser l'ensemble, d'en proportionner les parties, et de faire enfin un tout plus harmonieux, parce que les idées nouvelles trouvent plus tôt leur place, et qu'elles se lient alors plus facilement les unes aux autres.

CHAPITRE II.

DE L'INSTRUCTION DANS LES ÉCOLES RÉGIMENTAIRES.

LE corps royal de l'artillerie a soutenu la réputation qu'il s'était acquise dès sa première organisation sous Louis XIV. Placé par ses institutions au premier rang des corps militaires de l'Europe entière, il l'a conservé. Dans cet état de choses, on peut se demander pourquoi on apporterait des modifications dans l'enseignement, à quoi pourraient être bonnes des innovations projetées ? Nous nous bornerons à cette seule réponse, que les sciences et les arts, de plus en plus cultivés, ont fait de très-grands progrès ; que l'artillerie, comme application de ces arts, doit en France suivre la même impulsion, si nous ne voulons pas être devancés par l'étranger, si nous tenons au contraire à ce que nos institutions continuent à lui servir de modèles.

Si l'enseignement, nécessairement subordonné à l'état des connaissances acquises, doit être modifié au fur et à mesure qu'elles se perfectionnent et qu'elles s'étendent, l'artillerie doit donc apporter quelques modifications dans le mode d'instruction suivi dans ses écoles, puisque son règlement est à peu près le même depuis de longues années, et que l'enseignement en vigueur ne tient pas assez compte de l'instruction déjà acquise par les jeunes officiers sortant de l'école de Metz. Admettant donc en principe des modifications, en quoi doivent-elles consister? Nous avons déjà esquissé ces modifications dans le précédent chapitre: nous entrerons ici dans de plus grands développemens, en suivant pour notre exposition l'ordre des travaux, qu'on distingue en *études théoriques et pratiques*.

ARTICLE Ier.

THÉORIE. — ÉTUDES D'APPLICATION.

Nous avons exposé, dans le premier chapitre, en quoi consistent les différens services de l'artillerie; nous avons vu qu'ils exigent des connaissances étendues, d'une part dans les sciences physiques, mécaniques, etc., etc., et de l'autre, dans l'art militaire: ainsi, on peut distinguer et considérer séparément l'*instruction scientifique* et l'*instruction militaire*.

Nous avons vu que les lieutenans sortant les uns des écoles, les autres de la classe des sous-officiers, ne pouvaient être assujettis aux mêmes cours, et qu'en général ils ne pouvaient suivre en commun que celui sur le service propre de l'artillerie, auquel les uns et les autres doivent être aptes également. Nous avons fixé déjà d'une *manière générale* en quoi doit consister l'instruction *complémentaire* à donner aux uns, et celle *préliminaire* nécessaire aux autres. Nous examinerons ici successivement sur quelles bases doit reposer le programme à suivre pour l'instruction; comment les mathématiques, la physique mécanique, la chimie, etc., etc., doivent être actuellement envisagées dans les écoles régimentaires; quels doivent être les professeurs, leurs rangs, attributions; comment les cours doivent être répartis pendant l'année, quelle doit être leur durée, etc., etc. Mais au-

paravant qu'il nous soit permis de jeter un coup d'œil
sur la *théorie* considérée d'une manière générale et dans
ses applications aux différens services.

THÉORIE. — Elle ne doit être que l'application du raisonnement aux faits; en d'autres termes, on peut dire
qu'elle consiste à déduire d'antécédens de justes conséquences, à lier les faits les plus simples aux plus composés, et à en faire voir l'enchaînement. Ainsi les propositions deviennent évidentes, et en passant à de nouvelles choses, on sait mieux celles qu'on a déjà apprises.

 Dans les sciences physico-mécaniques et dans les arts,
il n'y a que matière brute ou façonnée, en repos ou en
mouvement, soumise aux affinités, aux résistances, aux
altérations. Des hommes observent les phénomènes,
réunissent leurs observations, les comparent, les véri-
fient par des expériences, soumettent les résultats aux
calculs, généralisent; d'autres confirment encore par
l'expérience les règles déduites d'une suite d'observations, fixent enfin l'art, constituent la science ou étendent son domaine. Ce n'est donc qu'après les observations que doivent venir les calculs, pour établir les rapports des effets et pour généraliser les résultats; et c'est
lorsque les règles ou principes sont aperçus, que, pour
les confirmer, on peut recourir à l'expérience, en réunissant les mêmes données dans l'état où la nature les
présente, pour opérer dessus, et vérifier si les résultats
se présenteront de même. C'est ainsi que l'observation
et l'expérience doivent se servir de preuve, et nous conduire *plus sûrement* au but désiré (1).

---

(1) Comment pourrions-nous chercher ailleurs des moyens pour

La méthode que nous venons d'esquisser est celle de *recherches* ou *d'invention*. Dès que la science existe, est constituée, les moyens par lesquels on est parvenu à établir les principes par une suite d'observations, de calculs et d'expériences, entrent dans le domaine de l'histoire : alors les recherches, les épreuves, les calculs faits, peuvent souvent être considérés comme un échafaudage qui doit disparaître lorsque l'édifice est achevé et qu'il doit être occupé.

Ce qui importe pour *l'enseignement élémentaire*, c'est de lier les principes ou faits généraux les uns aux autres, et de les rendre plus sensibles par les applications, de telle sorte que, lorsque les circonstances l'exigeront, l'élève puisse se conformer à ces principes pour les opérations qu'il aura à faire ; il faut que les faits soient groupés de manière qu'on en puisse bien saisir les rapports et l'ensemble, les mieux retenir, et ne s'attacher qu'au fond des choses : telle doit être la *méthode d'exposition*.

Cette dernière méthode conviendra pour les officiers de régimens et pour les sous-officiers ; mais elle ne saurait être adoptée pour les lieutenans dont l'instruction est déjà étendue et sur lesquels le corps doit principalement compter pour les services spéciaux, pour les améliorations à introduire dans les établissemens où il faut recueillir les faits, les réunir suivant leurs rapports,

---

faire avancer les sciences physiques que dans l'observation des phénomènes, qu'en interrogeant la nature par des épreuves ? Enchaînés nous-mêmes à ses lois immuables, nous n'avons pas le pouvoir de *créer* : nous ne pouvons qu'étudier, et chercher à approfondir les règles qu'elle a établies, afin de nous y conformer dans nos travaux ; nous ne pouvons, en un mot, que saisir des rapports, et c'est dans l'extension de ces rapports, dans leur multiplication, que consistent toutes nos connaissances.

pour en déduire de plus généraux, et arriver à des règles
positives sur lesquelles doit reposer la *science de l'artillerie*. C'est donc sous un autre point de vue qu'il
conviendra de présenter aux officiers, anciens élèves, les
mathématiques, la physique, etc. La marche à adopter
devra être conforme au degré d'instruction déjà acquise; au lieu de leur rappeler encore les principes et
leurs applications générales, qui leur ont été suffisamment développés dans les écoles préparatoires, c'est de
leurs applications aux différens services de l'artillerie
qu'on devra les occuper particulièrement, et, pour cela,
adopter dans l'enseignement la *méthode de recherches*,
de préférence à celle d'exposition. Enfin les lieutenans,
anciens élèves, doivent partir des principes qu'ils possèdent déjà comme d'une *base d'opérations*; ils ne
doivent pas perdre de vue, dans leurs études d'application, dans leurs projets, exercices, épreuves, expériences, que les compositions de matières, que les constructions, opérations quelconques et règles à en déduire, doivent être conformes aux principes déjà établis
et garantis par une suite d'observations; enfin, que de
nouvelles compositions, etc., ne peuvent être admises
que confirmées par l'expérience, lorsqu'il y a extension
ou modification des règles établies; qu'il existe des *faits
principes* qu'il faut bien distinguer de ceux accessoires
et stériles, auxquels il ne faut pas ajouter une grande importance, tandis que les premiers, portant en eux le
germe de nouvelles connaissances, doivent être étudiés
à fond, et avant tout doivent être bien constatés. C'est
en quoi MM. les professeurs devraient pouvoir diriger
les officiers, et appeler leur attention sur les sujets sail-
lans, de manière que les élèves y apportassent toute l'ardeur de la jeunesse et la vivacité de leur imagination

tempérées par le savoir et l'expérience de ces hommes capables qui leur serviraient de guides (1).

La méthode à suivre dans l'enseignement étant fixée d'une manière générale pour les officiers, anciens élèves, d'une part, et pour les autres officiers et pour les sous-officiers, de l'autre, il convient d'examiner maintenant d'une manière plus particulière sous quel point de vue doivent être envisagées les sciences dont les différens services réclament les applications. La généralité des officiers les ayant déjà approfondies dans les écoles préparatoires, il ne doit plus être question d'y revenir dans

---

(1) On voit que, dans nos deux méthodes, il ne peut être question de ces théories métaphysiques qui, basées sur des hypothèses, ou reposant sur des abstractions, conduisent à des résultats aussi vagues que les données d'où l'on est parti, et ne peuvent satisfaire que les esprits subtiles et à système.

Nous avons évité à dessein de parler des méthodes synthétique et analytique, parce qu'elles se trouvent l'une et l'autre employées à la fois dans nos opérations. Cependant on peut dire que la méthode d'exposition sera plutôt synthétique, et celle de recherches à la fois synthétique et analytique.

En *mathématiques*, quoique la synthèse passe pour la méthode des anciens, et qu'elle ait été réellement très-usitée chez eux, cependant ils ont connu l'analyse. Dans un sens général, cette dernière méthode a été surtout employée avec beaucoup de succès dans les deux derniers siècles, par les Descartes, Newton, Leibnitz, les Bernouilli, etc.; elle peut être considérée de nos jours comme la seule usitée pour les recherches en mathématiques.

En *chimie*, c'est par l'analyse et par la synthèse que l'on procède.

Dans *les sciences physiques, mécaniques, appliquées aux arts,* on s'approche davantage de la synthèse.

Dans *les arts*, la synthèse est la seule méthode à suivre.

Comme il ne peut y avoir rien de bien fixe dans ces désignations, pas plus que dans les opérations à faire, nous avons préféré adopter les termes *recherche* et *exposition*, comme représentant mieux les choses.

(109)

l'instruction complémentaire, ainsi qu'on s'accorde à
le reconnaître. Nous verrons plus loin comment doivent
être groupées les applications que ces officiers auront à
faire des connaissances déjà acquises à l'Ecole de Metz.

<hr>

Cours élémentaires. — L'arithmétique et les élémens de géométrie, de physique mécanique et de chimie,
devront faire le sujet de l'instruction des sous-officiers.
Les lieutenans de régimens auront à s'occuper des com-
plémens de ces deux dernières sciences et des élémens
de géométrie descriptive, de la fortification, de l'architecture et des machines avec épures, tracés de fortifications, de machines, comme exercices.

L'analyse mathématique (l'algèbre, l'application de
l'algèbre à la géométrie, etc.,) n'étant guère utile que
pour les recherches, on prévoit bien qu'il ne doit pas
en être question dans ces cours élémentaires, destinés
surtout à raisonner les opérations du service. Différens
motifs doivent engager à resserrer les bornes de l'instruction dans le strict nécessaire : 1° parce qu'une instruction mieux répartie entre tous sera préférable à
une instruction plus forte pour quelques uns, si ce
doit être au détriment des autres : car ce qui importe,
c'est de donner des idées nettes et précises, pour
qu'elles fructifient, tandis que des *demi-connaissances*
seraient souvent plus préjudiciables qu'utiles, en ce
qu'elles laisseraient sur les choses des idées vagues ou
fausses dans l'esprit des élèves ; 2° parce que la synthèse
et l'analyse sont, pour ainsi dire, deux langues différentes, et qu'il vaut mieux s'en tenir à une seule, et là
bien entendre. Il est à considérer en outre que des officiers ne doivent pas être constamment sur des bancs à

étudier, parce qu'ils ont un service à remplir, parce
qu'ils ont déjà un état, qu'ils sont hommes, et qu'on
doit les traiter comme tels, et non comme des écoliers.
Dans l'exposition des principes, on doit même être avare
de développemens, de démonstrations : une seule doit
suffire pour chaque sujet, pourvu qu'elle soit bien
choisie. Les démonstrations générales sont ordinairement à préférer, parce qu'elles se prêtent à tous les cas,
et qu'il y a moins de confusion qu'en recourant à des
démonstrations pour chaque cas particulier : ainsi l'ensemble peut être mieux observé; il y a enchaînement,
et au total plus de clarté.

C'est par les applications au service qu'on s'attachera
surtout à rendre les démonstrations sensibles : ce qui
aura le double avantage de les faire comprendre plus facilement, de fixer mieux l'attention des individus, et
de soutenir chez eux l'amour de l'étude par l'évidence
de son utilité. Tels seront les avantages à ne suivre
qu'une seule route et la plus droite, à embrasser peu de
moyens pour qu'on les possède mieux.

Mais c'est surtout dans les premiers élémens à enseigner aux soldats et aux sous-officiers qu'il faut des
soins et de l'habileté, pour qu'ils se décident d'eux-
mêmes à entrer dans la route de l'instruction. L'enseignement doit être tel, en un mot, que le plus grand
nombre suive facilement les différens cours.

Pour la lecture et l'écriture, l'expérience a confirmé
que l'*enseignement mutuel* est supérieur à tout autre,
soit pour la facilité, la promptitude de l'instruction,
soit pour l'économie; les avantages de cette méthode
peuvent même être étendus aux classes supérieures,
avec de légères modifications.

Pour les premiers élémens de mathématiques, il con-

viendrait de ne faire apprécier aussi les principes que
par les applications; de montrer d'avance, et au fur et à
mesure aux soldats, caporaux, l'usage qu'ils pourront
faire des choses enseignées. Avant d'aller plus loin, on
s'assurerait si les difficultés ont été surmontées, si les
premières opérations ont été bien comprises, en leur
soumettant des questions de plus en plus composées
qu'ils devront résoudre. *Marchez lentement*, dit Con-
dillac, *et comptez que tout vous sera facile quand le
commencement vous sera familier.* C'est donc sur l'instruction primaire que doit être portée la plus grande attention, puisque le goût du travail, la somme des connaissances que les sous-officiers et officiers acquerront,
le parti qu'ils en pourront tirer, en un mot le développement de leurs moyens, de leur capacité, doivent dépendre de cette première impulsion, et ensuite du talent des professeurs à la soutenir.

Les opérations sur les lignes, surfaces, volumes, de la
géométrie, pouvant être ramenées à des opérations semblables sur les nombres, il sera important de faire sentir
les rapports qui existent entre l'arithmétique et la géométrie, en exposant, pour ainsi dire, comme complément, *l'arithmétique appliquée à la géométrie.* Ainsi
la formation du carré d'un binome, et les notions sur
les équations du premier et du deuxième degrés, pourraient être déduites de constructions géométriques, de
même que l'extraction des racines carrées. On pourrait
aussi exercer les élèves à trouver, par des opérations
graphiques, la valeur finale de plusieurs quantités ex-
primées analytiquement, les familiariser avec les expressions des premier et deuxième degrés et les opérations qu'elles comportent, connaissances qui suffiraient
pour toutes les opérations auxquelles quelques uns

d'entre eux auraient à se livrer par la suite dans les établissemens.

En général, l'enseignement devant essentiellement tendre à la pratique, les officiers, sous-officiers, seront exercés par des problèmes qu'on leur donnera à résoudre, et par des tracés, des levés de machines ; les exemples seront toujours pris dans le service.

La fortification sera présentée aux lieutenans comme application de la géométrie descriptive, et dans ses rapports avec les opérations de l'arme, afin que dans l'attaque, dans la défense des places et des retranchemens, tous les officiers puissent apprécier la valeur des ouvrages qu'ils ont à battre, qu'ils puissent savoir comment ils se flanquent, quelle masse, quelle résistance ils présentent dans les différens cas. Nous avons cependant restreint le plus possible les connaissances en géométrie descriptive, en les bornant à celles qui se rapportent simplement au plan et à la ligne droite, aux plans tangens, etc. Pour ne pas surcharger l'instruction à donner aux sous-officiers, ayant retranché de la géométrie élémentaire tout ce qui se rapporte aux plans et à la ligne droite, ce petit traité servirait ici d'introduction aux notions de géométrie descriptive, à laquelle un aperçu sur les élévations, profils d'architecture, serait encore ajouté comme application.

On n'aurait pas à exiger des connaissances en fortification de la part des sous-officiers. Déjà assez occupés, l'essentiel pour eux est qu'ils connaissent bien le tracé des différentes batteries, qu'ils en puissent faire l'application : car en aucun cas on ne peut supposer qu'ils aient à décider sur leur forme, sur leur emplacement les plus convenables, chose trop importante pour ne pas être dévolue aux officiers seulement.

Tout ce que nous venons de dire sur la marche à suivre, sur les applications à faire, doit s'entendre pour la
physique-mécanique. Les auditeurs auront sous les yeux
les modèles des machines les plus usitées, principalement ceux des machines simples, vis, leviers, balance,
romaine, triqueballes, etc. Le professeur s'attachera à
démontrer comment les autres plus composées, telles
que chèvre, moufles, crics, etc., se rattachent à celles-
là, et pourraient même être ramenées à deux d'entre
elles; il en fera ressortir surtout les applications aux manœuvres de force, etc. — Pour les officiers, le professeur exposera les principes de balistique, le résumé des
épreuves faites sur les longueurs des bouches à feu, sur
leurs charges, etc., etc., en n'employant que des calculs
qui soient à la portée de ses élèves; il présentera les expériences faites sur le pendule pour déterminer les vitesses
initiales; il fera ressortir les différentes causes qui peuvent
exercer de l'influence, soit pour la construction, soit
dans l'emploi du matériel; il donnera ensuite *succinctement* la théorie des machines les plus usitées dans les
constructions, en exposant les principes sur lesquels
elles doivent être établies. (V. le premier tableau.)

En étudiant les élémens de chimie, les élèves devront
apprendre aussi comment les machines, attirails, munitions de guerre, etc., peuvent être altérés; comment on
peut les conserver, et comment on peut tirer parti des
poudres avariées, des artifices, etc. Au lieu de leur
donner des connaissances générales sur cette science,
de leur présenter les propriétés de *toutes* les substances
connues, il sera bien important de ne les entretenir que
des corps dont l'emploi est journalier, en ne perdant
pas de vue que c'est toujours vers la pratique que l'instruction doit être dirigée. La même observation s'ap-

plique aux cours de physique et de fortification, dans lesquels les professeurs, sans sortir de leurs sujets, pourraient cependant enseigner des choses peu intéressantes pour leurs élèves, au détriment de celles plus utiles. — Les principes d'architecture, de la science des machines, et de la fabrication des produits, exposés en lettres italiques sur le premier tableau, ne seraient à la rigueur exigibles que des officiers qui désireraient concourir pour les services spéciaux.

Les officiers d'artillerie doivent non seulement raisonner leurs opérations, mais encore être en état de les bien décrire. Or, l'instruction des officiers, anciens élèves, ayant été également soignée sous le rapport de la grammaire et des belles-lettres, et, *en général*, tous les officiers de l'arme, attachés aux régimens, ayant les mêmes fonctions à remplir en campagne, dans les écoles, les relations de service et de société étant les mêmes pour les uns comme pour les autres, il serait à désirer qu'un cours de grammaire française, d'histoire générale et de géographie, fût ajouté, comme complément d'instruction élémentaire, pour ceux des officiers et sous-officiers qui voudraient le suivre, et se délasser de leurs travaux sérieux par des études utiles et agréables.

Les cours ainsi réglés, on peut croire que les officiers qui les suivront avec exactitude acquerront ou seront en état d'acquérir toutes les connaissances nécessaires pour remplir parfaitement toutes les fonctions des différens services.

Le classement des officiers, outre l'avantage de servir à exciter l'émulation, fournissant le moyen de faire un choix de sujets capables pour les services spéciaux, nous devons prévenir ici, une fois pour toutes, que tout ce que nous dirons concernant les anciens élèves à employer dans les établissemens pourra également s'appliquer aux autres officiers admis sur le contrôle des services spéciaux.

COURS COMPLÉMENTAIRES. — Les applications auxquelles doivent être exercés les officiers, anciens élèves, se rapportent aux sciences physiques, etc., et à l'art militaire. Les premières doivent être utilisées principalement dans les établissemens, et les autres dans les services de guerre. Or, dans les établissemens, toutes les opérations quelconques peuvent être ramenées à la construction de bâtimens, de machines nécessaires à la production, d'une part, et à la fabrication des produits, de l'autre. Quoique ces opérations soient liées les unes aux autres, et que l'on construise pour fabriquer, comme on doit obtenir des produits pour s'en servir, que par conséquent tous les services sont dépendans, cependant il existe entre eux des lignes de démarcation qu'on doit saisir pour leur exposition. C'est ainsi qu'on comprendra,

1° Dans les *constructions*, l'architecture, les machines et l'administration des établissemens. Les connaissances *générales* étant déjà acquises dans ces sciences, il s'agira plutôt de discuter les avantages et les inconvéniens des moyens employés suivant les différens buts à atteindre, de fixer l'attention des officiers sur les difficultés que présentent les arts pour l'application de la théorie; de les exercer par des levés et des projets de bâtimens, de machines, d'usines; d'exiger d'eux des mémoires, devis, qui seront critiqués avec mesure par le professeur et dans l'intérêt seul des élèves; de charger différens officiers des *mêmes* projets, afin d'exciter en

8 *

eux l'émulation, et de pouvoir mieux comparer leur capacité relative. Pour le bien du service, les choses gagneraient même à être ainsi envisagées sous différens points de vue.

Combien la *théorie des machines* en particulier ne laisse-t-elle pas à désirer, malgré les travaux de quelques grands géomètres et des artistes les plus habiles? Quelle vaste carrière est ouverte aux recherches des officiers, pour déterminer les effets les plus avantageux des moteurs par les combinaisons les plus simples des élémens de machines, par la détermination de leurs proportions les plus convenables, et par l'appréciation enfin des résistances provenant des efforts à vaincre, des pressions et des frottemens. Appuyés sur les principes généraux de l'équilibre et du mouvement puisés dans la *mécanique rationnelle*, les élèves auront à les combiner avec les résultats de *l'expérience* et de *l'observation*, pour en déduire des règles applicables aux différentes constructions (1).

2° Dans la *fabrication*, on traitera des sciences physico-chimiques et mécaniques, dont on fera des applications, soit pour les compositions les plus avantageuses à obtenir pour les armes, munitions, soit pour discuter les effets de la poudre, l'influence des dimensions et proportions dans les armes et les attirails de guerre, soit enfin pour déduire de cette théorie des données sur leur fabrication. Les officiers seront exercés

---

(1) Nous considérons les armes, affûts, voitures, bateaux, etc., comme produits des établissemens plutôt que comme machines. Les machines proprement dites comprendront celles employées 1° pour la production, 2° pour les épreuves, 3° pour la vérification, 4° pour les manœuvres de force.

aux manipulations, aux expériences physico-chimiques, fréquenteront pour cela le laboratoire de chimie, le cabinet de physique, et auront à présenter des mémoires sur les questions concernant la balistique, la pyrotechnie, etc.

D'après la distribution de ces cours, si l'on admet deux professeurs, l'un d'eux s'occupant de la théorie des effets et de la fabrication, l'autre des constructions de machines, de bâtimens, il en résulte que, lorsqu'un officier sera chargé d'un projet d'établissement, le même professeur pourra en embrasser l'ensemble, tandis que l'autre aurait à examiner les mémoires ayant pour sujet des points de théorie sur la production et sur les effets des produits.

En groupant les faits dans ces deux cours, ainsi que nous le proposons, l'étude en sera plus simple; se rattachant aux sciences plutôt qu'à des services isolés, elle sera plus variée, deviendra plus indépendante de la routine, et les ressorts de l'instruction pourront ainsi prendre toute leur extension; enfin la connexion entre les faits sera plus sensible que si on traitait des travaux des établissemens en particulier.

Chaque école d'artillerie devant avoir une salle renfermant les modèles d'armes, ceux des machines employées dans l'artillerie et dans les établissemens, les reliefs, projets exécutés, instrumens vérificateurs, des dessins, plans, etc., les professeurs pourront tirer le parti le plus avantageux de cette collection pour les exercices des officiers, pour leur rendre l'intelligence des opérations plus facile; leur démontrer, sur les modèles, comment sont composées les principales machines; quels avantages, inconvéniens, elles présentent;

quels rapports elles ont entre elles, comment elles pourraient être réduites à des élémens plus simples.

Indépendamment de tous les moyens d'instruction
précités, les écoles d'artillerie devant toujours être établies dans des places fortes, au milieu du matériel et
des établissemens, tels qu'arsenaux, fonderies, poudreries, etc., tous ces ouvrages, dans leurs vraies dimensions, doivent parler aux yeux et à l'imagination des
jeunes officiers, et leur faire mieux apprécier les travaux
dont ils s'occupent. Par des visites fréquentes, en revenant sur les lieux, ils pourront sans cesse rapporter à la
pratique leurs études d'application.

Les constructions, la fabrication, exigeant l'emploi
des *matières* premières, et une *façon* pour les mettre
en œuvre, les officiers doivent non seulement connaître
la qualité des matériaux, la manière de les employer,
mais encore leurs prix, ceux de la main-d'œuvre (quoique variables suivant les temps et les lieux), et de plus
être en état d'établir un devis. Il importe qu'ils sa-
chent dans quel cas il est plus avantageux de recourir, pour les travaux, aux entreprises, et quand les
régies peuvent être préférables. Toutes ces questions
tiennent à l'économie industrielle ainsi que la manière
de disposer du travail pour la promptitude et la supériorité de l'exécution; la tenue des livres enfin et les
menus travaux de réparations se rattachant aussi à des
considérations d'économie, l'instruction des officiers,
anciens élèves, ne saurait être complète sans un *cours
d'administration.*

Les officiers, anciens élèves, étant déjà familiarisés
avec les premiers élémens de l'art militaire, pour les
mettre en état de dominer mieux l'ensemble des opéra-

tions de la guerre, un cours devra leur être fait spécialement sur *la fortification et sur la stratégie* (1) : ainsi
ils apprécieront davantage les rapports qui existent entre
l'artillerie et les autres armes, et se mettront en mesure
de remplir, dans toutes les circonstances, les services
dont ils pourront être chargés. Après l'exposé des considérations générales sur la stratégie et sur la fortification, c'est surtout par des exemples bien choisis que le
professeur devrait fixer l'attention des officiers ; ceux-ci
seraient exercés par brigades à des levés à vue, à des
reconnaissances militaires ; à des projets de fortification de campagne, de camps retranchés ; à des projets
d'armement, de défense et d'attaque de ces positions ;
à faire les dispositions nécessaires pour attaquer et
défendre une place forte d'après des conditions données ; des mémoires seraient rédigés à l'appui de ces
travaux et remis au professeur, qui, après en avoir pris
connaissance, les rendrait avec ses observations écrites
en marge sur chaque objet à modifier ; une ou plusieurs
séances seraient ensuite consacrées aux observations générales et aux développemens auxquels donnerait lieu
l'ensemble des travaux.

Si l'on revient maintenant sur toutes les études d'application auxquelles devront s'adonner les anciens élèves,
si l'on réfléchit qu'en raison de la diversité de ces tra-

---

(1) On ne saurait se borner à de simples exercices sur la fortification, maintenant que les places fortes n'exercent plus une très-
grande influence, que le succès des guerres et quelquefois le sort des
empires dépendent de combinaisons stratégiques, et se décident plus
que jamais sur les champs de bataille.

vaux, ils auront occasion d'appliquer *tous les principes*
et *les résultats généraux* qu'ils ont puisés dans les
écoles préparatoires, on appréciera combien il serait
avantageux qu'ils pussent retrouver ces principes sans
peine et sans perte de temps. Les *cahiers classiques*
dont nous avons parlé dans le premier chapitre (école
de Metz) rempliront parfaitement ce but conjointement avec ceux rédigés par les professeurs d'artillerie
sur leurs cours dans les écoles régimentaires; ces cahiers serviront *d'aide-mémoire*, seront d'une utilité
d'autant plus grande, que, dans les uns et dans les
autres, la valeur des termes techniques, la nature et
l'enchaînement des sujets, se présentant sous le même
point de vue, les officiers s'y reconnaîtront plus facilement, et consulteront toujours ces différens cahiers avec
fruit. « Il est inutile de charger sa mémoire de démons-
« trations, de formules : le vrai savoir consiste plutôt
« dans l'appréciation des faits, dans la connaissance de
« leur valeur relative, de leur enchaînement, de leur
« utilité, et des moyens d'en disposer. Il faut seule-
« ment pouvoir revenir sur les détails, lorsque cela est
« nécessaire, sans se fatiguer à les retenir en particu-
« lier; en un mot, il faut gagner plutôt l'ensemble, et
« se l'approprier. » (*Lacroix.*)

Quant *aux détails* de construction de machines,
de manipulations, *exécutés dans les établissemens de*
l'artillerie, nous pensons qu'on ne peut bien les exposer
que dans des *manuels* destinés aux officiers employés
dans chacun des services particuliers. Les officiers ayant
été préparés dans les écoles régimentaires par les discussions auxquelles ils se seront livrés sur chaque opération, et par les exercices pratiques qu'on aura exigés
d'eux, passant dans les établissemens, et guidés par

les *manuels* soumis tous à une même classification, ils pourront saisir, sans aucun embarras, la marche lente et progressive des travaux dont ils posséderont la théorie, et qu'ils auront déjà pu entrevoir en faisant, pendant leur lieutenance, des visites dans les établissemens voisins des écoles : alors ils pourront embrasser plus rapidement l'ensemble des opérations, tout en appréciant mieux l'influence réciproque des machines et des manipulations sur la bonté des produits.

SERVICE PROPRE DE L'ARTILLERIE.—On peut distinguer dans ce service l'*ensemble* et les *détails* des opérations. Si l'officier doit également les posséder, on ne peut exiger du sous-officier que la connaissance parfaite des détails.

L'ensemble comprend la *formation* des équipages, l'*emploi* des batteries, les ponts militaires, l'hippiatrique, et enfin tout ce qui a rapport au personnel de l'arme. Il suffit que ce sujet soit très-important, pour que nous n'ayons pas à nous étendre beaucoup dessus, attendu qu'on peut compter qu'il restera peu à désirer à cet égard, sur l'instruction des lieutenans. Nous observerons cependant qu'il y aurait avantage à groupper dans les deux articles *équipages* et *batteries* tout ce qui tient au service des bouches à feu, parce qu'on saisirait plus facilement les similitudes, les différences des opérations de même genre, mais se rapportant à des circonstances qui doivent varier ; et que, ces contrastes frappant davantage, les choses resteraient plus sûrement gravées dans la mémoire. Nous ajouterons que le professeur ne pourrait mieux commencer son cours qu'en se livrant, au sujet du personnel, à l'exposition des principales branches de la législation militaire en vigueur. Comme on n'a pu prévoir tous les cas particuliers, de tels développemens deviendraient intéressans et utiles pour tous les officiers (1).

S'il est nécessaire qu'un professeur présente l'ensemble du service de l'artillerie, on peut croire qu'on n'en aurait pas besoin pour les *détails* de manœuvres, pour ceux de construction de batteries, de confection de munitions, attendu que, tous ces détails de *pratique* étant consignés dans les *petits manuels*, les sous-officiers, comme les lieutenans, y trouveraient toute l'instruction nécessaire. Nous insistons là-dessus, parce que, d'une part, pour les officiers, le professeur d'ensemble devrait exposer tout ce que les opérations offrent de plus important, et que, de l'autre, pour les sous-officiers, outre les petits manuels qui leur serviraient de guides, tout ce qui a rapport aux tracés de batteries, à la théorie des manœuvres de force, à la composition des munitions et des artifices, serait exposé *comme applications* par les professeurs de géométrie, de physique mécanique et de chimie; que, de plus, un lieutenant et quelques sous-officiers pourraient, comme par le passé, servir d'instructeurs pour ce qui tient aux exercices, manœuvres, nomenclatures, etc.

Tous les cours, en général, devant tendre vers les applications, parce qu'elles servent à faire mieux apprécier les choses et à les utiliser au besoin, chaque professeur serait chargé de *tenir note* des différentes ap-

____

(1) D'après le projet de règlement de 1817, il doit y avoir pour les canonniers, une fois par mois, lecture du Code pénal dans les chambrées; cette lecture est faite le samedi, jour affecté chaque semaine aux travaux de tenue et de propreté, etc.

plications à faire, et des exercices particuliers auxquels devront se livrer les élèves, afin de pouvoir en
agrandir le tableau et augmenter, avec le temps, le nombre de ces opérations, les varier et les faire mieux exécuter.

Parmi tant de sujets dont l'officier d'artillerie doit
s'occuper, les uns méritent de fixer plus particulièrement son attention que d'autres, parce que ceux-là
sont plus utiles. Nous aurions encore à parler de l'*his-*
toire militaire. Au moins, qu'il nous soit permis de la
présenter comme digne d'être étudiée, surtout lorsqu'elle sera présentée et rédigée d'une manière convenable, lorsqu'on l'aura traitée dans ses rapports avec
l'artillerie. — Nous reviendrons plus loin sur ce sujet.

Nous terminerons enfin tout ce que nous avions à
dire sur la marche à suivre dans l'enseignement par une
observation sur l'importance d'*un programme* auquel
les professeurs seraient tenus de se conformer, pour
leurs cours, dans toutes les écoles, afin d'être assuré de
l'uniformité d'instruction; d'éviter dans des cours différens les redites qui fatiguent, font perdre du temps;
et afin d'être certain que, tout en renfermant ces cours
dans leurs limites naturelles l'ensemble, loin d'en souf-
frir, soit, au contraire, aussi complet qu'on peut le désirer (1).

---

(1) Scharnhorst, loin d'approuver l'uniformité dans les moyens
d'instruction, pense au contraire que, si nos écoles, dans ces derniers
temps, ont eu de la peine à soutenir leur réputation, c'est à raison
de cette tendance vers l'uniformité. Nous croyons qu'en cela il se
trompe; que c'est ailleurs qu'il faut chercher les motifs de cette espèce de stagnation. Cet habile artilleur a bien vu le mal; mais il aurait pu lui assigner d'autres causes.

On doit, ce nous semble, distinguer tout ce qui tient au mode d'in-

Pᴿᴏғᴇssᴇᴜʀs. —Le nombre de professeurs doit être naturellement subordonné à celui des cours que l'on aura reconnu être nécessaires. Or, d'après les bases esquissées ; on doit considérer séparément l'instruction élémentaire pour les officiers et sous-officiers des compagnies ; l'instruction sur le service propre de l'artillerie, pour les lieutenans en masse ; et l'instruction complémentaire pour les officiers, anciens élèves.

L'instruction élémentaire doit embrasser, ainsi que nous l'avons déjà dit, les principes de mathématiques, de physique mécanique, de chimie et de grammaire. Plutôt que d'obliger chaque professeur à enseigner trop de sujets différens, on peut croire qu'il serait plus convenable de distribuer les matières de manière qu'il y eût un professeur de mathématiques, un de physique et de chimie, et un troisième pour la grammaire et la géographie ; ils seraient tenus de faire leurs cours en même temps aux officiers et aux sous-officiers. Etant chargés de toutes les parties d'une même science, les leçons se

struction, à la manière d'inculquer les principes, de la marche générale de l'enseignement. Sans doute la manière de voir et de travailler dépendent des dispositions des individus ; mais il n'est pas moins vrai que, pour les choses connues et fondamentales à enseigner, il doit y avoir une distribution des matières, et même une méthode préférables, dépendantes de la nature des choses et de la capacité des individus pris en masse. Dès lors, quel avantage pourrait-on trouver à employer une marche moins bonne ? Ce qu'il convient de faire, c'est donc de rechercher le meilleur mode de présenter les matières, qui, à bien prendre, n'est qu'un mécanisme, et de s'y tenir pour toutes les écoles ; par conséquent d'adopter, après de mûres réflexions, et après des essais, l'uniformité dans l'enseignement, en laissant toutefois pour les développemens et détails une latitude nécessaire aux professeurs.

suivraient mieux; les élèves, passant d'un cours à celui
plus élevé, n'auraient qu'à obéir à la même impulsion;
l'enchaînement des idées ne serait pas rompu, et enfin
les élèves auraient été mieux préparés dès le principe
pour surmonter plus tard toutes les difficultés. Le professeur de mathématiques élémentaires, indépendamment de son cours aux deux séries, *serait chargé de
tout ce qui a rapport au dessin, tracés, etc.*; auxquels seraient exercés les élèves, et ajouterait pour les
lieutenans, comme complément de son cours, un aperçu
sur l'architecture; tandis que le professeur de physique mécanique et de chimie leur présenterait un aperçu
sur les machines, et serait chargé de *diriger les manipulations.* Le professeur de grammaire partagerait également son cours, en se bornant, pour les sous-officiers, aux premiers élémens de grammaire; il aurait
pour adjoints les sous-officiers chargés de la lecture et
de l'écriture à enseigner aux soldats et aux enfans de
troupes.

L'instruction sur le *service propre de l'artillerie*, embrassant l'ensemble des opérations de l'artillerie en campagne, dans les siéges, etc.; est trop importante pour
qu'on ne doive charger un professeur particulier de la
présenter de la manière la plus convenable. Il faut même
que ce professeur réunisse à une grande expérience des
connaissances étendues, pour saisir d'assez haut les différens buts que l'artillerie doit atteindre en campagne,
dans les siéges, dans la défense des places et des côtes,
et apprécier les moyens qu'elle doit employer suivant les
différentes circonstances qui ont tant d'influence sur
les résultats. Un professeur pourrait seul bien faire sen-

tir les rapports qui doivent exister entre l'organisation
du matériel, l'administration et les différens services,
faire les rapprochemens qu'on ne saurait trouver dans
les livres et que ne peuvent fournir les exercices pratiques. Enfin ce professeur, de même que les autres,
servirait de guide aux jeunes officiers dans tous les
exercices particuliers et d'ensemble qu'on doit exiger
d'eux.

L'*instruction complémentaire* comprend, d'une part,
les constructions, la fabrication des produits dans les
établissemens; de l'autre, les exercices sur la fortification et sur la stratégie.

Les *constructions* et la *fabrication* se rattachent à
trop de sciences, les détails sont trop multipliés, les
travaux trop importans, tiennent de trop près à l'artillerie, à toutes les améliorations matérielles qu'on peut
espérer obtenir dans les différens services, pour que nous
pensions que l'enseignement de ces deux cours doive
être confié *à un seul professeur* : nous en admettrons
par conséquent deux, un pour les constructions, et
l'autre pour la fabrication. Le premier aura à exercer les
officiers principalement sur les applications de la science
des machines, de l'architecture et de l'administration
des établissemens; l'autre sur les sciences physico-chi-
mique et mécanique. Quoique toutes ces connaissances
se touchent, la distinction que nous établissons n'existe
pas moins; d'ailleurs, les officiers ayant déjà acquis tous
les principes de ces sciences dans les écoles préparatoires, il n'y a pas d'inconvénient à adopter la division
ci-dessus.

Quoique la *stratégie* et la *fortific. tion* exigent des

connaissances très-variées, comme les officiers doivent
plutôt être familiarisés avec les différentes branches de
l'art militaire dans leur rapport avec l'artillerie, un seul
professeur suffira. Les questions à traiter, la manière
dont elles doivent être présentées, indiquent suffisamment que ce professeur devra avoir de l'expérience et
beaucoup d'instruction.

Les officiers, ayant assez souvent des recherches à
faire, recourent aux bibliothèques des écoles pour consulter des ouvrages, y chercher les renseignemens dont
ils ont besoin. Ne pouvant avoir des connaissances très-
approfondies dans la bibliographie, ils doivent s'adresser à la personne remplissant les fonctions de bibliothécaire. Mais, si l'on admet que cette personne doive
être versée dans la bibliographie, la connaître dans
toutes ses parties, on ne saurait charger de pareilles
fonctions un professeur quelconque. L'histoire, la bibliographie et le classement des livres étant liés étroitement, un bibliothécaire, tout en remplissant ses fonctions, pourrait donc facilement et avec avantage faire
un cours d'*histoire militaire* et de *bibliographie*. — Les
différens professeurs devant se borner dans leurs cours
à l'exposé des matières qu'ils ont à traiter, le professeur
d'histoire, tout en retraçant les modifications survenues
dans l'état du matériel et du personnel des armées, rattacherait tous les services par les rapports qu'ils ont entre
eux, et qu'ils tiennent du temps et de l'expérience. Ainsi
les réflexions générales, les rapprochemens des faits qui
constituent la philosophie des sciences, qui réduisent à
un si petit nombre de principes toutes nos connaissances, seraient d'autant mieux placés dans ce cours, qu'ils
ne peuvent l'être dans l'exposition successive de cha-

éun des autres. Dans une introduction à son cours, le professeur pourrait se livrer à des considérations générales sur la manière d'étudier l'histoire, sur l'influence des préjugés et de l'habitude, sur les causes physiques et morales qui concourent à décider du sort des batailles, etc.

____

Au résumé, le personnel pour l'instruction serait à peu près tel qu'il est présenté dans l'état suivant.

Professeurs.
1.—A. . . . de *constructions*.
  1.—A'. adjoint pour les élémens de mathématiques, pour le dessin, etc.
2.—B. . . . de *fabrication*.
  2.—B'. adjoint pour les élémens de physique, de chimie et de machines.
3.—C. . . . pour le *service propre de l'artillerie*.
4.—D. . . . pour la *fortification* et pour la *stratégie*.
5.—E. de *grammaire*, etc.
  . . . . Sous-officiers pour la lecture, l'écriture et les quatre premières règles de l'arithmétique.

. . . . Un bibliothécaire chargé de faire un cours d'*histoire militaire* et de *bibliographie*.

. . . . Un artiste pour l'exécution des projets, des modèles, et chargé de l'entretien de la salle des modèles, instrumens vérificateurs, reliefs, etc.

(Voyez le premier tableau.)

Nous verrons plus loin quels rangs devront avoir les professeurs, quelles devront être leurs attributions. Examinons d'abord comment ils doivent être choisis.

PROFESSEURS CHOISIS PARMI LES OFFICIERS.—Tout
ce que nous avons dit sur l'enseignement tend à démontrer que les professeurs pour l'*instruction complémentaire* et pour le *service propre de l'artillerie* devront
surtout être distingués par leur mérite, avoir *de l'expérience et la pratique des services*, principalement de
ceux sur lesquels ils seront tenus de faire leur cours.
Ces conditions admises, où pourra-t-on trouver de tels
professeurs ? Nous pensons que ce ne peut être que dans
le corps même de l'artillerie. Anciennement, l'instruction exigée des officiers n'était pas si étendue, pour cette
raison et pour d'autres ; le corps ne fournissait pas de
professeurs ; il n'y avait même pas tant d'intérêt, puisqu'il pouvait les trouver au dehors avec d'autant plus
de facilité que l'enseignement ne reposait que sur des
connaissances générales en mathématiques, physique et
dessin, sans applications aussi multipliées ni aussi im-
médiates aux services qu'il conviendrait maintenant
de les faire. Ne conviendra-t-on pas que, pour prétendre à enseigner une science ou un art, il faut qu'on les
possède beaucoup mieux que les personnes qui doivent
profiter de cette instruction ; que, pour enseigner les
applications des mathématiques, de la physique mécanique, de la chimie, de l'architecture, des machines,
de l'administration soit aux services d'établissemens, à
celui d'Etat-major, soit à celui des troupes de l'artillerie, il faut connaître ces services aussi bien que les
sciences qu'on veut leur donner pour bases ? D'abord,
où les professeurs auraient-ils pu acquérir une instruc-

9

tion aussi étendue dans toutes les sciences professées aux
Ecoles Polytechnique et de Metz qu'en passant par ces
mêmes écoles; et comment auraient-ils pu avoir des connaissances dans les services de l'artillerie, approfondir
ces connaissances, qu'en servant eux-mêmes? La conséquence à tirer est qu'ils devraient être anciens élèves
et officiers d'artillerie; enfin, quoiqu'il soit bien difficile d'acquérir en particulier tout ce qui est enseigné à
l'Ecole Polytechnique et à l'Ecole de Metz, on serait
encore à concevoir comment ils auraient pu s'approprier
les applications de ces sciences aux services, les bien
posséder, sans avoir pratiqué, sans avoir été employés
dans les établissemens?—S'il était nécessaire de moti-
ver davantage la préférence à accorder aux officiers pour
le professorat, on pourrait ajouter que, comme militaires, ils auraient même genre de vie, conformité d'hu-
meurs, mêmes habitudes; que la subordination serait
plus facile; l'ordre, la police des salles, mieux observés;
qu'on pourrait employer ces officiers utilement soit
pour les épreuves, expériences, soit pour des missions
extraordinaires en temps de guerre, lorsque les écoles seraient désertes (1).

Tous les professeurs, dans leurs places respectives,
seraient égaux entre eux; aucune distinction ne les pla-

---

(1) Les professeurs de constructions, de fabrication, celui de fortification et de stratégie, celui pour le service propre de l'artillerie et
le bibliothécaire, devant être distingués par leurs talens, nous admettons qu'ils auraient *le grade de chef de bataillon*, et que les
trois professeurs pour l'instruction élémentaire, considérés comme
leurs adjoints, seraient capitaines de première et de deuxième classes.
—Par quelques unes des raisons qui auraient décidé à choisir des officiers comme professeurs, ils devraient toujours être considérés comme
militaires, conserver leur grade, etc.

(131)

çant les uns au-dessus des autres, il n'y aurait pas sujet
de division ni de jalousie; en possession de l'estime de
leurs camarades, investis de la confiance du général
commandant l'école et des chefs de corps, ils formeraient une réunion d'hommes éclairés, auxquels se joindraient tous les officiers les plus instruits pour la discussion des sujets à traiter, pour les épreuves, etc.; ils ré-
pandraient les bonnes méthodes, le goût des choses utiles, en fournissant des matériaux aux rédacteurs du
Mémorial de l'artillerie; enfin ils contribueraient puissamment, par tous les moyens, à hâter les progrès de
la science.

D'après cette maxime, qu'on obéit plus volontiers à
ceux que personne ne commande, ces professeurs seraient chargés eux-mêmes de la police intérieure des
salles pendant leurs cours; les officiers supérieurs n'y
assisteraient que comme auditeurs bénévoles.

Les professeurs exerceraient même une influence salutaire en tenant note de l'instruction des lieutenans,
de leurs talens et des services auxquels chacun de ces
officiers semblerait plus propre, ce qu'eux seuls pourraient bien faire. Avant l'arrivée de l'inspecteur-général,
ces notes seraient discutées en conseil présidé par le
commandant d'école, conjointement avec celles tenues
par les chefs de chaque corps sur les mœurs, la bonne
conduite, l'exactitude au service des mêmes officiers.

Il y aura une assez grande différence entre les cours
élémentaires et complémentaires pour que les professeurs adjoints, tout en possédant des connaissances au-
dessus de celles nécessaires pour leurs cours, puissent
ne pas être en état d'être élevés aux places supérieures :

9 *

c'est là un grand inconvénient, mais il tient à la nature des choses à enseigner, qui ne se lient pas assez entre elles. Ici c'est une instruction bien simple, destinée surtout à mettre les officiers et sous-officiers des compagnies en état de raisonner leurs opérations; là, au contraire, l'instruction des élèves doit reposer sur des connaissances déjà très-étendues dans les sciences, dans leurs applications, afin qu'ils puissent embrasser l'ensemble des opérations de tous les services et les spécialiser : ainsi ces derniers professeurs doivent avoir non seulement des connaissances beaucoup plus vastes, mais encore une *pratique* des opérations, pour qu'elles puissent être bien exposées. De là résulte réellement une grande difficulté à former des professeurs pour les cours complémentaires de constructions et de fabrication, car la pratique et l'instruction ne suffisent même pas : il faut encore une grande facilité à s'exprimer, une convenance d'humeur, de caractère, et d'autres talens que l'exercice du professorat seul peut perfectionner (1).

Malgré la distance qui existe entre les instructions élémentaire et complémentaire, il semble cependant qu'on doive, jusqu'à un certain point, compter sur les professeurs d'élémens pour les places supérieures : alors

---

(1) Nos dispositions morales ayant une grande influence sur la manière dont nous remplissons nos devoirs dans la société, suivant que ceux-ci sont plus ou moins en harmonie avec nos inclinations, il en résulte que, dans les examens de réception des professeurs, il serait important de tenir compte des notes sur le caractère des candidats, sur les dispositions qu'ils ont montrées dans les écoles régimentaires, et sur leur conduite. — Ces notes et la facilité à s'exprimer, qui ne font rien pour l'instruction et pour le mérite réel, devant pourtant être d'un grand poids dans la balance, l'artillerie ne pourrait bien se soustraire à l'inconvénient de ces conditions qu'en faisant *à l'avance un choix de sujets* qui se prépareraient à être *candidats* en passant par les différens établissemens.

on aurait à exiger de ceux-ci, pour leur admission, à peu près les mêmes connaissances que celles que doivent posséder les professeurs d'instruction complémentaire; il faudrait par conséquent qu'ils eussent déjà passé par les établissemens. Le programme d'examen pourrait cependant ne pas être trop sévère, parce qu'on fixerait, pour leur admission, un âge moins avancé; parce que, pendant tout le temps qu'ils professeraient les élémens, ils pourraient étendre leurs connaissances, perfectionner leur instruction, soit en concourant aux expériences, aux épreuves, soit en obtenant d'aller visiter plus particulièrement, dans l'intervalle de leur cours, les établissemens plus ou moins éloignés des écoles. Soutenus et par les exemples qu'ils auraient devant eux et par les travaux dont on les chargerait dans les conférences, il n'y aurait pas à craindre que ceux surtout qui se sentiraient capables de remplir les fonctions des professeurs pour l'instruction complémentaire se laissassent gagner par l'indolence et l'inertie; au surplus, toutes les places devant être données au concours, où le talent seul doit apparaître et l'emporter, cette perspective contribuerait puissamment à soutenir leur zèle, à les préserver de tout engourdissement.

Les professeurs une fois admis, il conviendrait qu'ils ne pussent pas se démettre de leur emploi pour rentrer dans l'un des services de l'artillerie, car la facilité de rentrer ferait naître l'incertitude dans leur esprit. Il ne faudrait pas qu'ils pussent accepter la place de professeur avec l'arrière-pensée que, si elle ne leur convenait point, ils l'abandonneraient: car de là pourrait résulter une hésitation dans leur marche, dès les premiers pas faits dans la nouvelle carrière; les moindres contrariétés affecteraient leur susceptibilité; le dégoût s'emparerait

d'eux bien plus facilement, et, s'ils ne se livraient
à la routine, quelques uns prendraient le parti de
quitter l'instruction pour rentrer dans les autres services dont les portes leur seraient ouvertes, ce qui serait
très-défavorable par l'interruption dans la marche de
l'instruction, et par le changement de *méthode de détails* que chaque professeur apporterait. Pour le bien de
l'enseignement et pour celui des professeurs eux-mêmes,
on doit donc admettre qu'ils ne pourraient être au moins
que *très-difficilement* réemployés dans les services de
l'artillerie; alors, avant de prendre une pareille résolution, les candidats rentreraient en eux-mêmes, réfléchi-
raient sur leur aptitude; mais, une fois décidés, on
pourrait compter qu'ils marcheraient franchement dans
la carrière de l'instruction, et qu'ils s'y consacreraient
entièrement. Il est bien entendu qu'en liant les professeurs, l'artillerie aurait toujours le droit de les remplacer, quand elle le jugerait nécessaire. — Il y aurait
cependant moins d'inconvénient à enfreindre la règle
que nous venons d'établir, pour les professeurs de *fortification*, encore moins pour ceux qui doivent traiter
du *service propre* de l'artillerie; mais elle devrait être
plus scrupuleusement observée pour les professeurs de
constructions et de fabrication (1). On pourrait prescrire un temps pendant lequel ils seraient tenus de pro-
fesser, par exemple, quatre ans pour le service propre

---

(1) Si l'on objecte qu'en usant de pareille rigueur on ne trouverait
pas facilement de bons sujets disposés à limiter ainsi leur avenir,
nous répondrons qu'ils ne manqueront pas dès qu'on leur offrira en
dédommagement de grands avantages, et qu'ils auront devant eux la
perspective d'un avancement successif subordonné à leur mérite et
aux services qu'ils pourront rendre.

et pour la fortification, huit ans pour les cours de constructions et de fabrication, avant de pouvoir rentrer
dans un des services de l'artillerie (ces temps sont fixés
ici d'après la durée des cours).

Si l'on doit tant exiger des professeurs, il faudrait
qu'il y eût compensation, que leur avancement conti-
nuât comme dans les autres services, *mais en raison du
mérite seulement, sans que les grades auxquels ils seraient élevés pussent leur donner jamais aucune autorité sur les autres professeurs du même bord*, que
celle due à leurs talens plus éminens, ces titres devant
être purement honorifiques, et procurer, comme récompenses, de plus forts émolumens à ceux les plus
distingués (1).

En outre, pour soutenir le zèle de tous les professeurs, pour reconnaître convenablement leurs services,
et en même temps pour rendre plus probables les chances de l'avancement, qui seraient d'autant plus faibles,
que le nombre des écoles devrait être réduit à cinq au
lieu de neuf, les professeurs obtiendraient leur retraite
après 16 ans de service dans l'enseignement, avec un
traitement convenable, qui ne pourrait pas être, par

---

(1) Quelques officiers trouveraient peut-être mauvais qu'on accordât de l'avancement, et surtout le titre de colonel, à des professeurs.
A ce sujet nous observerons que, ce rang distingué ne devant être
accordé qu'à des hommes du plus grand mérite et capables de rendre des
services réels, assurément MM. les officiers supérieurs du corps se feraient un honneur de compter de telles personnes parmi eux. Jamais
les hommes à grands talens et à beau caractère n'ont été déplacés nulle
part; ils le seraient encore moins dans l'artillerie, à côté des chefs de
bataillon, des colonels, parce qu'ils seraient sûrs d'être bien appréciés.

(156)

exemple, au-dessous de la moitié de leurs appointemens (1).

Les matières devant faire le sujet des cours seraient
d'abord énoncées dans des programmes spéciaux, comme
nous l'avons déjà dit page 123, et leur distribution dans
les cahiers à rédiger par la suite, d'une manière définitive, sur les cours et leurs opérations, devrait être conforme à celle observée dans les programmes une fois arrêtés, ainsi que nous le développerons plus loin. Quant
au temps que devraient durer les séances, et au mode
d'enseignement, ils seraient subordonnés à la nature des
cours et aux dispositions que chaque professeur jugerait convenable d'adopter (2).

----

(1) En admettant que des dispositions à peu près semblables à celles
que nous proposons fussent adoptées, comme il serait indispensable que
les professeurs de constructions et de fabrication eussent servi dans
les établissemens, et que ceux pour la partie militaire fussent aussi
très-exercés, il semble que dès à présent il serait nécessaire de commencer par faire un choix de sujets reconnus les plus propres à être
professeurs, tant parmi les jeunes professeurs que parmi les officiers,
et employer ceux-là *en plus grand nombre* successivement dans les
différens services; puis, au bout d'un certain temps, leur accorder,
au concours, les places dans l'instruction auxquelles ils se sentiraient
appelés, sans porter en aucune manière préjudice aux professeurs actuellement en fonction, qui conserveraient leurs appointemens et l'instruction des officiers de régiment. Afin d'être plus sûr de reconnaître
la capacité des candidats, on aurait à les prévenir de rédiger un travail sur les cours pour lesquels ils se présenteraient. Outre que ces
cahiers qu'ils auraient à composer serviraient à faire mieux apprécier
leur capacité, ces ouvrages seraient encore très-utiles aux aspirans admis pendant les premières années, pour l'exposition des choses qu'ils
auraient à enseigner.

(2) Les professeurs divisent assez généralement chaque séance en
deux parties, dont la première est consacrée à la répétition de la
précédente. Lorsqu'ils suivent un cours écrit; quelques uns font

La *durée* des séances devrait être, en général, telle que les élèves eussent de quoi s'occuper d'une séance à l'autre; l'*intervalle* en serait réglé d'après le tableau du service général arrêté par le commandant de l'école. Dans la rédaction de ce tableau, on partirait de certaines bases, telles, par exemple, que les cours fussent toujours ouverts le matin, et les exercices, les applications, pratiqués l'après-midi.

DURÉE DES COURS.—M. le général de Ricci, dans son *Essai sur l'instruction dans les écoles et sur leur organisation*, etc., propose de fixer à quatre ans la durée des cours. Nous adopterons la même base. Le grand nombre de sujets à traiter, et la nécessité des résumés annuels, pour que les nouveaux élèves puissent suivre les cours, semblent autoriser à croire qu'on ne saurait en moins de temps les exposer tous d'une manière convenable, d'autant plus qu'il est à considérer que les officiers ne peuvent pas être regardés comme des élèves qu'on doive astreindre à une assiduité de travail, la même que s'ils se trouvaient dans des écoles exclusivement consacrées à l'instruction. On doit tenir compte et des devoirs qu'ils ont à remplir comme militaires, et

même préparer la leçon suivante à plusieurs élèves les plus forts et s'énonçant bien, qu'ils chargent de continuer la séance après que la précédente a été répétée. Alors les professeurs ne font qu'ajouter des détails, des développemens. Ainsi les plus faibles comprennent mieux, profitent davantage; les plus forts sont stimulés; l'attention est mieux soutenue; enfin, il y a émulation et même profit pour la science. Il semble que, pour des hommes faits, et qui ont déjà de l'instruction, ce procédé serait convenable et à adopter. Au surplus, ce serait à la disposition des professeurs.

de leur position, puisqu'ils ont déjà un état, et qu'il s'agit en général moins de les rendre savans que de les mettre à portée de bien faire leurs services. Un dernier motif pour étendre à quatre ans la durée des cours, c'est qu'après ce temps, n'étant plus assujettis à les suivre, ainsi que nous le dirons plus loin, les sous-lieutenans et lieutenans seraient, pour ainsi dire, livrés à eux-mêmes : il est donc préférable d'insister davantage sur chaque partie, et de rendre l'instruction plus complète, afin qu'ils n'aient plus à y revenir, qu'ils n'aient pas à secouer la poussière des bancs par habitude ou par devoir, ce qui ne produirait qu'insouciance et dégoût.

On pensera peut-être, d'après les considérations ci-dessus, qu'il conviendrait que la durée des cours fût portée à cinq à six ans. A ce sujet, on doit observer que, les cours étant ouverts pour tous ceux qui ne sont plus tenus d'y assister, même pour les capitaines et officiers supérieurs, les lieutenans, qui de droit en seraient exempts, pourraient encore les suivre comme amateurs, lorsque les professeurs traiteraient quelques parties qui leur seraient moins familières. Au surplus, cette durée ne saurait être fixée d'une manière arbitraire ; elle doit dépendre du nombre de cours à faire, de leur importance, et de la quantité de matières qui doivent être exposées, de leur distribution la plus convenable, de manière que tous les ans de nouveaux élèves puissent être admis dans les différentes séries, en raison des mutations qui surviennent nécessairement.

Le système d'enseignement le plus parfait consisterait à dégager l'instruction de toute gêne ; à faire apprécier aux officiers que ce n'est que dans leur intérêt qu'on

(139)

leur accorde tous les moyens d'instruction scientifique ;
qu'elle est moins pour eux une affaire de service que de
bonne volonté ; que l'Etat compte assez sur leur zèle, et
même sur leur amour-propre, pour qu'ils se mettent en
état de remplir dignement leurs devoirs dans tous les
services qui leur seront confiés. Enfin, si, dans l'ensei-,
gnement, on doit avoir égard à l'âge des élèves, il faut.
convenir que des hommes ne peuvent plus être conduits.
comme des adolescens ; qu'il doit y avoir loin des écoles
d'artillerie à celles où l'on doit assujettir les jeunes
gens à des cours journaliers, parce qu'il faut prévenir
chez ces derniers l'effet de l'irréflexion et de la légèreté,
inhérentes au jeune âge.

Ainsi, en prenant en considération les personnes auxquelles doit être donnée l'instruction, le but de celle-
ci, pour l'exposition des faits et de leur théorie, doit
être atteint par le chemin le plus court. Les professeurs
auront à insister sur la méthode, sur les faits généraux,
et sur leurs *principales* applications, en laissant aux
officiers le soin d'étendre celles-ci, de les diversifier. La
tâche des professeurs sera de les mettre sur la bonne
voie ; mais il faudra que les officiers la parcourent eux-
mêmes ; il faudra, en un mot, qu'ils s'approprient l'instruction qu'on ne peut que leur offrir. Il faudra donc
leur laisser le temps de revenir sur les choses qu'ils auront apprises, et les guider seulement dans les applications qu'ils auront à en faire. Il semble qu'on satisfera à
la fois à toutes ces considérations en fixant à quatre ans
la durée des cours, et en bornant aux semestres d'hiver
le temps consacré aux séances, sauf une exception pour
les cours d'histoire militaire et de grammaire française,
qui seraient faits pendant les semestres d'été, destinés
également à la continuation des travaux graphiques, des

manipulations, aux exercices et aux applications sur le terrain (1).

————

Répartition des cours. — Elle doit sans aucun doute être déterminée suivant leur importance relative, et suivant la quantité de matières que chacun de ces cours doit renfermer. Ils consistent :

1° Pour les *sous-officiers* et *sous-lieutenans*,

En cours de
{
mathématiques.
physique mécanique et chimie.
grammmaire, histoire, géographie.
}

2° Pour les *lieutenans anciens-élèves*,

En cours de
{
constructions.
fabrication.
fortification et stratégie.
}

3° Pour les *lieutenans en général*,

En cours sur
{
le service propre de l'artillerie.
l'histoire militaire et la bibliographie (2).
}

Convient-il d'entremêler les cours, de les faire suivre

————

(1) Lorsque les officiers devront se rendre sur le terrain pour des opérations particlles ou d'ensemble, les professeurs que concernent les applications à faire pourront alors, dans des séances préparatoires, tracer la marche à suivre dans les exercices, rappeler les procédés, indiquer les particularités, etc.

(2) L'histoire militaire serait également profitable aux officiers des régimens ; ils pourraient cependant être dispensés de suivre la partie du cours qui comprendrait la bibliographie.

À la fois, ou de ne le faire que pour quelques uns, et pour lesquels? Parmi les différens cours, il en est qui demandent une attention plus soutenue, un travail suivi : la plupart sont dans ce cas. On ne peut guère compter que ceux sur l'histoire militaire et la biblio- graphie, sur la grammaire et la géographie, bien moins importans, et dont les parties sont moins liées, qui puissent être faits successivement et par intervalles. Les autres cours ne devraient être commencés que les uns après les autres; cependant nous en excepterons encore le cours sur le service propre de l'artillerie, en raison de l'extension qu'on doit lui donner, et de ses applications continuelles au service. L'ordre dans lequel les cours devraient se succéder consisterait, pendant les *deux premiers* semestres d'hiver, dans l'exposition de l'a- rithmétique et de la géométrie, pour la *deuxième série ;* des élémens de géométrie descriptive, de fortification et d'architecture, pour la *troisième série,* et du cours de fabrication pour la *quatrième;* puis, pendant les *deux derniers* semestres d'hiver, les *autres* profes- seurs enseigneraient les élémens de physique méca- nique et de chimie aux *deuxième* et *troisième* séries, et le cours de constructions à la *quatrième :* de sorte que, chaque cours *complet* étant de quatre ans, les pro- fesseurs recommenceraient cependant leurs cours tous les deux ans. D'après cette marche naturelle, on procé- derait du simple au composé; toutes les connaissances mathématiques nécessaires pour bien suivre les cours de physique mécanique et de machines seraient acquises par les élèves dès deuxième et troisième séries; de plus, il serait plus facile aux professeurs de revenir, au com- mencement des deuxième et quatrième semestres, sur ce qui aurait été traité pendant les premier et troisième, afin que les nouveaux élèves qui doivent se présenter chaque année pussent suivre les cours, et qu'il n'y eût aucune interruption dans leurs études ; en troisième lieu, il y aurait avantage à suivre moins de cours à la fois. Nous avons à ajouter qu'il y aurait encore le cours *complémentaire* de fortification à répartir dans les quatre semestres, de même que celui sur le service propre de l'artillerie, celui-ci devant être continué pendant chaque semestre entier, tandis que pour l'autre il serait réservé, vers la fin des quatre semestres, le temps nécessaire pour le faire aux dépens de ceux de constructions et de fabrication : de sorte que les *anciens élèves* auraient à suivre pendant les semestres d'hiver trois cours : de fabrication *ou* de construction, sur le service propre de l'artillerie, et sur la fortification ; les autres lieutenans en auraient deux et les sous-officiers un seul (de mathématiques, ou de physique, ou de chimie).

Le temps à consacrer à chaque cours devant dépendre de leur importance et de la quantité de matières que chacun doit renfermer, quoique nous ne nous reconnaissions pas une expérience suffisante pour fixer ces rapports, cependant nous les présenterons comme exemples seulement, sauf à modifier les nombres qui seront indiqués dans le tableau suivant. Nous prendrons pour base le service propre de l'artillerie ; nous représenterons par le nombre 100 son importance, par 100 également la quantité de matières que ce cours doit contenir.

Ainsi, pour les *lieutenans anciens élèves* on aura :

DÉSIGNATION des cours.	IMPORTANCE des cours.	QUANTITÉ des matières.	TOTAUX partiels.
Service propre. .	100	100	200
Construction. . .	55	70	125
Fabrication. . . .	90	90	180
Fortification. . . .	60	75	135
Total général.			640

Si le nombre total des séances des quatre cours s'élevait à 640, qui représente la somme des totaux partiels ci-dessus, il arriverait juste que ces totaux indiqueraient le nombre des séances pour chaque cours entier. Mais il n'en est pas ainsi, le semestre n'étant que de cent quatre-vingt-deux jours, sur lesquels il faut déduire les jours fériés, ceux consacrés aux revues, etc. On ne pourrait compter que sur cent cinquante jours au plus pour les séances; mais il ne serait pas convenable d'astreindre les officiers et sous-officiers à assister à une séance chaque jour, parce que l'instruction déjà acquise par les uns est assez étendue pour qu'ils puissent s'occuper eux-mêmes, et pour qu'elle soit un motif de leur accorder plus de latitude, de tenir compte des travaux auxquels ils se sont livrés déjà pendant plus de six ans dans les écoles préparatoires; parce que, pour les autres

officiers et pour les sous-officiers, quelque simples que
soient les sujets à leur exposer, les cours ne laisseront
pas que d'être difficiles à suivre par eux, en raison de
ce qu'ils y sont moins préparés, et qu'à leur âge le meilleur travail est celui auquel ils s'adonneront en leur particulier. D'ailleurs les professeurs pour ces derniers, ayant
deux séries d'élèves à enseigner, seraient fatigués sans
avantage pour l'instruction par des séances trop fréquentes. En réduisant à cent, au lieu de cent cinquante, le
nombre des jours consacrés aux séances pour les quatre
semestres, on aurait donc quatre cents séances à répartir,
d'après les totaux partiels du tableau ci-dessus, pour les
officiers anciens élèves, et l'on trouverait pour chaque
cours les nombres de séances indiqués dans le tableau
suivant :

Service propre de l'artillerie 125
Constructions 78
Fabrication 113
Fortification 84

Total. . . . 400 séances.

. Le nombre des séances pour chaque cours une fois
arrêté, les professeurs se conformeraient aux programmes pour la distribution des matières, et feraient
toujours précéder la *continuation* de leurs cours du résumé des principaux faits déjà exposés le semestre précédent. Ainsi, à la reprise du cours de construction, au
deuxième semestre, le professeur commencerait par résumer tout ce qui aurait été fait la première année : par ce
moyen, les élèves qui auraient suivi la première partie
du cours saisiraient mieux l'ensemble des choses qui au-

raient déjà été exposées, et leurs rapports avec celles
qui suivraient; d'un autre côté, ce résumé donnerait la
facilité aux nouveaux élèves qui doivent se présenter
chaque année, de pouvoir profiter de la seconde partie des
cour , et, par conséquent, de ne point interrompre leurs
études. Le cours de *fabrication* étant présenté ensuite de
la même manière, pendant les deux derniers semestres;
les mêmes officiers auraient à le suivre, tandis que de
nouveaux élèves assisteraient à celui de constructions qui
serait recommencé.

Quant aux cours sur le service propre de l'artillerie
et sur la fortification, il n'y aurait pas de grands inconvéniens à les continuer, comme nous avons déjà dit,
pendant les quatre semestres, parce qu'on peut les considérer comme formés de parties qui peuvent, jusqu'à
un certain point, être envisagées isolément, et dont les
applications ne sont pas si étroitement liées.

Les dispositions ci-dessus supposant des mutations
assez considérables parmi les lieutenans pour que les
cours soient toujours fréquentés par un nombre suffisant
d'élèves, elles ne sauraient être les plus avantageuses
dans l'état actuel des écoles: aussi, dans le cas présent,
un même professeur pourrait faire en quatre ans les
deux cours de constructions et de fabrication, et le professeur de fortification, chargé d'un cours bien moins
étendu, pourrait remplir en même temps les fonctions
de bibliothécaire, et faire, pendant les semestres d'été,
le cours d'histoire militaire et de bibliographie. Ces réductions sont très-admissibles, parce que les élèves de
l'École de Metz, auxquels de pareils cours sont principalement destinés, ayant déjà fait des applications générales des sciences à l'art de la guerre et aux construc-

tions, ceux qui arriveraient les deuxième et quatrième années pourraient toujours profiter des cours,
surtout si les professeurs faisaient des résumés. Mais les
réductions doivent, dans tous les cas, s'arrêter là : on
ne saurait les étendre aux cours élémentaires, qui exigent
impérieusement deux professeurs, puisque le cours de
physique mécanique suppose des connaissances en
mathématiques. Ainsi l'état du personnel, présenté
page 128, se réduirait, pour les écoles actuelles, à celui-ci :

PROFESSEURS.
> 1 — A.B. de constructions, de fabrication.
>   1.-A' adjoint pour les mathématiques et
>   pour le dessin.
>   2.-B' *id.* . . . pour les élémens de physique
>   mécanique et de chimie.
> 2 — C. pour le service propre de l'artillerie.
>   3.-E. de grammaire, histoire générale et
>   géographie.

. . . . Sous-officiers pour la lecture, l'écriture
et les quatre règles de l'arithmétique.

Un bibliothécaire professeur de fortification et d'histoire militaire.

Un artiste conservateur des modèles, etc.

On ne peut se dissimuler que, tant que les programmes des cours ne seront pas arrêtés et coordonnés
entre eux par les professeurs, après avoir fait eux-mêmes
ces cours, et avoir mieux apprécié les difficultés de détails qui pourront se rencontrer, il y aura nécessairement un peu d'arbitraire dans la distribution des matières; mais ici il importe de tracer la marche à suivre,
et c'est ce que nous essayons de faire.

Le nombre des séances étant également fixé à quatre cents pour les officiers de régimens, sur lequel nombre il y aurait à retrancher les cent vingt-cinq séances sur le service propre de l'artillerie, que les lieutenans de régimens doivent également suivre, le surplus deux cent soixante-quinze devrait être réparti d'après le tableau suivant, que nous donnons encore comme exemple (1).

DÉSIGNATION des cours.	IMPORTANCE des cours.	QUANTITÉ de matières.	TOTAUX particls.
Mathématiques. .	100	100	200
Physique.	70	80	150
Chimie.	40	60	100
Total général.			450

En opérant de la même manière qu'on l'a déjà fait

(1) Nous devons observer que nous apprécions ici l'importance et la quantité des matières d'après le profit que devra retirer de ces cours, le plus grand nombre des officiers.

plus haut, on trouvera pour les cours des officiers de *régimens*,

Service propre de l'artillerie 125
Mathématiques, fortification 122
Physique mécanique 92
Chimie 61
———
400 séances.

Le cours de mathématiques, que les élèves doivent terminer avant d'étudier la physique-mécanique, doit durer deux ans; mais, en raison du temps à consacrer au cours sur le service propre de l'artillerie, on trouvera moyen de mettre le premier en rapport avec le second, et de fixer le nombre des séances de celui-là à 122, en portant à 78 le nombre des séances sur le service propre, pendant les deux premiers semestres, etc.

———

Si nous passons aux cours pour les *sous-officiers*, les samedis de chaque semaine ne devant pas être comptés, nous admettrons pour le nombre total des séances pendant un semestre 76 au lieu de 100; et comme les sous-officiers n'ont qu'un cours à suivre à la fois, celui de mathématiques devant durer deux semestres, le nombre des séances sera donc de 152 pour ce cours, et les deux autres semestres pourront être partagés entre la physique et la chimie, d'après un rapport à peu près de 5 : 3.

(149)

Ainsi, on aurait le tableau suivant pour les cours des
sous-officiers :

Mathématiques   152
Physique   95
Chimie   57
                                    ______
        Total . . . .   304 séances (1).

Le nombre de jours que comprennent les quatre semestres étant de 730, on voit que les cours des sous-officiers pourront avoir lieu facilement de deux jours l'un,
ce qui conviendrait et pour les élèves et pour les professeurs, comme nous l'avons déjà dit plus haut.

Le même professeur devant faire le cours de physique et de chimie, il n'y aurait qu'avantage à ce que le
cours de chimie ne fût commencé qu'après que l'autre
aurait été terminé entiérement. Cette observation s'ap-
plique aux deux services des lieutenans et des sous-officiers.

———

La répartition des cours, le nombre des séances pour
chacun d'eux, ne devant dépendre que du nombre des
cours, de la quantité des matières à traiter, de leur importance, il est de toute justice que, d'une autre manière, on ait égard au moins d'occupations des professeurs, en chargeant principalement ceux-ci, autant que

———

(1) Les sujets à traiter dans les cours de physique mécanique et de
chimie étant nombreux et d'une assez grande importance, on peut
croire qu'il conviendrait d'augmenter pour eux le nombre des
séances, et de les porter à deux cents, au lieu de cent cinquante-
deux, et par conséquent d'admettre un total de trois cent cinquante-
deux, au lieu de trois cent quatre séances pendant les quatre semestres.

faire se pourra, des recherches, épreuves, expériences, etc., que le commandant d'école jugerait nécessaires ou utiles pour le bien du service et l'instruction des officiers.

Les cours d'histoire militaire et de grammaire française seraient également répartis en quatre semestres. Comme ces cours exigent une moindre tension d'esprit, et qu'en cela ils concorderaient bien avec les exercices et applications sur le terrain, auxquels doivent se livrer les officiers pendant les semestres d'été, il semble qu'il serait préférable que ces deux cours fussent enseignés à ces époques, d'autant plus qu'en hiver le temps et l'attention des élèves seraient suffisamment absorbés par les cours de mathématiques, de physique, etc., qu'on leur ferait suivre, et par les occupations que ces cours leur donneraient.—Suivant l'importance qu'on serait disposé à accorder aux cours de grammaire et d'histoire militaire, les professeurs feraient une ou deux leçons par semaine. Les lieutenans seraient tenus de faire des extraits, des analyses, des critiques des meilleurs ouvrages sur l'art militaire. De pareils exercices les habitueraient à méditer, et formeraient leur jugement.

A l'expiration de la quatrième année classique, les élèves qui auraient terminé tous leurs cours seraient tenus de prouver, par des examens soutenus verbalement et par écrit, qu'ils en ont profité. — LES OFFICIERS SERAIENT DISPENSÉS DE LES SUIVRE DE NOUVEAU; *mais tous, tant anciens élèves que lieutenans de régimens, seraient classés en conséquence.* Ceux qui auraient suivi les cours avec fruit seraient appelés, par la suite, aux services spéciaux, tandis que les autres devraient rester dans le service des troupes. Ceux-ci auraient néanmoins la faculté de continuer à assister aux séances, et de demander ensuite à être admis sur le contrôle des officiers de choix destinés à être employés dans les établissemens, en prouvant qu'ils auraient acquis les connaissances reconnues nécessaires pour ces services.

En temps de paix, nul ne devant être admis officier qu'il ne possède les connaissances enseignées aux sous-officiers, les lieutenans déjà anciens dont le rang aurait été le prix de leurs bons services en temps de guerre seraient de droit exempts de suivre les cours. Il en serait de même pour les sous-officiers. Les places dans les résidences, sur les côtes, etc., deviendraient par la suite leurs récompenses.

On n'admettrait les *sous-officiers* à assister aux cours des sous-lieutenans qu'après leur avoir fait subir des examens sur les matières qu'ils devraient posséder. — Nous avons indiqué, au chapitre Ier, article 2, les connaissances à exiger des lieutenans de régimens, pour qu'ils pussent être admis par la suite dans les services spéciaux, et, en attendant, être autorisés à suivre les cours complémentaires.

Les notes à tenir sur les lieutenans et sous-officiers par les professeurs, pour l'exemption des cours, pour leurs droits à l'avancement au choix, ou pour toute autre récompense, seraient indiquées par des nombres, ainsi que nous l'avons fait pour la répartition des cours. Les sommes de toutes les notes tenues par les chefs de corps et par les professeurs sur chaque officier *étant balancées d'après leur importance relative*, le total le plus fort ferait naturellement placer au premier rang, sur le registre à ce destiné, l'élève qui l'aurait obtenu dans chaque série. Cette méthode est déjà suivie à l'École Polytechnique et dans quelques écoles d'application.

Les lieutenans qui auront satisfait aux conditions exigées pour l'exemption des cours seront admis aux *conférences* des capitaines et des officiers supérieurs.

CONFÉRENCES. — Toutes les questions touchant le service propre de l'artillerie et ses rapports avec les autres armes, toutes les opérations dans les établissemens des fonderies, forges, etc., peuvent donner matière à discussion dans les conférences, ainsi que les travaux particuliers des officiers dans les écoles, dans les établissemens, les projets, les expériences, les écrits sur l'arme ou sur les sciences qui s'y rapportent, publiés à l'intérieur et à l'étranger. Tant de travaux sur des sujets aussi nombreux que variés, et dignes, par leur importance, de fixer l'attention des officiers, d'exciter dans les uns l'esprit des recherches, et en tous le désir d'étendre leur instruction, suffiraient et au delà, dans de *grandes écoles*, pour bien remplir une séance chaque semaine pendant toute l'année.

Cependant, les opérations des établissemens, et tout ce qui y tient, ne pouvant être d'un intérêt aussi grand pour tous les officiers, il serait bon de consacrer alternativement des séances aux questions sur le service propre de l'artillerie, sur l'organisation et l'emploi du matériel en campagne, dans les sièges, dans les places, sur l'administration des troupes, sur les règlemens, etc.; et d'autres séances aux applications des arts et des sciences, aux constructions, à la fabrication dans les établissemens, et à la fortification. Les capitaines et lieutenans destinés pour les services spéciaux seraient tenus d'assister à toutes les séances; les autres capitaines et les lieutenans exempts de suivre les cours, tout en conservant la faculté d'y venir, ne seraient obligés que de suivre les séances sur le service propre de l'artillerie.

Si on ne peut contester aux conférences une grande utilité, on doit leur conserver tout l'intérêt dont elles sont susceptibles. Pour cela, il conviendrait que les matières à traiter fussent toujours variées, et qu'on s'y occupât le moins possible des choses qui ont rapport au service courant, et qui ne seraient pas d'une assez grande importance pour soutenir l'attention du plus grand nombre des officiers. C'est une source précieuse; mais il faut savoir la ménager, pour ne pas la tarir.

Les mémoires les plus soignés, rédigés par les officiers des écoles ou des autres établissemens, l'analyse des ouvrages de sciences du ressort de l'artillerie, la discussion sur les recherches physiques et mécaniques, les travaux des commissions nommées par le président des conférences, et tant d'autres ouvrages, ne pourraient manquer de captiver l'attention, de la soutenir, et d'instruire sans fatiguer. La lecture des rapports, mémoires, recherches des officiers, offrirait quelque chose de piquant, exciterait l'intérêt au plus haut point, et, de plus, serait très-propre à susciter des discussions qui tourneraient toujours à l'avantage du service et de l'instruction des officiers.

Les sujets à traiter en conférence peuvent être envisagés sous plusieurs points de vue généraux : 1° opérations exécutées à la guerre ou à l'intérieur, projets divers déjà présentés sur chaque branche du service, recherches historiques; 2° améliorations dans les différens services, distribution et emploi du matériel, per-

(154)

fection dans les produits, économie, etc.; 3° état actuel
du matériel et du service de l'artillerie chez les puissances étrangères.

Les rapports, mémoires, travaux quelconques des
officiers, se rapporteront toujours à l'un des sujets suivans (1):

SERVICE PROPRE DE L'ARTILLERIE.

Personnel. Administration.
Formation des équipages.
Emploi des batteries. Tactique, etc.
Ponts militaires.
Emploi des animaux de décharge et trait.

SERVICES D'ÉTAT MAJOR.

Rapports de l'artillerie avec ⎰ Stratégie.
les autres armes. . . . . . . ⎱ Fortification.

Etablissemens. ⎰ Fabrication. ⎰ Théorie des effets.
⎱ Compositions les plus avantageuses.
Constructions déduites de la théorie
des effets.
⎱ Constructions ⎰ Architecture.
Machines.
Administration des établissemens.

Toutes les questions à traiter dans les conférences,
et qui se trouvent renfermées dans l'un des sujets exposés dans le tableau ci-dessus, peuvent encore être envisagées sous un autre point de vue, savoir, *celui des hommes et des choses*, considérés soit en eux-mêmes, soit
dans leurs rapports les uns avec les autres.

---

(1) Voyez, pour de plus grandes subdivisions et pour les questions
auxquelles elles doivent donner naissance, le grand tableau n° 1.

(155)

1°. La tenue, les mesures d'ordre, de police, la législation, l'administration des troupes, etc., regardent *les hommes*.

2° Les manœuvres, exercices, la tactique de l'artillerie, etc., se rapportent *aux hommes et aux choses*.

3°.Toutes les recherches qui tiennent *aux choses* peuvent être ramenées

Soit aux compositions chimiques, constructions mécaniques, formes, etc. . . . . } Poudres, armes, projectiles, affûts, voitures, bateaux, machines pour la production, bâtimens, etc. ;

Soit au bon usage, à l'emploi et aux modes d'épreuves, de vérification des. . . . .

Soit à l'administration pour tout ce qui tient aux dépenses, à l'ordre et à l'économie.

Les *compositions chimiques*, quelles qu'elles puissent être, ne peuvent différer que par les *espèces* et *qualités* de matières, ou bien par leurs *proportions*, ou bien encore par le *mode de manipulation*, au point que, tant que ces conditions seraient remplies de la même manière, on devrait nécessairement obtenir les mêmes résultats, et les avoir, au contraire, plus avantageux, en raison des améliorations qu'on apporterait dans chacune des conditions influentes.

Les *constructions mécaniques* ne peuvent non plus différer que par le choix des matériaux, par les combinaisons plus ou moins compliquées des élémens, par les proportions, par le mode d'assemblage des parties.

Les *effets* de la poudre, des armes à feu, le *bon usage* des affûts, voitures, des ouvrages architectoniques, doivent dépendre aussi des espèces, qualités de matières, de leurs relations, et de la manière de les employer.

Il est bien à remarquer que *les choses* ne doivent pas seulement être considérées en elles-mêmes, *mais surtout par rapport au but à remplir dans chaque cas,* de telle sorte que toutes les opérations soient toujours appropriées à leur destination.

Au résumé, quelque modification que l'on propose *dans les choses,* elles se rapporteront à l'une des trois divisions suivantes : 1° espèces et qualités de matières, 2° proportions ou relations, 3° mode de procéder (manipulations, assemblage, emploi, etc.).

Quel vaste champ est ouvert aux recherches sur les compositions, constructions du matériel, sur les meilleurs effets des poudres, des projectiles et des armes à feu, sur les modes d'épreuves! et même de combien de données précises on manque encore sur les qualités relatives des matières premières : bois, métaux ; sur leur résistance, etc. ! De telles recherches sont si importantes, que le Gouvernement ne saurait trop encourager les travaux de MM. les officiers, dirigés vers des buts si variés, et si utiles.

Nous venons de parler de *l'instruction théorique* que les officiers et sous-officiers doivent recevoir ; nous avons tâché de l'envisager sous tous les points de vue. Il nous reste à traiter des applications que les uns et les autres doivent faire des connaissances acquises, de telle sorte que, dans toutes les circonstances, ils remplissent leurs devoirs de la manière la plus avantageuse.

ARTICLE II.

PRATIQUE (TRAVAUX D'APPLICATION , EXERCICES).

L'instruction, en général, ne saurait être utile que par les applications qu'on peut en faire. Celles-ci sont les plus importantes; on doit les considérer dans leurs rapports avec les hommes et avec les choses. Il faut, en effet, que l'officier d'artillerie sache, d'une part, commander aux soldats, et tirer le meilleur parti du matériel; de l'autre, profiter aussi des connaissances acquises pour construire et fabriquer. Les premières applications constituent le service aux armées; les autres se rapportent aux services des établissemens. Nous n'aurons à nous occuper ici que des premiers travaux pratiques et de ceux nécessaires pour préparer les lieutenans aux opérations des établissemens, les leur faire connaître et apprécier par les exercices auxquels ils se livreront, par les levés, projets, tracés qu'ils auront à faire, de manière que des *manuels* puissent ensuite suffire pour les familiariser avec tous les détails de constructions, de fabrication, d'administration, lorsqu'ils passeront dans les services spéciaux.

Dans les écoles, les soldats, sous-officiers, officiers, doivent tous se livrer aux exercices, manœuvres, pour que les uns puissent ordonner et faire agir les hommes qu'ils ont sous leurs ordres, et pour que ces derniers comprennent mieux et remplissent bien leurs devoirs. Les travaux sont non seulement plus considérables, suivant les grades, mais encore doivent varier suivant le genre de services auxquels sont spécialement destinés les individus. On distingue les services de l'artillerie à pied, à cheval, ceux des pontonniers et des ouvriers.

Toutes les opérations auxquelles les hommes de ces corps doivent être exercés ont plus ou moins d'importance, suivant qu'elles se rapportent plus directement à leur service. En un mot, deux conditions sont à remplir: connaître parfaitement les travaux dont on est chargé (comme service), ensuite être en état de concourir au service des bouches à feu. Telle est la position des ouvriers et pontonniers : ainsi on doit exiger plus d'eux que des canonniers. Les occupations de ceux-ci sont bornées à leur propre service.

Les officiers, tout en s'adonnant plus particulièrement aux fonctions du corps auquel ils sont attachés, doivent en outre connaître les autres services, afin d'être à portée d'embrasser l'ensemble, et de mériter réellement le titre d'*officier d'artillerie.*

On pourrait croire qu'il serait important de fixer les termes des rapports qui doivent exister entre les différens services, de manière à pouvoir déterminer jusqu'à quel point il convient que les travaux d'application se pénètrent les uns et les autres. Déjà, en 1765, M. de Gribeauval avait apprécié cette importance dans le règlement sur l'artillerie qui parut à cette époque, en arrêtant à quelles manœuvres les sapeurs, canonniers, bombardiers, devaient être exercés, et, par des *nombres donnés,* combien de fois ils devaient l'être sur chaque partie: de sorte que les relations des services étaient fixées d'une manière positive. Lorsqu'on emploie ainsi des nombres, on court sans doute risque de se tromper; mais il en résulte toujours que l'on peut mieux apprécier l'erreur, si l'on en a commis, être en état de modifier et de s'approcher davantage des rapports les plus naturels entre les choses.

Nous ne nous permettrons pas de discuter quels doi-

(159)

vent être ces rapports à observer pour les manœuvres et
travaux auxquels doivent être exercés les differentes
troupes du corps royal de l'artillerie : n'ayant pas assez
d'expérience pour le faire, nous devons nous borner aux
observations que nous venons de présenter.

On ne saurait exiger des *simples soldats* d'artillerie
que des opérations *manuelles*. On les exerce aux manœuvres d'infanterie, de cavalerie, dont ils doivent
connaître et faire le service ; aux manœuvres des différentes bouches à feu, manœuvres qui varient suivant
les calibres, suivant la manière dont les pièces sont
montées, suivant le service qu'elles doivent remplir en
campagne, dans les siéges, dans les places et sur les
côtes ; aux manœuvres de force à l'aide de leviers, de
cordes, poulies, mouffles, de la chèvre, etc., pour sou-
lever des fardeaux, élever les plus grosses bouches à
feu, les mettre sur leurs affûts, en batterie, etc. ; à
l'exécution des nœuds pour les manœuvres de force ; à
la confection des fascinages ; à la construction des batteries, aux remuemens de terre, gazonnemens ; à la confection des cartouches d'infanterie et des bouches à feu ;
au chargement des caissons, calibrage, empilement des
projectiles. — D'après cet exposé, on voit dans combien de parties le simple canonnier est exercé, combien
il doit avoir plus d'activité, de force et d'intelligence
que le soldat ordinaire, et quelle place doivent occuper les manœuvres d'infanterie parmi les exercices
qu'on exige de lui.

Les exercices pour les *sous-officiers* ne peuvent être bor-
nés à la pratique des manœuvres. On doit déjà distinguer,
pour eux, deux sortes d'opérations, de même que pour

les lieutenans: les opérations d'*ensemble*, lorsqu'ils ont sous leurs ordres des canonniers, et celles *particulières*, auxquelles ils doivent être exercés, pour ainsi dire, individuellement. Les opérations d'ensemble comprennent le commandement des détails des exercices et manœuvres, et la direction de la troupe dans la construction des batteries, dans la confection des artifices. Puisque l'on parle de commandement et de direction, il est bien entendu que les opérations elles-mêmes doivent leur être très-familières. — Quant aux exercices particuliers, y a-t-il, pour le sous-officier et pour l'officier, rien de plus important que l'évaluation à vue des distances, que l'appréciation des portées des différentes bouches à feu, que le pointage, l'emploi de la hausse pour les différens tirs à ricochet, de plein fouet, tir de cartouches à balles, etc. ; que le tracé et la construction des batteries ; que la préparation des munitions, des artifices, leur conservation ; que l'appréciation des manœuvres de force les plus avantageuses dans les différens cas, soit pour l'économie des bras, la promptitude d'exécution, soit pour la sûreté des individus ? Enfin, en passant en revue tous les travaux dont ils peuvent être chargés, on verrait que, pour être certain qu'ils les feront bien exécuter, il faut qu'ils aient pratiqué eux-mêmes. Dans ces exercices *particuliers*, chacun peut non seulement mieux saisir les opérations, mais encore se les approprier, se les rendre familières, s'y perfectionner.

Les *lieutenans*, *en général*, étant appelés à embrasser l'ensemble des opérations, outre les exercices ci-dessus, doivent être en état d'apprécier les effets des charges dans les bouches à feu, dans les projectiles creux, dans les mines, fougasses, dans la maçonnerie ; et l'effet des projectiles, à différentes distances, sur des objets mobiles, immobiles, leur enfoncement dans les terres, dans les bois, dans la maçonnerie ; ils doivent être exercés aux levés de terrain, de machines d'artillerie ; à des tracés d'ouvrages de fortification ; aux différentes dispositions à prendre pour les batteries, et à leur tracé d'après le prolongement des lignes de fortification ; à l'établissement des ponts militaires ; aux visites, épreuves des bouches à feu, des munitions, des artifices ; aux moyens d'utiliser des munitions, des bouches à feu jugées hors de service ; à diriger les menues réparations des voitures et attirails de l'artillerie, etc., etc. On voit que toutes ces opérations, dans lesquelles n'entrent pour rien les manœuvres ni les exercices d'ensemble qu'ils doivent bien posséder, ne sauraient être exécutées convenablement, si les lieutenans ne s'adonnaient en particulier à ces exercices, qui, seuls, peuvent leur former le coup d'œil, leur donner le tact et l'habitude de tant de travaux différens.

Les *officiers anciens élèves*, et autres de choix, auront à s'occuper, indépendamment des exercices ci-dessus, de levés d'usines, de projets de construction de machines, de bâtimens, d'établissemens avec les différens moteurs ; de projets d'attaque et de défense des places ; de tracés de ces travaux sur le terrain ; de reconnaissances militaires, levés à vue, levés trigonométriques, dessin topographique ; de manipulations de chimie, expériences de physique. Ils seront tenus aussi de visiter les établissemens, visites dont ils devront tirer un avantage d'autant plus grand que, pendant les cours de constructions, de fabrication, tout ce qui tient aux machines, aux procédés, leur ayant été exposé, les applications des leçons leur en seront faites sur place par les professeurs.

Pendant les *semestres d'hiver*, tous les lieutenans, sous-officiers, ayant suivi les cours théoriques; les après-midi ayant été consacrés à revoir les leçons du matin, à en faire les applications sur les modèles d'armes, de machines, reliefs, instrumens vérificateurs, etc. ; à faire des épures, des tracés dans la salle de dessin, ils se prépareraient ainsi les uns et les autres aux exercices pratiques des semestres d'été, auxquels les *cours* leur auraient servi d'introduction. Instruits dans la théorie par les professeurs, ceux-ci leur serviraient encore de guides sur le terrain, conjointement avec les capitaines, toutes les fois que les circonstances l'exigeraient. C'est surtout pour les expériences et pour les épreuves que le concours des professeurs et des capitaines serait nécessaire, parce qu'il faut alors plus de connaissances, et de plus de la pratique pour la direction de ce genre de travaux (1).

Les *expériences* et les *épreuves* doivent être bien distinguées les unes des autres. Lorsqu'on recourt aux pre-

---

(1) Les portées des bouches à feu sont soumises à tant d'influences, et ces influences étant plus ou moins grandes, suivant les qualité et quantité de poudre, suivant le vide dans la charge, le vent, le refoulement, le poids, la forme des projectiles, l'emplacement de la lumière, l'état de l'atmosphère, l'échauffement de la pièce, etc., il semble qu'on pourrait rendre doublement utiles quelques exercices à feu du polygone, et surtout plus intéressans pour les officiers, si l'on cherchait à déterminer d'abord isolément l'influence de chaque particularité sur la justesse du tir et sur les portées, etc., etc.

mières, déjà les résultats sont assurés : il s'agit seulement de réunir les mêmes élémens dans les mêmes situations, pour obtenir les effets prévus. C'est ce que l'on fait en physique, lorsqu'on veut reproduire des phénomènes déjà connus : on fait alors des expériences, on les répète. Dans les épreuves, au contraire, on ignore d'abord le résultat auquel on parviendra ; on a pour but de s'assurer si des machines remplissent un effet voulu ; on veut reconnaître à quel résultat elles conduiront, qu'on les considère soit en elles-mêmes, soit par rapport aux objets pour lesquels elles doivent servir. On éprouve une bouche à feu pour s'assurer de sa résistance ; on éprouve des charges de poudre ou des projectiles pour reconnaître leurs avantages, et s'assurer si les faits répondront à la théorie ; on éprouve un projet de machine exécuté pour apprécier l'effet qu'elle produira, et si elle ne sera pas sujette à des inconvéniens qui pourraient faire renoncer à son emploi (1). Ainsi les expériences doivent être considérées particulièrement pour l'instruction des officiers, et les épreuves plutôt pour le bien du service. En conséquence, les expériences, manipulations, pourront être *obligatoires* pour les lieutenans, tandis que les épreuves qui imposent une responsabilité quelconque devront toujours être confiées à des officiers jugés capables de bien les apprécier, et qui soient portés de bonne

---

(1) « Les calculs, dessins, sur lesquels reposent un projet, peuvent « paraître exacts, l'utilité en sembler convaincante ; mais il faut en- « core *essayer* pour que la certitude soit entière : car en exécutant « on fait ressortir des inconvéniens qu'on ne pouvait prévoir ; les « choses étant dans leur grandeur naturelle, les rapports des parties « sont mieux sentis ; les difficultés d'exécution, un service pro- « longé, les réparations que la machine exige, tout alors concourt à « mieux faire apprécier les projets et à les juger. » (SCHARNHORST.)

volonté : elles devront donc être classées plutôt parmi les travaux *non exigibles*.

S'il convient de ne confier les épreuves importantes qu'à des personnes qui aient de grandes connaissances sur la matière, qui soient déjà exercées, il n'est pas moins nécessaire que ces officiers ne soient pas susceptibles de prévention, qu'ils examinent sans passion et jugent de même.

Pour pouvoir procéder méthodiquement, pour ne rien oublier d'essentiel, pour lier mieux entre elles les choses dont on doit s'assurer, le *programme d'épreuves* devrait toujours être arrêté d'avance, et sa rédaction être fondée sur les principes reconnus et avoués par l'expérience. Dans l'intéressant ouvrage de Scharnhorst, on trouve déjà quelques uns de ces principes, quelques unes de ces règles qu'il faut avoir présentes quand on fait des épreuves. Ce serait aux professeurs, tels que nous les demandons, s'occupant particulièrement de sciences et de leurs applications, à coordonner les principes, à en augmenter le nombre, à les modifier de manière à les rendre applicables dans les différens cas. Ainsi, l'on arriverait à rendre les épreuves comparatives, et l'on parviendrait toujours plus sûrement aux résultats, que l'on pourrait encore généraliser davantage par les termes de comparaison qu'ils présenteraient.

Nous nous bornons aux observations que nous venons de présenter sur les *épreuves* qui se rapportent au matériel de guerre en usage; nous allons essayer de remplir une autre tâche. La science de l'artillerie, appuyée d'une part sur les connaissances militaires pour tout ce qui tient aux combinaisons, à l'emploi des machines, et, de l'autre, tirant tous ses moyens de production des arts et de différentes industries, doit obéir à la fois à deux impulsions. Nous laissons à de plus habiles à examiner comment se lient entre elles la tactique, la stratégie, la fortification et l'artillerie, comment les progrès faits dans une branche de l'art militaire peuvent influer sur les autres : notre intention est seulement de chercher ici à apprécier certains projets *annoncés* comme devant causer une révolution dans le système d'artillerie employé et reconnu jusqu'à présent comme le plus avantageux ; de tâcher en même temps d'indiquer la marche que nous pensons devoir être suivie dans l'examen de pareilles questions.

Les améliorations prétendues, les nouveaux projets dignes de fixer l'attention et par la manière dont ils sont présentés, et bien plus encore par l'importance réelle dont ils peuvent être, pour être bien appréciés doivent *d'abord* être discutés à fond, et soumis ensuite à des épreuves comparatives, si les assertions des auteurs ou partisans de ces améliorations sont reconnues être conformes aux bons principes et aux résultats déjà constatés par l'expérience (1). Cette marche dans l'ap-

----

(1) En général, les projets qu'on peut avoir à examiner touchent aux hommes ou aux choses ; nous nous occupons ici des derniers. Si ceux-ci peuvent être mieux jugés, parce que les résultats sont ordinairement précis, et tombent toujours sous les sens, les premiers doivent fournir davantage matière aux discussions, et les questions restent quelquefois irrésolues ; ces questions reposant sur des données plus générales et métaphysiques, elles sont à la portée d'un plus grand nombre de personnes, tandis que les projets de machines, etc., exigeant des connaissances pratiques, ne sauraient être bien conçus que par les hommes s'occupant de semblables matières. Il peut sans

préciation des choses est naturelle; on ne saurait s'en écarter. Peut-il se faire qu'on ne possède pas d'antécédens? N'existe-t-il pas, pour toutes les branches de nos connaissances, des faits et des règles fondées déjà sur la pratique et sur la théorie, puisque tout s'enchaîne, et qu'il serait impossible à l'homme de présenter, dans les sciences physico-mécaniques, des faits qui ne tinssent à d'autres connus et bien constatés? — Une discussion doit précéder toute espèce d'épreuves, avec d'autant plus de raison que les *innovateurs* (1), préoccupés par leur sujet, et souvent inexpérimentés, ou entraînés par la force de leur imagination, sont trop exposés à être séduits par de fausses apparences, et ne se trouvent pas en position de comparer *avec impartialité* les nouvelles opérations qu'ils proposent, leurs résultats, enfin des effets nouveaux, avec ceux sanctionnés par une longue pratique.

Nous avons vu, au sujet des conférences, page 154, en quoi doivent consister toutes les *recherches* rapportées aux hommes et aux choses, quelles sont les questions qu'on peut avoir à résoudre dans ces derniers cas, soit en substituant des matières à d'autres, soit en variant leurs combinaisons pour arriver à de meilleurs effets. Dans *la discussion de nouveaux projets et dans les épreuves,*

---

doute y avoir quelques exceptions; mais ici, comme dans tous les autres cas où nous ne faisons pas d'application particulière, nous parlons d'une manière générale.

(1) Loin de prendre cette dénomination en mauvaise part, nous nous empressons de reconnaître comme *méritoires* les recherches heureuses ou non, pourvu qu'elles soient dirigées par la raison, et plus ou moins par l'expérience, parce qu'alors elles ne peuvent manquer d'ajouter à la masse des connaissances, et d'être par conséquent de quelque utilité.

la marche à suivre doit être inverse : il convient d'abord
de s'assurer quels peuvent être les *effets* (objet le plus
important), ensuite de s'occuper des moyens de les obtenir, et d'envisager ces moyens sous le rapport du service, des constructions et de la dépense, en procédant
toujours *a comparativo* avec les moyens en usage, —
Telle est la marche que nous suivrons dans l'examen
des *fusées à la Congrève* et des *armes à vapeur*,
observant toutefois que ces discussions doivent être
ici considérées *plutôt* comme des exemples plus ou
moins bien présentés, relativement à la méthode à suivre
dans de pareils examens, que comme des jugemens décisifs de notre part sur la valeur de ces innovations.
— Avant de discuter les propositions concernant l'emploi des fusées et des machines à vapeur comme armes
de guerre *sur terre*, nous devons avouer que, très-peu
versé dans tout ce qui a rapport à la marine, nous ne
nous permettrons en aucune manière d'envisager les
effets qu'on peut se promettre de l'emploi des fusées à
bord des navires, des brûlots, etc., etc.: de pareilles
discussions sont hors de notre compétence (1).

____

(1) En cherchant ainsi à couvrir notre insuffisance, nous touchons à
une grande question, savoir, jusqu'à quel point on peut avec profit
traiter des sujets étrangers aux sciences que l'on cultive et aux arts que
l'on pratique, et à plus forte raison *innover*. — On pourra nous répondre que le génie d'invention ne saurait être renfermé dans des bornes
si étroites ; qu'il doit être permis à des esprits vastes et forts de concep-
tion d'embrasser différens arts sans en connaître les détails, et de les
sortir des ornières de la routine dans lesquelles les retiennent des hommes influens, âgés ou à prévention. Pénétré de respect pour les œuvres
du génie, quelque part qu'elles prennent naissance, nous ne saurions
pourtant les reconnaître dans les produits de ces imaginations déréglées
qui, n'ayant d'autre appui qu'elles-mêmes, et nullement retenues par
les difficultés de la pratique, ne savent que créer des projets que nous

Fúsées a la Congrève. Nous les désignons ainsi parce que le général anglais dont elles portent ici le nom s'en est le plus occupé, et a le plus puissamment contribué à attirer l'attention des artilleurs sur cette espèce d'arme.

Le meilleur moyen d'apprécier dès effets est, sans contredit, celui de recourir à des *épreuves ;* mais doit-on s'astreindre à éprouver tous les projets que peut infanter l'imagination? Non, sans doute. En les examinant d'abord à fond, ainsi que nous avons déjà dit, en cherchant à reconnaître si les nouvelles combinaisons proposées répondent aux promesses des innovateurs, on reléguera dans les régions imaginaires tout ce qui sera en dehors des bons principes, et l'on parviendra aussi à mieux concerter la mise à exécution des conceptions justes et réfléchies.

Des épreuves nombreuses ont déjà été faites sur les

---

dirons de plus en plus bizarres, soit parce qu'ils ne reposent pas sur des principes avérés, soit parce que les arts leur refusent des moyens d'exécution. Il peut rester de ces projets de prétendus droits à la priorité, lorsque des hommes plus habiles parviennent ensuite, en ces matières, à d'heureux résultats; mais présentent-ils par eux-mêmes quelque utilité? Que des *praticiens* habiles, pénétrant dans une autre carrière que la leur, et emportés par leur imagination, promettent plus qu'ils ne peuvent tenir, nous respectons jusqu'à leur égarement : la pratique, qui ne transige pas, est là ; elle saura les contenir. Ce feu, cet enthousiasme, qui animent ces hommes, les roidissent contre les difficultés; ils sont pour eux un stimulant nécessaire, et en définitive, il peut rester de leurs travaux quelques résultats. Mais cette passion, ici productive, n'est là qu'une fièvre contagieuse, que le désir de la renommée tend à propager, et contre laquelle il faut savoir se défendre.

fusées à la Congrève, et de très-grandes sommes y ont
été consacrées. Partout, nous dit-on, on s'en occupe,
excepté en Turquie, en Espagne et en France; et si,
comme on le dit encore, elles ont été ou vont être
adoptées dans tous les états civilisés, il faut convenir
que nous arrivons un peu tard avec nos observations.
— Au milieu de cette grande révolution dans l'art militaire préparée dans les ateliers des fuséens et dans ceux
de M. Perkins, incrédule encore et stationnaire, avant
de céder à l'impulsion du dehors, oserions-nous chercher à satisfaire quelques scrupules, et demander si l'on
s'est donné la peine de bien définir les nouvelles machines, de les caractériser, et avec la prétention de les
employer en toutes circonstances, de les mettre partout
à la place de l'artillerie actuelle, si on a bien voulu
comparer ces mobiles et leurs effets avec ceux des projectiles en usage. Nous persistons à croire que, si ces
rapprochemens eussent été faits avec quelque soin, il
n'y aurait pas divergence dans les opinions des militaires sur l'importance réelle des fusées de guerre; nous
admettons aussi que toutes les données sur leurs effets
se réduisent jusqu'à présent à de grandes dépenses et à
de très-minces résultats, à des ouï-dire, à des citations
de journaux, et à de grands projets de perfectionnemens
présentés sur le papier par des personnes d'autant plus
fécondes en inventions, qu'elles ne sont point arrêtées
par les difficultés que présentent les arts. — Mais examinons les choses en elles-mêmes.

Distinguons d'abord les fusées d'après les différens
usages auxquels on peut les employer. Ou l'on se propose de les utiliser comme fusées de signaux, d'éclairage:
elles rentrent, en ce cas, dans les simples artifices; ou
bien on veut les employer comme moyens incendiaires,

en les armant, au besoin, de projectiles détonnans. Sous ce rapport, nous leur accorderons volontiers une importance d'autant plus grande que les surfaces qui doivent servir de but seront plus étendues. Enfin les *fuséens* veulent qu'elles soient propres à renverser des obstacles; qu'elles puissent être employées, en campagne, dans les siéges, contre les hommes et les fortifications; et, sous ce dernier point de vue, ils prétendent même, avec ces mobiles, faire disparaître l'artillerie actuelle, qui, d'après eux, ne saurait être maintenant soutenue que par des routiniers, par des Turcs, etc.

A l'aide de la distinction que nous venons d'établir, nous simplifions la question, et nous mettons en présence l'*ancienne* artillerie et la *nouvelle* qui est déjà ou qui va être adoptée dans tous les états civilisés.

Quels effets importans peut-on se proposer d'obtenir avec l'artillerie dans toutes les circonstances influentes de la guerre? Renverser des obstacles, détruire des maçonneries, bouleverser des amas de terre, démonter des batteries; atteindre l'ennemi, l'écraser de ses feux, le forcer à la retraite (1). Mais, pour parvenir à ces fins, il faut que l'artillerie soit assurée de ses coups, il faut qu'ils portent sur les mêmes points que l'on veut battre, car ce n'est que par ce moyen que les effets s'a-

______

(1) Nous ne considérons les bombardemens, les moyens d'incendier les places fortes, que comme des ressources très-secondaires: car elles ne peuvent rien décider tant que les gouverneurs, appréciant toute l'étendue de leurs devoirs, sont soutenus par de bonnes garnisons. Alors on ne peut espérer parvenir par de tels moyens à de plus grands ni plus glorieux résultats que si l'on ravageait les pays occupés, que si l'on incendiait les campagnes, que si on les mettait à feu et à sang. Des esclaves, des sauvages, pourraient seuls s'enorgueillir de pareilles missions, si opposées aux sentimens que doit inspirer l'humanité.

joutent, se multiplient et peuvent devenir terribles : il faut donc qu'il y ait justesse de tir; c'est là une première condition et la plus importante. Le mobile arrivé au but, il faut, en second lieu, qu'il ne puisse pas être évité, qu'il y occasione le plus de dégâts possible, qu'il étende ses ravages et par une puissance d'action, qui est toujours proportionnée à sa masse, à sa vitesse, et par les éclats dont il peut couvrir une grande surface. Une troisième condition enfin consiste dans l'étendue des portées. — En campagne, dans l'attaque et dans la défense des places, les troupes occupant une surface plus ou moins étendue, on cherche à les couvrir, ainsi que les batteries, soit en profitant des accidens de terrain, soit par des fortifications, par des épaulemens, des tranchées, des traverses; mais, par un tir à ricochet ou de plein fouet, on doit produire des effets d'autant plus décisifs que la profondeur des masses sera plus grande, qu'on les prendra d'écharpe, etc. Par les mêmes moyens, il faut encore rendre vaines les fortifications, s'ouvrir, à l'aide de l'artillerie, un chemin jusqu'à l'ennemi. Voilà pour les *effets* en général. Comparons sous ce point de vue les deux artilleries; nous passerons ensuite à la manière de les servir, puis à leur construction et aux dépenses qu'elles doivent occasioner.

Des caractères bien prononcés serviront à faire apprécier les effets de part et d'autre : ici, la poudre, par une inflammation rapide, chasse tout à coup et avec violence les projectiles; là, une inflammation successive entretient le mouvement des fusées. Remarquons d'abord que, si les projectiles ordinaires, obéissant à l'impulsion reçue, sont contrariés dans leur trajectoire par la résistance de l'air et par l'action de la pesanteur, dont nous examinerons bientôt l'influence sur la jus-

tesse du tir, les fusées portent *en outre* avec elles deux
causes d'irrégularité qui tiennent, l'une aux impulsions
successives, qui pratiquement ne peuvent être les mêmes ni en force ni en direction, et l'autre au centre de
gravité des fusées et à son changement de position : de
manière qu'abstraction faite des surfaces et des volumes des mobiles, les effets de l'impulsion et de la pesanteur seront variables pour les fusées sans l'être pour
les projectiles. Le boulet une fois lancé par une bouche
à feu, son mouvement est soumis à des lois fixes, il est
déterminé; tandis que celui des fusées ne peut l'être,
puisqu'elles portent en elles des causes de variation dans
la direction de leur mouvement. — Si nous examinons
maintenant comment la forme des mobiles et leur surface peuvent influer sur la justesse du tir, nous voyons
que l'artillerie *ancienne* emploie des projectiles lourds et
sphériques, et que les *fusées* sont composées 1° d'un
cartouche cylindrique long de 3, 4 et 6 calibres; 2° d'un
pot renfermant des balles, des grenades, ou formé d'un
projectile creux oblong, etc.; 3° d'une baguette de 5 à 7
et 8 fois la longueur du cartouche. Le projectile sphéri-
que sous un volume donné présentant le plus de masse
et le moins de surface, les centres de figure et de gravité se confondant pour ainsi dire en un même point, il
y a encore, comme l'expérience le prouve, une déviation
due à la résistance de l'air et à l'action de la pesanteur.
Elle ne saurait cependant être considérable, puisque,
les deux centres se confondant pour ainsi dire, et la
surface étant *la plus petite possible*, unie et symétrique
en tous sens, les deux causes ci-dessus ne peuvent pas
produire de grands écarts, que le projectile obéisse au
double mouvement de projection et de rotation, ou simplement au premier. Il n'en est pas de même des fusées

Congrève : on peut dire qu'elles donnent prise à la résistance de l'air et à l'action des vents les plus faibles d'une
manière d'autant plus appréciable que leur surface a un
plus grand développement, qu'elles sont douées d'une
faible vitesse (1), et que, pour être dirigées sur un but,
elles ont un trajet plus grand à parcourir en raison de
l'inclinaison sous laquelle on est obligé de les lancer.
Que l'on considère encore la manière dont l'impulsion
s'exerce, et comment agit la pesanteur. Quel effet *con-
stant* espérer de deux puissances opposées, dont les
centres d'action sont éloignés et variables, et qui par
conséquent ne sauraient agir d'une manière uniforme ?
La baguette sert bien jusqu'à un certain point à maintenir la direction ; elle s'oppose aux changemens brusques,
mais elle ne les empêche pas entièrement. Qu'on veuille
enfin remarquer que des changemens de direction,
quoique faibles, peuvent, dans le principe, occasioner
des écarts d'autant plus considérables en tous sens que
l'on cherchera à obtenir de plus grandes portées. — On
peut signaler sans doute d'autres causes influant sur la
justesse du tir des projectiles ordinaires : le vent du
boulet, la qualité de la poudre, l'angle de départ, etc.
Mais ne retrouve-t-on pas, même à un plus haut degré,
les mêmes inconvéniens dans la préparation des matières

---

(1) On peut se faire jusqu'à un certain point une idée de cette vitesse comparée à celle des obus, projectiles qui en ont le moins (525
au lieu de 1,250 pieds), en observant que leurs fusées, qui sont en-
flammées par la charge, n'altèrent pas sensiblement la direction du tir
jusqu'à 500 toises, tant leur vitesse l'emporte sur l'influence que
pourrait avoir le jet de feu sortant de la fusée, si l'obus n'avait
qu'une très-petite vitesse. Au surplus, l'âme de la fusée n'étant que de
quatre à six lignes, nous n'ajoutons pas plus d'importance à cette
observation qu'elle n'en mérite.

fusantes, dans le chargement des cartouches et dans l'hésitation qui accompagne les fusées à leur départ.

D'après toutes ces considérations, nous nous croyons autorisé à conclure qu'on ne saurait comparer les fusées à la Congrève avec les projectiles sphériques pour la *justesse de tir*. Cette conclusion ne peut-elle pas être encore justifiée par le fait de ces fusées revenant sur elles-mêmes, au lieu de se diriger sur le but, phénomène trop frappant pour qu'il ne tienne pas aux vices d'organisation signalés plus haut, plus encore qu'au manque de soins et à l'absence de quelques petites combinaisons dans la fabrication de ces mobiles.

Sur une grande quantité de fusées lancées, considérons le *petit nombre* de celles qui arriveront au but, et examinons leur effet. Douées d'une faible vitesse, comparativement aux projectiles, 1° elles seront aperçues, et pourront être souvent évitées; 2° le cartouche étant vide, leur masse sera moins grande; la puissance avec laquelle elles frapperont sera moins considérable que celle des projectiles; 3° arrivant sous un angle beaucoup plus grand, plongeant pour ainsi dire, peut-on comparer leur effet à celui des projectiles tirés horizontalement, de plein fouet ou à ricochet? Nous nous appesantissons sur ce point, parce que c'est ainsi que l'ancienne artillerie est presque toujours employée, et qu'elle produit des effets *décisifs*, soit contre les hommes sur une profondeur plus ou moins grande, à découvert ou cachés par les replis du terrain, soit contre les batteries masquées par des épaulemens, des traverses. Ses projectiles causent des ravages d'autant plus grands, que, en rasant la surface du terrain, ou en suivant par des ricochets les ondulations, ils peuvent atteindre l'ennemi sur toute la ligne qu'ils parcourent, et deviennent encore plus meur

triers *arrivés au but*, en lançant des éclats autour
d'eux. — Si on ne peut compter sur les fusées pour
ouvrir des brèches dans les fortifications, en raison de
leur peu de justesse, on ne saurait en tirer un meilleur
parti pour les élargir, pour les rendre praticables, car
ce ne serait encore que par l'explosion de leur pot en
forme de projectile creux; mais les obus de 8°, etc.,
projetés horizontalement, produiront avec plus de certitude les mêmes effets. Ainsi, sous tous ces points de
vue, on ne peut mettre en parallèle les fusées avec les
projectiles. — Nous n'avons plus qu'à les considérer
sous le rapport de l'étendue des portées; mais une plus
grande portée ne peut être avantageuse qu'autant qu'il
y aurait justesse dans le tir; or le tir des fusées est d'autant plus incertain que l'on exige d'elles de plus grandes
portées : les fusées ne seraient par conséquent pas plus
avantageuses sous ce dernier rapport que sous tous les
autres; et pour conclusion finale, nous croyons pouvoir
être autorisé à dire que *les effets* des fusées comme *artillerie nouvelle* sont trop au-dessous de ceux obtenus
avec *l'ancienne* pour qu'elle puisse lui être comparée.

On nous accusera peut-être de n'avoir pas mis en présence de l'ancienne artillerie les fusées avec tous leurs
perfectionnemens. Parmi ceux exécutés jusqu'à présent
ou projetés, le plus important consiste à prévenir l'hésitation qui accompagne les fusées à leur départ, et qui in-
flue sur leur direction initiale, en les tirant à l'aide de
tubes de 6, 8 à 12 et 14 pieds de longueur; mais encore
les vices que nous avons signalés subsistent toujours;
les fusées ne portent pas moins en elles-mêmes des causes de déviation; les baguettes *concentriques* conservées
continuent bien à empêcher des écarts brusques, mais

ne les détruisent pas entièrement. Obligé toujours de lancer les fusées sous des angles plus grands que les projectiles ordinaires, en aucun cas on ne pourra espérer obtenir des tirs rasans et à ricochet. — Voudrait-on supprimer la baguette? Il faudrait alors imprimer aux fusées une vitesse initiale assez grande, à l'aide d'une charge de poudre dans le tube, renforcer en conséquence celui-ci, en faire, en un mot, une bouche à feu? En admettant même la deuxième portée fournie par le cartouche, peut-on croire que les orifices du culot percés en hélices pussent suffire pour maintenir la direction du mobile par un mouvement giratoire? Y aurait-il avantage à pratiquer des hélices sur la surface de la fusée elle-même? Il est plus que douteux que toutes ces préparations, si compliquées et difficiles à bien faire, répondissent tant soit peu aux dépenses qu'elles occasioneraient, par des effets qui, dans les circonstances les plus favorables, égaleraient à peine ceux des projectiles ordinaires, sans pouvoir fournir des ricochets avec quelque justesse. — Remarquons qu'en poursuivant ce système d'améliorations, on arriverait de proche en proche à augmenter la charge de poudre dans le tube, à rendre celui-ci beaucoup plus fort, à raccourcir de plus en plus le cartouche, à le supprimer, et à faire le pot d'une forme sphérique(1). Enfin, par *un cercle vicieux*,

----

(1) On rapporte que les Américains ont fabriqué, depuis 1815, des obus ovoïdes, et que les Anglais couvrent maintenant d'hélices ces obus alongés, et leur procurent ainsi une grande justesse de tir. — Nous ne pensons pas que la forme ovoïde et les hélices, qui peuvent séduire au premier abord, doivent offrir quelque avantage réel, proportionné seulement aux frais de fabrication, sur des obus sphériques bien centrés, à surface unie, de même poids que ceux

(177)

après être parti de nos bouches à feu et de nos projectiles, on peut dire qu'on reviendrait au point de départ,
c'est-à-dire à l'artillerie telle que nous l'employons actuellement, avec cette seule différence, que l'on pourrait
se servir plus fréquemment, pour les tirs rasans, etc.,
de projectiles creux, et les employer quelquefois d'un
diamètre plus fort.

On parle aussi, pour augmenter la force impulsive
des fusées, d'ajouter aux compositions fusantes du chlorate de potasse en plus ou moins grande quantité. Sans
nous arrêter aux proportions que l'on indique, et qui
ne pourraient qu'induire en erreur, nous observerons
que, quoique ce sel soit huit à dix fois plus cher que
le nitrate de potasse, cet inconvénient ne serait pas
grand si réellement le chlorate, *sans causer de détonation*, contribuait *puissamment* à augmenter la force
d'impulsion des fusées par un *dégagement plus considérable de gaz*; mais c'est ce que nous nous permettrons de contester.

Les effets violens de la poudre chloratée sont bien
connus; mais à quoi sont-ils dus? (1) Est-ce à un plus

---

ovoïdes : car si l'on emploie, pour lancer ces derniers, des bouches à
feu d'un plus petit calibre, en raison de la masse du mobile et de la
charge plus fortes, il n'en faut pas moins que la bouche à feu présente plus d'inertie, qu'elle soit plus pesante. Dès lors quel inconvénient à augmenter son calibre? Puisqu'on en vient à recouvrir d'hélices les projectiles ovoïdes, c'est qu'ils ont moins de justesse étant
de cette forme et unis plutôt que sphériques. Mais encore, en admettant qu'on obtienne cette justesse par un mouvement giratoire,
ce doit être nécessairement aux dépens de la portée. Aussi concluons-
nous que les obus sphériques seront toujours préférables, surtout si
l'on s'attache à les bien centrer, à les former d'une matière homogène,
à rendre leur surface bien unie, etc., etc.

(1) L'effet *prodigieux* des poudres chloratées étant dû à une inflammation qui s'approche d'autant plus de l'instantanéité que, l'oxygène

12

grand volume de gaz dégagé, on à une inflammation plus rapide, ou à l'une et à l'autre causes ? Comme on peut savoir à peu près, d'après la composition des différentes espèces de poudres, tous les gaz qui peuvent être formés pendant la déflagration, nous dirons qu'il se développe plus de gaz dans la combustion des poudres nitratées que dans celles où entre le chlorate; et pour le prouver, il suffit de présenter la composition des deux sels :

Nitrate de potasse.
$\begin{cases} 47 \text{ d'oxigène.} \\ 14 \text{ d'azote.} \\ 59 \text{ de potassium.} \end{cases}$

Chlorate de potasse.
$\begin{cases} 59 \text{ d'oxigène.} \\ 61 \text{ de chlorure de potassium.} \end{cases}$

Si l'on admet que dans la déflagration des *poudres fusantes ordinaires* il se forme, comme on ne peut en douter, du sulfure de potassium, le reste du soufre et le charbon étant volatilisés en très-grande partie par *leur combinaison avec l'oxigène*, et de plus l'azote contribuant à augmenter l'effet *aussi-bien* que les autres gaz, l'on jugera facilement si les compositions fusantes nitratées ne doivent pas donner un plus grand volume de gaz que celles dans lesquelles entrerait le chlorate de potasse, puisque le chlore doit, dans les dernières, rester combiné avec le potassium (1).

----

adhérant peu aux autres parties constituantes du sel, un léger choc suffit pour occasioner la détonation, on peut admettre cette réaction subite dans l'emplacement resserré de la charge peut-être de préférence à l'élévation de température à laquelle la faculté peu conductrice de la poudre ne permet pas de se propager aussi rapidement.

(1) Il reste beaucoup à désirer sur la détermination des espèces et quantités de gaz qui doivent se dégager, et des résidus qui peuvent

(179)

D'après ce que nous venons de dire, on peut donc croire qu'en ajoutant du chlorate de potasse dans les compositions fusantes, comme ce n'est pas avec l'intention de produire un effet *subit* qu'on fait cette addition, on ne tire pas un grand parti de la qualité distinctive de ce sel. Sans doute on peut augmenter encore ainsi la *vivacité* de la composition ; mais la consommation de matières devant nécessairement être plus grande, il faut au cartouche plus de capacité. — A ce sujet, pourquoi chercher ailleurs des moyens que l'on a à sa disposition, puisque le nitrate de potasse, le charbon et le soufre, réunis dans de certaines proportions et préparés convenablement, fournissent des composés détonans ? Ne peut-on pas arriver à obtenir des compositions de plus en plus vives par des proportions et des manipulations convenables, sans recourir à des substances très-coûteuses, qui ne répondent pas à ce que l'on en attend, et exposent à de grands dangers. Si l'on a à se mettre en garde contre la détonation des poudres fusantes, ne sont-elles pas plus à craindre encore avec les compositions chloratées ?

être formés, suivant que l'inflammation est plus ou moins rapide, que la température est plus ou moins élevée, suivant que les compositions détonnent dans une arme à feu ou se consument peu à peu dans les fusées, ou bien qu'on les fait fuser en plein air. Et même dans les armes à feu, la chaleur produite doit être bien variable, car elle doit dépendre des charges de poudre et de la résistance des mobiles. Elle ne saurait être la même dans un canon de fusil, dans une pièce de 4 et dans un mortier de 12° à grande portée. Aussi, plus l'effort à vaincre est considérable, moins la qualité de poudre a d'importance. Entre ces extrèmes (le canon de fusil et le mortier), il doit y avoir une différence de milliers de pressions atmosphériques exercées sur les mobiles, ainsi que nous le ferons remarquer plus loin au sujet des armes à vapeurs.

Nous ne nous arrêterons pas aux combinaisons que l'on propose pour les affûts destinés au service des fusées, parce que la difficulté n'est pas là, et que l'on pourrait être assuré d'arriver à les perfectionner, s'il était permis d'ajouter une grande importance à la nouvelle artillerie; mais on est loin, comme nous avons vu, de pouvoir compter sur ses effets; les vices organiques que les fusées renferment en elles ne permettent même pas qu'on puisse espérer jamais les comparer avec l'artillerie en usage. Aussi pourrions-nous terminer ici cette dissertation. Cependant nous jetterons encore un coup d'œil rapide sur la manière d'employer les fusées, sur leurs approvisionnemens, et sur les dépenses que ceux-ci doivent occasioner. — Nous admettons la baguette comme partie intégrante des fusées, et les tubes comme nécessaires pour assurer la direction initiale; mais ces tubes doivent avoir de 8 à 14 pieds de longueur, et si l'on veut pouvoir compter sur un service régulier, il faut encore des affûts. Nous voilà donc avec autant d'attirails que pour l'artillerie ordinaire, et avec le doute très-fort que le service en soit aussi facile. En chargeant chaque affût de plusieurs tubes, sans doute on multipliera les feux; mais nous avons dit à quels effets on devait s'attendre; et quels approvisionnemens ne faudrait-il pas? A l'aide d'*une pluie de fusées*, on pourra inquiéter l'ennemi à de *très-grandes distances*, de 6 à 900 toises; mais à ces distances, en campagne, en supposant qu'on parvînt à jeter le moindre désordre dans ses rangs, dans ses parcs, il lui serait d'autant moins funeste, qu'on ne saurait, pendant le débordement, se risquer à avancer, et que la distance à parcourir serait plus grande.

En comparant le tir des fusées avec celui de l'artillerie, nous avons dû compter sur un champ de tir de

(181)

350 à 500 toises; mais c'est lorsque les lignes ennemies se rapprochent de plus en plus que les effets doivent être plus décisifs, et nous n'avons pas, jusqu'à présent, mis en opposition aux fusées le tir si meurtrier des boîtes à balles et l'emploi des armes à feu portatives, et, dans les siéges, l'usage des fusils de rempart, des grenades, des pierriers, etc. Nous laissons à juger jusqu'à quel point les fusées pourraient lutter contre ces armes, dont l'effet est presque sûr ou du moins très-étendu, et dont l'emploi est si peu dispendieux.

Enfin, supposons, *ce qu'on ne saurait admettre*, qu'on parvienne, à l'aide d'un affût chargé de cinq fusées de 4°, correspondant à l'obus de 24, à produire le même effet qu'avec deux obusiers alongés de ce calibre, et comparons les approvisionnemens et les dépenses.

Obusier de 24.

Poids { de l'obus avec son sachet, etc., etc. 17 liv. ½

de 150 (2 × 75) coups portés par

deux caissons. . . . . 2,620 liv.

Prix { de chaque coup, *au plus*. . . . . . 6 fr.

de 150 coups. . . . . 900 fr.

Fusées de 4°.

Cartouche de 4 calibres. — Obus alongé.

Poids { de la fusée. . . . . 41 liv.

de 375 fusées (5 × 75). . . . . . 15,375 liv.

Prix { de chaque fusée, *au moins*. . . . 30 fr.

de 375 fusées. . . . . 11,250 fr.

D'après ce tableau, il faudrait donc *six fois* autant

de caissons pour transporter les fusées., et le rapport des dépenses serait *comme un à douze et demi.*
Que serait-ce si l'on voulait établir une comparaison
entre les mobiles d'un plus fort calibre; combien les
approvisionnemens et les dépenses seraient plus considérables, et quels plus grands avantages encore à employer l'artillerie actuelle! (1)

Que les nations éclairées, puissantes et riches d'industrie, cherchent par tous les moyens à assurer leur
indépendance, en faisant contribuer l'industrie aux
progrès de l'artillerie, et que, pour elles, les dépenses
ne soient rien, sans doute, pour un but aussi grand, il
n'est pas de sacrifice; l'humanité, la civilisation, n'auront qu'à y gagner. Mais il faut encore que les *effets*
répondent à l'emploi de ces moyens plus dispendieux;
et pourrait-on croire que l'adoption des fusées à la
Congrève puisse, par leurs effets, dédommager des approvisionnemens et des dépenses énormes auxquels elle
obligerait?

Au résumé, les fusées distinctes des autres mobiles,
en ce qu'elles reçoivent une impulsion successive, et
sont douées d'une faible vitesse, considérées comme
telles, elles renferment en elles des vices d'organisation
qui seront toujours un obstacle à ce qu'elles puissent
lutter avec l'artillerie actuelle, et qu'elles puissent être
employées avec quelque avantage contre des hommes,
contre des fortifications, qu'elles puissent servir à renverser des obstacles, à frayer une route aux assaillans,
et procurer enfin des résultats décisifs. Considérées

---

(1) Nous ne faisons pas entrer en compte les bouches à feu et leurs
affûts; mais on peut admettre que ceux de l'artillerie actuelle exigent
beaucoup moins de rechanges, etc.

comme artifices, leur importance devient plus grande ; elles peuvent servir à incendier des villes, avec d'autant plus de certitude, qu'on peut, en un temps donné, sans préparatifs, et à de grandes distances, en lancer des quantités prodigieuses. Mais encore quels sont les effets produits dans ce cas ? De grands malheurs pour les particuliers, des populations entières et inoffensives réduites au désespoir, et la fermeté, le stoïcisme de quelques gouverneurs de place, qui savent apprécier toute l'étendue de leur devoir, mis à l'épreuve.

Élevons-nous contre de tels moyens : ils n'ont rien de français ; ils sont indignes et des grandes nations et des grands capitaines ; des motifs de représailles pourraient tout au plus les autoriser ; le droit des gens leur est opposé, et la civilisation les repousse. — Qu'on s'en repose d'ailleurs sur l'artillerie française : elle a su apprécier le mérite de cette nouvelle arme, puisque, après de nombreux essais, elle a jugé devoir moins s'en occuper. Des artilleurs, dans une école centrale entièrement consacrée à la pratique et aux progrès de la pyrotechnie militaire, s'occupent de tous les artifices de guerre, et poursuivent leurs recherches dans une branche aussi importante du service de l'artillerie. Cette école fournit aux différens régimens du corps royal des artificiers exercés, et des officiers réunissant la pratique à la théorie ; et si la France était réduite à employer des fusées à la Congrève, on peut croire qu'elle ne serait pas prise au dépourvu.

ARMES A VAPEUR.—La poudre, par son inflammation, produit des gaz qui ont d'autant plus de force que, formés en grande quantité, élevés à une haute température, et resserrés dans un plus petit espace, ils doivent, par leur élasticité, faire effort sur le mobile, vaincre sa résistance et lui imprimer un mouvement d'autant plus rapide ou une puissance d'autant plus grande que la charge de poudre enflammée sera plus forte et que le projectile aura plus de masse. Quels que soient les gaz, plus ou moins permanens, différens ou de même espèce, leur effet ne dépend que de leur quantité, de l'espace resserré qu'ils occupent et de la température à laquelle ils sont portés; ou, pour le dire en deux mots, cet effet ne dépend que de leur quantité et de leur tension. — Beaucoup de personnes ont cru et croient encore qu'on parviendra à employer avec quelque avantage la vapeur pour obtenir les effets produits avec la poudre. Nous examinerons ici succintement à quels résultats on est déjà parvenu; nous essaierons ensuite de rechercher quels effets on peut espérer obtenir avec la vapeur; enfin nous comparerons cette nouvelle artillerie, dans sa construction, dans ses dépenses et dans la manière de l'employer, avec l'artillerie actuelle.

Jusqu'à présent, si l'on peut s'appuyer sur peu de faits, en revanche, on a de grandes promesses. Sans parler des *fusées à vapeur*, il n'est question pas moins que de faire servir cet agent soit à lancer des projectiles, sans doute prodigieux, de Douvres à Calais, soit au transport des machines de guerre en campagne, et à leur service comme bouches à feu. On va même jusqu'à proposer des chars défensifs à vapeur, ou casemates mobiles, qui, employés sur une grande échelle, formeraient des fortifications redoutables, et manœuvreraient sur des chemins de fer avec plus de rapidité que les meilleurs corps de cavalerie, etc., etc., etc.

Si d'aussi grands projets ont été réellement médités, s'ils reposent sur de bonnes bases, il faut bien que nous nous attendions à une révolution dans les moyens dont dispose l'artillerie.

Tout en reconnaissant qu'il a fallu des efforts de génie pour arriver à de telles conceptions, qu'il nous soit cependant permis de croire qu'au point où les choses en sont encore, il y aura un peu de mérite à les mettre à exécution, ou seulement à en tirer parti.

Les machines à vapeur peuvent être envisagées ici soit comme armes offensives, soit comme moteurs dans les établissemens de l'artillerie, comme moyens de transporter le matériel, d'élever les eaux dans les fortifications, d'inonder les travaux des assaillans. Dans le premier cas, c'est par intervalle que les machines agiront, et devront imprimer aux projectiles un mouvement rapide; dans le deuxième, elles auront une action continue, et se comporteront comme dans les arts.

Considérons les machines à vapeur comme *armes offensives*, et examinons d'abord quels effets ont été obtenus jusqu'à présent : nous trouvons des aperçus sur la force prodigieuse de la vapeur, constatée depuis les époques les plus reculées ; quoiqu'on ait reconnu depuis long-temps les effets terribles que peut produire l'eau renfermée dans un vase clos, placé près ou au milieu d'un foyer, cependant les premières épreuves d'une machine à vapeur comme arme de guerre ne furent faites qu'en 1814; encore ne reste-t-il pas de détails circonstanciés sur la force imprimée aux balles, sur leur effet, sur leur portée. — M. Perkins, habile praticien, s'étant depuis emparé de la question, l'a doublement traitée, et par des épreuves, c'était le meilleur moyen, et par des projets, nous en avons parlé. — Considérons les épreuves. Une machine dont le générateur ne contenait que deux pintes d'eau, et consommait 76 kilogrammes de houille en six heures(1), lançait en une minute cent cinquante balles par un canon de fusil ordinaire; ces balles étaient projetées contre une plaque de fonte placée à 18 m. 30, les unes par la vapeur à une pression de 5 atmosphères, d'autres par la vapeur à une pression de 35 atmosphères, enfin d'autres par la vapeur dont la pression était de 40 atmosphères. Le but étant resté toujours à la même distance, les balles ont été déformées plus ou moins, suivant la vitesse dont elles étaient animées (2).

M. le colonel d'artillerie Aubert, voulant s'assurer quelles charges en poudre ordinaire seraient nécessaires pour configurer de la même manière des projectiles de même nature, de même forme, a fait depuis des épreuves avec un fusil de munition ayant déjà servi. Le but, qui était aussi une plaque en fonte, fut placé à la même distance de 18 m. 30.

Les résultats auxquels M. le baron Aubert est parvenu sont indiqués dans le tableau suivant (3) :

VAPEUR.	POUDRE.
5 atmosphères.	1/2 gram.
35 atmosphères.	1
40 atmosphères, un peu plus de.	1 1/2

(1) Relativement à la consommation de charbon, il faudrait savoir si, pendant les six heures, la machine a constamment *fonctionné*; dans le cas contraire, l'estimation ci-dessus serait trop faible, car c'est par les dépenses de vapeur que doit surtout s'accroître la consommation du combustible.

(2) Bulletin de la Société d'encouragement, *mai* 1824.

(3) *Idem*, juillet, *idem*.

Or, la charge employée pour les fusils d'infanterie étant de 11 grammes, non compris l'amorce, on peut déjà juger combien doit être plus grande la vitesse imprimée par une quantité de gaz qu'on peut concevoir sept fois plus grande, et resserrée à peu près dans le même espace, ces gaz pouvant même être regardés comme élevés à une plus haute température, et doués par conséquent d'une plus grande tension (1). — En supposant les gaz à peu près sept fois plus comprimés, et en quantité sept fois plus grande, l'effet produit par la charge ordinaire de 11 grammes répondrait à une pression comprise entre 1960 atmosphères obtenues en multipliant les 40 atmosphères par le carré de 7, et 280 atmosphères, produit simple de 40 par 7 (2). Pour que l'on pût compter sur l'un de ces effets, ou plutôt pour juger jusqu'à quel point les pressions réelles s'en approchent dans les différens cas, il faudrait pouvoir apprécier les degrés de température, la manière d'agir de la chaleur sur les gaz à de si hautes pressions, et comment le mobile est déplacé : car plus la charge augmente, plus il y a probabilité que la balle doit être chassée avant que toute la poudre soit enflam-

---

(1) Quoique ces épreuves soient suffisamment concluantes, il aurait été curieux de les continuer, en plaçant le but à une distance assez grande, et telle qu'en employant la charge de 11 g., l'aplatissement des balles eût été le même qu'avec la pression de 40 atmosphères.

(2) En admettant que les vitesses, pour les mêmes projectiles, croissent comme les racines carrées des charges, jusqu'à celle correspondante au poids du projectile, on trouverait, dans ce cas, que la force de la charge de poudre de 11 grammes équivaudrait seulement à 118 atmosphères ; mais si cette loi peut être vraie entre des limites *très-resserrées*, en partant d'une charge donnée, il s'en faut qu'elle soit d'une application générale, et l'on peut croire ici en particulier que la pression exercée par les 11 g. est *beaucoup* au-dessus de 118 atmosphères.

mée.— Quoi qu'il en soit, il n'est pas moins vrai qu'en continuant des épreuves comparatives avec les machines à vapeur et avec les armes ordinaires, et en *parvenant* à employer des pressions jusqu'à 100 atmosphères (1) et des projectiles jusqu'à une livre de poids, on arriverait, par ces moyens de comparaison, à constater des faits importans, et à apprécier, jusqu'à un certain point, la force de la poudre dans les bouches à feu ordinaires, puisqu'on aurait des points de départ plus assurés. Alors, au lieu de lancer les projectiles contre un but, et de conclure d'après la manière dont ils seraient déformés, on emploierait avec infiniment plus d'avantages le pendule pour estimer les vitesses relatives.

Au défaut d'épreuves directes plus importantes, et de faits positifs sur lesquels nous puissions nous appuyer, nous recourrons à des résultats pris dans les arts, et au raisonnement, pour apprécier le mérite des machines à vapeur qu'on voudrait destiner au service de l'artillerie.

On accroît la puissance de ces machines, que l'industrie emploie avec tant de succès, de deux manières : *soit* en augmentant le réservoir de vapeur et les diamètres des cylindres où elle agit, afin de produire en un temps donné une plus grande *quantité* de vapeur avec la même tension, et fournir par conséquent, au-dessus et au-dessous des pistons d'un *plus grand diamètre*, toute la vapeur nécessaire ; *soit* en élevant la température de la

---

(1) M. Perkins, mieux que personne, pourrait dire quelles difficultés et quels dangers se présentent à élever assez la température pour obtenir seulement 40 atmosphères. S'il s'est arrêté à ce point, il avait probablement de fortes raisons pour cela.

(189)

vapeur, sans augmenter les dimensions des machines.
En un mot, c'est d'une part par le volume, de l'autre
par la tension plus forte de la vapeur, qu'on peut se proposer d'arriver au même but. Par le dernier moyen, on
réunit plusieurs avantages : d'employer moins d'espace ,
d'avoir des machines moins composées, moins massi-
ves, d'économiser le combustible et de dépenser moins
d'eau. Or, sous ce point de vue, les machines à haute
pression seraient déjà les plus convenables pour l'artillerie, s'il n'y avait obligation forcée pour elle à les admettre de préférence, puisque, les projectiles devant être
lancés par une seule impulsion, comme avec la poudre, et
recevoir une vitesse initiale très-grande, on ne saurait
la leur communiquer avec de faibles pressions. C'est
donc des machines à haute et *très-haute* pression que
nous devons ici nous occuper, car celles-là seules pourraient être employées non seulement à cause de la grande
force nécessaire sous de petits volumes, mais encore
pour que les machines pussent être transportables,
condition également indispensable dans notre cas, attendu que nous devons tenir à la fois et à la *puissance*
et à la *mobilité*. Remarquons qu'ici les machines seraient encore moins compliquées que celles employées
pour les besoins de l'industrie, puisque la vapeur agi-
rait directement sur les projectiles et d'une manière
plus simple qu'elle ne le fait au-dessus et au-dessous des
pistons, et sans nous inquiéter non plus de son échap-
pement, les mécanismes employés à cette fin dans les
machines ordinaires devenant inutiles. Ajoutons encore
qu'en admettant que la tension de la vapeur croisse
beaucoup pour de faibles augmentations de chaleur, et
dans un rapport même plus considérable que les températures correspondantes, on en conclura *théorique-*

ment qu'on peut faire produire à ce fluide des effets prodigieux (1).

Pressions atmosph.	Températures.	Différence de températ.
1.	100^b.	
2.	122.	22°.
5.	135.	13.
4.	145.	10.
5.	154.	9.
6.	161.	7.
7.	167.	6.
8.	173°.	6.

Prenant, ainsi que nous devons le faire, pour terme de comparaison les effets de la poudre, si nous considérons comment celle-ci se comporte dans les bouches à feu, nous remarquerons que la force qu'elle développe dépend et de la charge employée et de la résistance des projectiles, de manière qu'en proportionnant la charge à la masse des projectiles, on est toujours sûr de pouvoir leur imprimer un mouvement, une puissance, d'autant plus grands que les mobiles seront plus massifs. Cette résistance des projectiles, loin d'être un obstacle, se présente même d'une manière avantageuse, puisque l'action du moteur s'accroît en raison de l'obstacle à surmonter, à tel point que, de deux charges *égales* et un peu fortes destinées à chasser deux projectiles, dont l'un, par exemple, aurait moitié moins de poids que l'autre, celle employée pour le premier lui

____

(1) On doit cependant croire, par induction, qu'à de très-hautes températures la vapeur doit se comporter comme les gaz plus permanens, et obéir comme eux, dans certaines limites, aux mêmes lois.

imprimerait une puissance d'autant plus grande que le mobile, présentant plus d'inertie, aurait exigé, pour la vaincre, un plus grand effort produit par une consommation plus complète, plus utile, de la charge, et par une température plus élevée.

On pourrait même concevoir le projectile assez lourd pour que les gaz fournis par la poudre eussent une densité *première* qui s'approchât de celle qu'ils auraient à l'état liquide; et que l'on juge quel serait le degré de chaleur correspondant. Sans doute, dans pareils cas, les parois des bouches à feu devraient offrir une grande résistance; mais l'artillerie a été au-devant de cette difficulté *pour son service,* en donnant une épaisseur convenable à ses canons.

Quoique nous manquions de données sur les différentes élévations de températures produites par la détonation de la poudre dans les armes à feu, il suffit que nous les reconnaissions comme très-grandes, et leur augmentation dans de certains rapports avec les charges et avec les masses de projectiles, pour que nous soyons autorisé à apprécier jusqu'à quel point on pourra remplacer la poudre par la vapeur. — En admettant seulement une température de 800° par la détonation dans les petites armes et de 2000 degrés dans les plus fortes, quelle tension de la vapeur correspondrait à l'effet des gaz comprimés à une si haute température, et comment les arts pourraient-ils fournir les moyens de maîtriser ce fluide se développant sous de telles tensions? A ce sujet, remarquons que la poudre porte en elle cette puissance; qu'elle ne la développe qu'au besoin, sans appareil, sans secours étranger, par le contact d'une simple étincelle, et qu'elle la proportionne même à la résistance à vaincre; tandis que, la vapeur étant portée à une température *donnée*, ses effets seront bien plus limités, quels que soient les mobiles à chasser.

Si nous examinons plus particulièrement l'influence des *masses* de projectiles sur les pressions exercées, la force imprimée aux mobiles étant représentée par la masse du projectile multipliée par la vitesse première acquise, et les volumes relatifs de gaz développés étant proportionnels aux carrés des diamètres pour des longueurs égales de bouches à feu, qu'on considère les gaz soit comme plus denses, soit comme plus élevés en température, il n'est pas moins vrai que, n'agissant sur les projectiles que suivant le carré de leur diamètre, tandis que la masse de ceux-ci augmente suivant le cube, il faut, pour des vitesses, des densités de projectiles, des longueurs de charge de poudre et de bouches à feu *égales*, que les *pressions* augmentent à peu près dans le rapport du carré au cube des rayons des projectiles, de sorte que d'après ce rapport, on trouverait, par exemple, que la force développée par la poudre pour les boulets de 24 devrait être à peu près trois fois plus grande que pour des balles en fonte du poids d'une livre. Mais cette force doit être *pratiquement* bien plus considérable pour le boulet de 24, et fournir une plus grande vitesse en raison du dégagement de calorique, plus grand par l'effet d'une résistance si différente, et abstraction faite de la manière dont doivent se développer et se comporter les gaz produits. — Ces mêmes considérations sont applicables dans l'emploi de la vapeur, avec la différence que, les effets de ce fluide n'étant pas sujets à être augmentés comme ci-dessus, l'influence des masses de projectiles sur les élévations progressives de température de la vapeur *dans le générateur* doit être d'autant plus grande.

En faisant varier le diamètre des canons et des balles dans la machine Perkins, en s'assurant des vitesses initiales imprimées aux balles de chaque calibre, on pourrait constater quelle influence réelle doivent exercer les masses des projectiles pour une même pression, et en modifiant les pressions, on déterminerait également quelles sont les vitesses correspondantes des balles des différens calibres. On conçoit que de cette manière il serait possible d'obtenir les premiers points des échelles balistiques des pressions, en comparant les effets de la vapeur à ceux de la poudre. Pour juger comment se continueraient les courbes pour des projectiles beaucoup plus gros et doués de vitesses de plus en plus grandes jusqu'à 1000 et 1200 pieds, par une augmentation successive des charges de poudre, on n'a qu'à se reporter par la pensée à l'autre extrême, et considérer tout ce qu'il faudrait de puissance pour atteindre, par exemple, la vitesse de 1000 pieds avec des projectiles de 200 livres. On reconnaîtra ainsi que les pressions doivent croître dans un plus grand rapport que les forces imprimées, et que par conséquent les courbes balistiques des pressions doivent subir une inflexion de plus en plus sensible. — Des épreuves comparatives quoique sur de faibles projectiles seraient très-intéressantes, et fourniraient probablement la preuve que les rapports que l'on a cherché à établir jusqu'à présent entre les charges, les vitesses, les poids des mobiles, doivent être resserrés dans des limites bien étroites, et qu'il en est de ces règles comme de celles sur la dilatation des gaz, sur leur compression, que l'on présume avec raison n'être applicables que pour les pressions moyennes. ——Ne doit-il pas être permis d'avancer que ces sortes de phénomènes sont susceptibles d'être exprimés *au moins* de deux manières, suivant qu'on les observe dans toutes leurs variations ou qu'on les considère entre des limites rapprochées, de même qu'une très-grande circonférence (celle de la terre par exemple) peut être déduite de l'équation du cercle ou de celle de la ligne droite, suivant qu'on l'embrasse dans une grande étendue ou qu'on n'en admet qu'une très-petite partie; nous pensons qu'il doit en être de même pour les échelles de dilatation, de compression des gaz, et, dans notre cas, des échelles de pressions (1).

Revenons à notre sujet. — D'après les épreuves déjà faites, la vapeur avec une tension dite de 40 atmosphères n'étant susceptible que d'un effet minime, il ne faudrait peut-être pas moins de 6 à 800 atmosphères pour lancer les mêmes balles avec la vitesse de 15 à 1600 pieds par seconde, et combien en faudrait encore plus pour projeter des boulets de 4, 8, 12, 16 et 24; mais pour l'exécution il est des limites fixées par les arts et par la nature des matières dont ils peuvent disposer. S'il se présente déjà beaucoup d'inconvéniens et des dangers à employer seulement la pression de quarante atmosphères, qui correspond à peine à la force de deux gram-

---

(1) D'après les résultats si intéressans auxquels on est parvenu sur la liquéfaction de certains gaz, tels que l'acide sulfureux, etc., cet effet n'exigeant pas une pression de plus de 4, 5 et 6 atmosphères, on peut espérer obtenir l'échelle *complète* des compressions pour ces gaz, puisqu'il sera possible de faire des épreuves depuis le vide jusqu'à leur condensation. Les courbes ainsi obtenues pourront même conduire à la détermination, par analogie, de celles des gaz plus permaneus.

mes de poudre.lançant des balles à une très-faible distance, comment M. Perkins a-t-il pu concevoir l'es-
pérance de projeter des mobiles bien plus considérables que ceux qui exigent déjà 50 et peut-être 100,000
atmosphères, tels que les bombes de 180 livres portées à 3000 toises. Comment pouvoir être assuré des
joints, des garnitures, dans un service habituel même,
pour de si faibles pressions de 80 à 100 atmosphères;
comment pouvoir compter sur la résistance des matières employées pour les générateurs, exposés à souf-
frir d'autant plus des hautes températures que les
efforts de la vapeur seront, à l'intérieur, plus considérables (1). Et l'on voudrait que l'artillerie pût seulement songer à s'approprier de telles armes. C'est ici que
l'on doit remarquer jusqu'à quel point l'on est sujet à
s'égarer, lorsqu'on veut *innover* dans un art que l'on
ne connaît pas assez. Dans un atelier, où l'on peut prévoir et prévenir tous les accidens, on peut faire de petits essais qui réussiront; mais il y a encore loin de là
à l'adoption pratique des résultats obtenus. *Où en se-*
rait-on si, au lieu de la poudre, on était obligé de
contenir à part, et dans toute l'intensité de leur force,
les gaz qu'elle développe dans les bouches à feu.

Admettant qu'on puisse *pratiquement* employer 40,
50 et même 100 et 150 atmosphères, abstraction faite des
effets si minimes qu'elles donneront, comment pouvoir
compter pour le service sur de pareilles armes, avoir à
point nommé, au moment d'agir, une force suffisante?

---

(1) Il est à remarquer que la pression doit être plus forte dans le
générateur que sur le projectile, par la raison qu'il faut que la vapeur passe par un petit orifice et prenne une grande vitesse. Ainsi la
pression étant de 50 atmosphères dans le générateur, elle pourrait
bien être réduite à 45 atmosphères sur les balles.

Et à l'instant où la vapeur serait montée, quels inconvéniens à en suspendre l'action ! Alors, la tension de la vapeur continuant à s'élever, il faudrait donc la laisser s'échapper pour éviter de grands dangers, surtout dans des déplacemens brusques ; mais en laissant échapper la vapeur lorsque les machines ne fonctionneraient plus, les générateurs de si petites dimensions seraient bientôt épuisés : il faudrait donc remplacer les pertes par des eaux à une basse température. Outre les embarras de semblables manœuvres et des précautions si grandes à prendre, comment être certain de pouvoir agir au besoin et à volonté ? Que l'on considère encore qu'aux moindres machines il faudrait un tuyau de tirage de 12 à 15 pieds de hauteur. Que l'on veuille surtout remarquer que les accidens seraient d'autant plus probables que, les parois des générateurs devant être plus épaisses, la chaleur les attaquerait plus facilement audehors, tandis que la vapeur, portée au-dedans à de plus hautes pressions, et agissant sans cesse, se présenterait comme cause de destruction des machines ellesmêmes, au point que les moindres dégradations les mettraient assez souvent hors de service. Dans le cabinet, et sur le papier, où chaque chose trouve si facilement sa place, dans un atelier où l'on a d'excellens ouvriers, toutes ces difficultés ne sont pas si grandes ; mais il en est bien autrement sur les champs de bataille, où l'on ne doit compter ni sur les soins ni sur le sang-froid de simples soldats.

D'après tout ce que nous venons de dire, le seul cas où l'on puisse concevoir que les armes à vapeur pussent être employées, ce serait peut-être à défendre une brèche dans une place, et encore, dans ces circonstances, des machines à *air comprimé,* qui seraient aussi

simples et qui n'exigeraient ni charbon ni eau, leur disputeraient peut-être de si faibles avantages. Nous ne
parlerons pas des *feux verticaux :* car il est bien prouvé
que des balles, les seuls projectiles qu'on pût lancer avec
les machines à vapeur, même à une faible distance, ne
produiraient aucun effet et ne seraient que du plomb
ou de la fonte perdus. — Relativement aux *dépenses,*
ne pouvant établir de rapports entre l'artillerie actuelle
et les armes à vapeur, d'après les effets produits de part
et d'autre, puisqu'il n'est pas possible de fixer des termes de comparaison, qu'il nous suffise de dire que la
construction, que l'entretien de pareilles machines,
seraient très-coûteux, etc.

Au *résumé,* réduisant à leur véritable expression
les hautes vertus attribuées à ces nouvelles armes, nous
dirons 1° que la pression la plus grande à laquelle on
puisse *pratiquement* élever la vapeur ne saurait, dans
l'état actuel des arts, dépasser 40, 60, 100, et si l'on
veut même 150 atmosphères; 2° qu'avec une telle pression on ne pourra lancer que les plus petits projectiles,
tels que des balles; 3° qu'indépendamment des dangers
que présenterait le service de ces armes, l'effet des projectiles ne pourrait pas, à la faible distance de 40, 60
toises, être comparé à ceux que l'on obtient avec le
simple fusil d'infanterie.

N'exigeons pas des hommes, des machines et des arts,
plus qu'ils ne peuvent produire; étudions-les pour
mettre mieux à profit leur puissance; ramenons surtout
les machines à vapeur à leur véritable destination; les
services si grands qu'elles rendent, les millions de bras
qu'elles remplacent déjà dans l'industrie, attestent suffisamment leur importance; employons-les dans nos établissemens à façonner la matière, à rendre les bouches à
feu, les armes portatives, les armes blanches, etc., etc.,

plus parfaites; ainsi employées elles seront à leur place; elles auront toute la puissance que l'on désirera obtenir d'elles (1) ; là, avec une action constante, et si admirablement régulière, elles seront d'un bon service; elles assureront la perfection et la multiplication des produits. Soit qu'on les considère sous ce point de vue, soit qu'on veuille les employer pour les manœuvres d'eau dans les fortifications, etc., elles rentrent dans la classe des machines ordinaires. Envisagées comme moyens de transport sur terre, de grandes difficultés d'exécution sont encore à vaincre; mais l'industrie publique a le plus grand intérêt à utiliser les machines à vapeur de cette manière; confions-nous à ses efforts : ils sont les plus puissans. Le problème résolu, il nous restera encore bien d'autres obstacles à surmonter; nous devons attendre.

Dans l'examen que nous venons de faire des *fusées à la Congrève* et des *machines à vapeur*, nous avons dû, en cherchant à apprécier ces nouvelles armes, ne considérer que les choses en elles-mêmes; et si nous avons mêlé à nos aperçus quelques critiques, nous ne devons pas moins regarder comme méritoires les efforts infructueux des hommes qui se sont livrés à des recherches sur ces matières, et qui ont tenté des épreuves sur

______

(1) La vapeur agissant dans les machines ordinaires sur des pistons, il suffit d'augmenter leur diamètre pour accroître la puissance : ainsi l'on peut mettre en mouvement les plus grandes masses et obtenir des forces *en somme* équivalentes aux plus grandes que la poudre puisse produire et de plus les avoir *continues.*

Supposons un boulet de 24 lancé avec une vitesse de 1300 pieds; si nous représentons sa force par $1300 \times 24 = 31200$, etc., nous trouverions qu'une machine de 70 chevaux serait capable de produire cette force, mais avec des vitesses ordinaires. — La question des armes à vapeur pourrait gagner à être envisagée sous un autre point de vue.

des sujets qu'on pouvait croire être d'un grand intérêt. N'est-ce même pas un devoir pour nous de soutenir, d'encourager par des éloges ces praticiens estimables, lorsque nous considérons combien de difficultés ils ont dû vaincre pour parvenir à de nouveaux résultats (1). Mais il faut dire aussi que, s'il doit être si honorable de s'occuper utilement de questions importantes, pour le faire avec plus de succès, il est nécessaire que certaines conditions soient remplies : la théorie fondée sur des connaissances spéciales et la pratique doivent s'entr'ai-der, se soutenir et marcher ensemble, pour ne pas s'é-garer. Or combien n'est-il pas difficile de les trouver réunies au-dehors de chaque industrie, puisque au-de-dans elles marchent le plus souvent isolées et se suivent à distance. Dans les résultats nouveaux ou dans les pro-jets, n'arrive-t-il pas qu'on reconnaît trop souvent le simple praticien ou l'homme de cabinet.

Lorsque de nouvelles combinaisons apparaissent, lorsque de nouveaux moyens se présentent, ce qui im-porte le plus, c'est de constater si les bases sur lesquelles ils reposent sont solides : car pour arriver au but, il faut être sur la bonne voie. La théorie doit inter-venir *d'abord*, la pratique doit ensuite guider et pré-

____

(1) Rendons hommage à l'industrie : elle tend à diminuer les chances de la guerre, elle augmente la puissance de l'homme ; elle accroît, pour ainsi dire, son existence, sa vitalité ; elle l'élève enfin à ses propres yeux, en lui fournissant les moyens de confier les plus pé-nibles travaux à des agens mécaniques, et de se livrer par suite à des occupations plus dignes de lui. Mais l'industrie repose sur le travail ; c'est à lui que tout doit se rapporter désormais ; les vertus sociales, les talens, les honneurs, les biens de la terre, en un mot tous les liens qui attachent l'homme à l'homme, doivent être affermis par le travail ; nul ne peut avoir de mérite que celui qui l'a obtenu du travail ; le travail seul développe nos facultés, puisque nous nais-sons tous avec la même faiblesse.

ter son secours pour l'exécution ; mais l'une et l'autre
exigent des études suivies, et pour ainsi dire simulta-
nées ; elles doivent de plus être soutenues par un esprit
d'observation qui embrasse les rapports des objets entre
eux. Ainsi les *études spéciales* doivent être les plus
puissans auxiliaires du génie. Voilà pour les hommes.
— Quant aux faits, ils sont liés les uns aux autres ;
autant il y a de mérite à les étendre, à en augmenter
le nombre, autant l'on doit trouver insignifians tous ces
projets sur le papier, qui, prématurés et ne réposant
sur rien, ne sauraient par conséquent être d'aucune
utilité. Sans doute on ne peut fixer des bornes aux
progrès des arts ; mais il n'y a pas moins inconséquence
à présenter des échafaudages suspendus dans les airs ,
parce qu'on ne peut que les concevoir ainsi sans pouvoir en disposer. Excusons pourtant ces écarts de l'imagination : ils tiennent à l'état actuel de la société, qui a
été si agitée pendant le cours d'une révolution sans
exemple. La direction du mouvement n'a fait que changer ; l'esprit de guerre et de conquête a fait heureuse-
ment place à celui d'industrie, dont les développemens
sont déjà si prodigieux. Dans cet état de fermenta-
tion, les arts qui se rattachent à celui de la guerre
profiteront certainement de quelques découvertes ; les
militaires, les artistes, les hommes de cabinet, rivalisent
de zèle. Applaudissons à une émulation si noble, quoi
qu'il manque aux uns et aux autres, ainsi que nous l'a-
vons dit, pour qu'ils puissent être assurés d'arriver à de
grands résultats. Applaudissons à ces communications
généreuses entre les peuples pour les découvertes importantes : elles doivent contribuer à étendre le domaine des sciences militaires ; elles doivent hâter les
progrès des connaissances humaines et briser des anti-
pathies qui ne sont pas dans la nature en opposant aux

dispositions gnerrières des gouvernemens l'industrie dans toute sa puissance.

———

Conseil d'instruction près de chaque école. Dans le règlement de 1792, qui est si bien pensé, on avait prévu l'importance d'un comité d'instruction près dés écoles régimentaires : alors le comité central n'existait pas encore. Dès sa création, les comités d'instruction devenaient, sans doute, moins importans; cependant on peut croire qu'ils seraient encore utiles; que, composés des professeurs et de quelques officiers supérieurs, ils s'occuperaient avec fruit, sous la présidence des commandans d'école, *de tout ce qui est relatif à l'instruction, aux études, applications, exercices, à la distribution et au bon emploi du temps. Ils seraient chargés de veiller à l'exécution soit des programmes arrêtés pour les cours, soit des règlemens en ce qui concerne l'instruction; de prendre connaissance des travaux particuliers des officiers, tels que projets, mémoires; de les juger; de choisir et préparer au besoin les matières qui doivent faire le sujet des conférences, de rédiger les programmes des essais à faire, d'apprécier la capacité des élèves pour leur admission dans les séries supérieures, de discuter les notes à remettre à MM. les inspecteurs généraux; enfin de proposer, à la fin de chaque année, au comité, les changemens qu'ils jugeraient utiles à apporter aux programmes des cours et exercices,* etc.

———

Académie. — La marche à suivre dans les cours, la rédaction des programmes qui doivent leur servir de *cadre;* les modifications à apporter successivement dans les différentes branches de l'enseignement, nécessairement subordonné à l'état des connaissances, qui toujours se perfectionnent et s'étendent; la direction à donner aux exercices dans les écoles et aux épreuves, la nécessité de bien apprécier celles-ci et de répandre les idées nouvelles, enfin l'uniformité nécessaire dans les moyens d'instruction de toutes les écoles, sont autant de motifs qui laissent entrevoir l'avantage que présenterait un conseil de perfectionnement près du comité spécial et consultatif de l'artillerie.

Si on accorde qu'il soit avantageux que les officiers, dans les places, dans les écoles, dans les établissemens, se livrent à d'utiles occupations, si l'on veut qu'ils soient empressés de traiter les questions que le comité leur fera soumettre, s'ils doivent s'occuper d'essais, d'épreuves, enfin être encouragés à présenter des idées d'amélioration, il ne faut pas que ces travaux soient considérés comme de simples exercices : car alors on renoncerait à en tirer parti, et l'on se priverait du stimulant le plus actif qui puisse soutenir l'ardeur des officiers. Tout ce qui a rapport aux exercices, expériences, épreuves, travaux particuliers des officiers, projets divers, devant donc être discuté, approfondi, dans les écoles, dans les établissemens, et soumis à un contrôle au comité spécial, il semble que de pareils travaux de *révision* ne sauraient être confiés successivement à différens officiers, parce qu'il faut voir les choses en elles-mêmes, qu'il faut une aptitude qu'on ne peut trouver que dans des hommes *spécialement* occupés de ces détails trop minutieux, trop multipliés, exigeant, pour les examiner avec soin, trop de temps pour qu'ils méritent de fixer particulièrement l'attention de MM. les inspecteurs généraux composant le comité. — D'après toutes ces considérations, on pourrait croire qu'il y aurait avantage à admettre près du comité une commission permanente composée de *quatre sections*, dont une pour le service propre de l'artillerie, une deuxième pour les arsenaux (en raison de l'importance des constructions), une troisième pour les différens autres établissemens, enfin une quatrième pour tout ce qui tient à la fortification dans ses rapports avec le service de l'artillerie. Le nombre des membres des deuxième et quatrième sections serait moindre que pour les deux autres : ainsi ce conseil, qui pourrait être considéré comme une *académie de l'artillerie*, serait, par exemple, composé de quinze à seize membres (1).

Cette académie serait *chargée de tout ce qui a rapport à l'instruction dans les écoles, de la fixation des programmes, de la révision des cahiers à imprimer sur les cours et de celle des manuels avant leur adoption définitive ; de la réception des professeurs des écoles, de l'admission des élèves de Metz dans le corps royal d'artillerie. Elle aurait à discuter les projets, mémoires, qui, après avoir été déjà élaborés soit par les conseils d'instruction dans les écoles, soit en conférence dans les établissemens, seraient adressés au comité par les commandans d'école et par les directeurs d'établissemens. Elle soumettrait son avis au comité sur les autorisations à accorder pour l'exécution des essais, rectifierait les programmes à suivre dans les épreuves. Elle serait chargée de préparer les questions à présenter aux officiers dans les différens corps, d'examiner les solutions proposées. Enfin elle*

---

(1) Des officiers trouveront peut-être le nombre des membres de cette commission trop considérable ; mais cette erreur de calcul ne prouverait encore rien contre l'institution.

devrait réunir dans le mémorial, dont la rédaction lui serait confiée, tous les travaux venus des différens points et reconnus offrir un grand intérêt, l'analyse des principaux ouvrages sur les sciences et sur les arts du ressort de l'artillerie, etc. (1)

Le comité, auquel les travaux de la commission, *toute occupée de détails et de choses spéciales,* seraient soumis, jugerait de leur importance relativement aux services, les adopterait ou les modifierait, lorsque quelques parties seraient contraires à l'harmonie qui doit exister entre tant de services différens. — Sur l'avis de la commission, le comité ferait connaître aux officiers auteurs de mémoires et de travaux plus ou moins importans sa décision sur leurs ouvrages, en *leur indiquant et en spécifiant même les défauts que ces travaux renfermeraient.* De pareils avis contribueraient à former le jugement des officiers, les mettraient sur la bonne voie, les encourageraient, exciteraient leur zèle, en leur prouvant qu'on s'est occupé d'eux et de leurs travaux.

Les fonctions de la commission seraient *passives;* elle ne projeterait pas, *parce que les recherches, les projets, ne devraient jamais être travaillés en commission.* Les individus seuls qui projetent doivent être chargés

---

(1) On peut juger de l'utilité du mémorial en considérant que, malgré l'expérience et l'instruction acquises par la majorité des officiers, on ne voit cependant paraître que très-peu d'ouvrages de la part de ceux les plus capables de fixer les données sur lesquelles on est obligé chaque jour de s'appuyer. Sous un autre point de vue, le mémorial répandra des connaissances sur les arts, qu'on ne peut supposer que la majorité des officiers parviennent à acquérir, parce qu'il faudrait admettre qu'ils reçoivent, lisent et veuillent analyser autant d'ouvrages différens, pour y prendre ce qui peut leur être utile.

d'exécuter. Si les résultats sont annoncés comme avantageux, alors une commission peut les vérifier, en constater l'utilité et les coordonner avec l'ensemble, etc. (1)

Les officiers dont les ouvrages auraient passé sous les yeux de la commission seraient classés par elle suivant leur mérite et suivant leurs dispositions pour les différens services; ces notes seraient réunies à celles de MM. les inspecteurs généraux, prises sur les lieux, pour les récompenses et l'avancement à accorder au choix.

En un mot, on voit que cette commission, embrassant toutes les questions qui peuvent se présenter, char-

---

(1) Avec des juges *spéciaux* réunissant une expérience consommée à la théorie, on pourrait donner sans crainte à l'esprit d'innovation tout son essor, parce que, loin d'être dangereux, il ne saurait être que productif.

Dans l'état actuel des choses, Schanhorst, appréciant toutes les difficultés qui s'opposent à ce que les officiers se mettent en avant avec leurs projets d'amélioration, *soit* parce qu'ils ont à prévoir toute espèce d'objections tirées du fond des choses, des dépenses, des altérations aux systèmes adoptés, et de l'incertitude sur la réussite dans laquelle doivent toujours être les inventeurs; *soit* parce qu'ils ont à craindre qu'on examine leurs travaux avec répugnance, qu'on les voie d'en haut légèrement ou avec défaveur, qu'on leur laisse supporter les frais de constructions, même dans le cas où elles auraient mis sur la voie d'améliorations réelles, et qu'ils n'aient à recueillir, pour prix d'efforts volontaires, que les railleries de quelques officiers dont tout le mérite se borne à trouver mauvais ce que souvent ils ne se donnent pas la peine de comprendre; *soit* enfin parce que, dans la supposition même où l'utilité des innovations serait parfaitement démontrée, la mise à exécution rencontrerait encore des difficultés; Schanhorst, reconnaissant toute la force de ces raisons, propose de former une commission à laquelle *on imposerait l'obligation rigoureuse de faire des projets d'amélioration*, et d'examiner ceux qu'on lui présenterait. D'après lui, cette commission devrait être renouvelée chaque année, par moitié, de sorte que les mêmes officiers n'y resteraient attachés que deux ans. Ainsi que nous l'avons dit plus

gée spécialement de les approfondir, *ne ferait que préparer, pour chaque sujet, un travail qui serait soumis au comité et sur lequel il aurait à prononcer.* Chargée de s'assurer de l'état, de la situation des écoles, de suivre l'instruction dans sa marche, d'en constater les progrès, et de poursuivre les améliorations dans tous les services, chaque année elle terminerait son travail par un rapport au comité sur l'ensemble des travaux scientifiques de l'année écoulée, etc.

Les membres de cette commission, devant réunir à une instruction étendue une grande expérience et l'habitude des travaux militaires et d'établissemens, ne pourraient

---

haut, nous pensons que, par ce moyen, on n'atteindrait pas le but : car on aurait beau *imposer des obligations rigoureuses* pour de pareils travaux, ils ne peuvent être faits que *d'inspiration*, et non par nécessité.

Une telle commission serait, de plus, trop exclusive; chargée de juger les travaux des officiers, on peut douter que, projetant elle-même, elle se comportât toujours avec impartialité : on peut dire qu'elle exercerait le monopole des applications. D'ailleurs, comment arriver à de bons résultats en changeant tous les deux ans les commissaires, lorsque des essais exigent de la persévérance, une même manière de voir, un esprit de suite qu'on ne saurait trouver dans une réunion d'hommes qui ne feraient que passer, qui se disputeraient le mérite des bonnes choses et se rejetteraient les uns sur les autres le blâme des combinaisons défectueuses. — Exciter par tous les moyens l'ardeur des officiers, faire naître et soutenir l'émulation parmi eux, autoriser la continuation des travaux et des recherches, lorsqu'il y a espoir de succès, *en laisser surtout la direction aux officiers qui ont proposé, ainsi que l'honneur et les avantages qui en peuvent résulter* : voilà les ressorts les plus puissans qu'on puisse faire agir dans un corps nombreux et réunissant autant de jeunes talens et d'instruction. Alors les projets d'amélioration ne manqueront pas; ceux-ci étant appréciés d'abord dans les écoles, dans les établissemens, ensuite par l'Académie, et jugés en dernier ressort par le comité, on pourrait compter sur de bons résultats et sur des progrès assurés pour la science.

être choisis que parmi les professeurs les plus distingués et les directeurs d'établissemens, auxquels on accorderait ces places comme une distinction honorable et avantageuse. Placés tous au même rang, il ne devrait y avoir entre eux d'autre supériorité que celle du génie, etc. — Pendant une longue paix, la carrière des officiers étant nécessairement restreinte, on ne saurait ménager d'une manière plus utile quelque dédommagement, principalement en faveur des officiers les plus distingués dans les services spéciaux, dont la carrière doit être, dans tous les cas, assez bornée : ainsi on récompenserait les hommes à grands talens, qu'il serait difficile d'employer ailleurs d'une manière aussi avantageuse.

Si l'on ne peut contester que l'académie dût rendre de très-grands services par ses travaux, pourrait-on ne pas reconnaître quelle influence salutaire elle exercerait sur le corps entier, en y soutenant le zèle des hommes laborieux, en excitant l'émulation des officiers les plus capables, qui devraient déjà regarder comme une récompense le titre de *correspondant de l'académie*, titre qui, étant accordé avec autant de discernement que le choix des premiers académiciens aurait été bien fait, serait un des plus puissans stimulans et des moins onéreux.

On ne peut reculer devant une *spécialité* renfermée dans de justes limites; elle est inévitable pour des travaux minutieux et souvent délicats, qui exigent un esprit de suite, et qui sont par eux-mêmes très-importans. Nous rechercherons dans le quatrième chapitre jusqu'où cette spécialité doit s'étendre à l'égard des officiers dans les établissemens.

CHAPITRE III.

RÉDACTION D'UN COURS D'ARTILLERIE.

Les officiers de troupes et d'état-major du corps de l'artillerie sont répartis dans les écoles régimentaires, dans les places et dans les établissemens de l'arme.

Les écoles sont spécialement destinées à l'instruction théorique et pratique nécessaires pour les différens services, les établissemens à la production; et dans les places, les officiers sont chargés de l'entretien, de la réparation de tout le matériel de guerre.

En raison de la multiplicité des services et des rapports si intimes qui les rattachent les uns aux autres, les officiers devant embrasser dans leurs études tant de sujets différens, l'instruction d'ensemble qu'ils puisent dans les écoles doit leur servir à lier les services entre eux et les préparer à en remplir les fonctions. Cependant cette instruction s'affaiblirait bientôt, ne produirait plus d'aussi bons résultats, quoique les applications, les exercices, aient dû contribuer à graver les faits dans la mémoire des officiers, à leur en faire mieux apprécier la valeur, si, en s'adonnant par la suite à des occupations spéciales, leur mémoire et le sentiment des choses faites devaient seuls leur rappeler tous les travaux auxquels ils se sont livrés; si chaque chose importante, cha-

que principe n'étaient consignés dans des traités, et encadrés de telle sorte que l'enchaînement des faits subsiste
pour eux, et qu'ils puissent ne pas en perdre de vue les
rapports. Avec le temps, le tableau des masses et des détails deviendrait de plus en plus confus dans leur mémoire, s'ils ne trouvaient retracées sur le papier toutes
les variétés de combinaisons, de rapports, que le génie
de l'homme et que l'industrie civile et militaire ont
prodiguées dans ce tableau. *Les cours rédigés, les traités spéciaux, les tableaux synoptiques, les dessins,*
doivent être pour eux une statistique de l'artillerie, et
leur servir de cartes de reconnaissance qu'ils puissent
toujours consulter avec fruit, et s'en servir pour marcher avec plus de sûreté dans la route des améliorations.
La comparaison est d'autant mieux fondée que, l'officier
devant revenir sur ses études, les approfondir pour en
faire des applications, ces cahiers lui seront utiles, de
même que les reconnaissances, levés du terrain, etc.,
servent pour des opérations ultérieures.

On ne saurait donc contester combien les cours rédigés seront utiles; combien d'avantages en retireront les
officiers répartis dans les services des troupes, des places
et des établissemens. Mais, si l'instruction doit embrasser plutôt l'ensemble, être fondée sur les principes,
sur les règles générales, il est des *détails* si nombreux
dans tous les services, ayant de si faibles rapports entre
eux, qu'on ne pourrait les présenter dans des cours. Ces
détails plus ou moins importans qui constituent la *spécialité* de chaque service ne pouvant être réunis sans
confusion, tenant plutôt à la pratique, et leur connaissance étant nécessaire pour la surveillance, pour la direction des travaux, il importe également qu'ils puissent
être appréciés par les officiers plus promptement lors-

qu'ils entrent dans les établissemens, et retenus avec
plus de facilité lorsqu'ils quittent un emploi pour passer à un autre. Ce n'est donc qu'à l'aide de livres qu'on
atteindra ce but. Mais le genre de connaissances étant
différent, il faudra une rédaction différente : elle devra
être plus minutieuse, purement descriptive, et par conséquent celle des manuels. Ainsi, des *cours* rédigés et
des *manuels*, voilà les deux sortes d'ouvrages nécessaires
à l'instruction de tous les membres du corps royal de
l'artillerie dans tous les services de l'arme.

Nous aurions à nous occuper maintenant d'une manière particulière des *méthodes* les plus convenables à
adopter pour les différens cours et pour les manuels, de
leur rédaction, de l'importance à ce que les livres soient
assujettis à un même plan, etc. Mais auparavant nous
croyons utile de parler des principaux ouvrages qui ont
déjà paru sur l'artillerie : nous les envisagerons sous le
point de vue des méthodes que les auteurs ont suivies ;
nous rechercherons quel parti on pourra en tirer, en les
considérant comme matériaux devant servir soit pour
les cours à rédiger, soit pour les manuels.

ARTICLE Ier.

DES PRINCIPAUX AUTEURS QUI ONT ÉCRIT SUR L'ARTILLERIE.

Quoiqu'il soit assez difficile de classer les écrivains
d'une manière précise dans des genres aussi variés, surtout lorsque les auteurs ont traité eux-mêmes des sujets
différens, cependant nous croyons pouvoir ramener
à trois classes, tous ceux qui ont écrit sur l'artillerie.

Dans la première classe nous admettrons les *théoriciens*, qui, considérant l'artillerie dans ses effets, sont

partis des principes fournis par les sciences mathématique, physique et mécanique, et ont cherché, par des
expériences ou par des calculs, à déterminer l'action de
la poudre dans les bouches à feu, et les moyens de tirer
le parti le plus avantageux du matériel de guerre : tels
sont Belidor, Dulacq, Robins, Euler, d'Arcy, d'Antoni, Bezout, Lombard, Hutton, Lamartillière, de Vil-
lantrois; MM. Gregory, d'Obenheim.

Dans la deuxième classe on peut admettre les *technologues* spéciaux qui, s'étant occupés particulièrement
de quelques branches du service général, ont réuni
dans des espèces de manuels les détails des opérations
suivies, et ceux des machines employées dans différens
établissemens : tels sont Monge, Dartein, pour les fonderies de canon; Bottée et Riffault, pour les poudreries;
le colonel Renaud, pour les poudreries; Vandermonde
et le général Cotty, pour les manufactures d'armes; le
chef de bataillon Drieu, pour les équipages de ponts, etc.

Enfin nous rangerons dans la troisième classe les auteurs qui, ayant embrassé l'artillerie dans son ensemble,
l'ont présentée quelques uns sous la forme de dictionnaire, tels Bélidor, Hoyer, Adye, le général Cotty;
d'autres sous la forme d'aide-mémoire, tels d'Urtubie,
le général Gassendi; d'autres d'après une méthode di-
dactique, dans un ordre historique ou dépendant de la
nature des services, tels Saint-Remi, Muller, Struen-
sée, Leblond, d'Antoni, Morla, Scharnhorst, Rouvroy,
Decker, etc. (1)

____

(1) Nous n'avons pas cru devoir citer de plus anciens auteurs, qui
ne peuvent guère être consultés avec fruit, malgré qu'ils aient contribué, par leurs travaux, aux progrès de l'artillerie : leurs noms et
leurs ouvrages doivent entrer dans le domaine de l'histoire, qui doit

La classification que nous venons de présenter n'est pas conforme aux temps, car la théorie n'a dû venir qu'après une pratique plus ou moins longue. Dans le principe, les faits étaient trop particuliers, et ne pouvaient être encore liés les uns aux autres, parce que les moyens de comparaison manquaient; l'instruction nécessaire pour en saisir l'enchaînement n'avait pas encore fait assez de progrès pour cela, l'artillerie n'était alors qu'un art. D'une part, les services continuèrent à reposer sur les données de tradition et sur la pratique; de de l'autre, quelques savans, de loin en loin, s'emparant des questions de balistique, cherchèrent enfin à les résoudre; mais la pratique et la théorie ont cheminé trop

---

payer le juste tribut de reconnaissance dû à leur mémoire pour les services rendus à la science.

On peut mettre au nombre des biens qui sont nés des bouleversemens par lesquels a été signalée la fin du dernier siècle, la révolution opérée dans le genre d'occupations de membres utiles de la société. Anciennement des moines, des abbés, des jésuites, dissertaient longuement sur l'art militaire, sur les siéges, sur les batailles; les gens de lettres écrivaient sur les arts et métiers. Toutes ces dissertations prouvaient que les sciences étaient peu avancées, que les arts étaient abandonnés à une pratique aveugle; et que l'on ne suivait pas la meilleure route, puisque des gens à système, sans expérience, se chargeaient de développer ce qu'ils ne pouvaient avoir approfondi. — On n'a commencé à entrer dans la bonne voie que dès que chacun s'est occupé de sa partie, parce que les guides sont devenus plus sûrs. Maintenant on trouverait ridicules les efforts d'un abbé, d'un homme de lettres, voulant discuter des choses qui ne seraient pas de leur compétence. Ainsi les traités deviennent plus clairs, plus conformes à leur destination, plus profonds, et les progrès des sciences et des arts sont plus assurés.

Si cet état de choses atteste combien les connaissances sont déjà répandues, nous ne devons pas pour cela être ingrats envers les premiers bienfaiteurs des sciences, qui, par leurs travaux, ont cherché à en répandre le goût.

isolées, et tout le parti qu'on aurait pu tirer de leur accord n'a pu par conséquent être mis à profit. Cet inconvénient doit faire pressentir combien on trouvera d'a-
vantages à ce que ceux-là mêmes qui pratiquent puissent
porter l'esprit d'observation et de recherches dans des
matières qui doivent leur être familières, et, par suite,
combien le *nouveau* plan d'études plus développé et
les cours écrits seront avantageux.

THÉORICIENS. Les écrits sur la balistique offrent des
matériaux qu'il importe d'abord de classer, parce que
c'est sur eux que doit reposer l'enseignement, en attendant de nouvelles recherches qui fixent mieux cette
branche importante de nos connaissances.

On a admis pendant long-temps que l'air, en raison
de *sa subtilité*, ne devait pas présenter une résistance
sensible aux projectiles lancés par les bouches à feu. En
faisant abstraction de cette influence, des tables de tir
avaient pu être facilement dressées, et, d'après cette
hypothèse, Blondel, dès 1683, avait publié *l'Art de
jeter les bombes*.

Quoique l'influence de la résistance de l'air eût été
appréciée depuis, Belidor, trompé soit par la moindre
résistance de l'air sur les bombes projetées à de petites distances, soit par des compensations d'erreurs,
admit encore la théorie parabolique dans un ouvrage
publié en 1731, sous le titre de *Bombardier français*,
qu'il ne crut même pas devoir modifier en 1760. Cependant des savans célèbres, tels que les Bernouilli,
Robins, Euler, des officiers d'artillerie, de Ressons,
Dulacq, etc., avaient apprécié cette influence, et
Newton (cet homme de génie, grand parce que dans ses

recherches sublimes il savait interroger la nature, et fondait sa théorie, ses calculs, sur l'expérience) avait déjà reconnu, dès la fin du dix-septième siècle, combien la résistance de l'air retarde la chute des graves et raleutit la vitesse des projectiles.

Robins avait abordé ensuite d'une manière plus spéciale cette importante question : quoiqu'il admît l'instantanéité de l'inflammation, et qu'il eût des idées fausses sur la force expansive de la poudre, qu'il tenait du temps où il vivait, il reconnut que la loi sur la résistance de l'air, que Newton avait déjà représentée comme proportionnelle au carré de la vitesse des projectiles, était plus considérable pour les grandes vitesses. Le premier il employa le pendule à déterminer les vitesses initiales (1). Les plus grands mathématiciens, les Huyghens, Jean et Daniel Bernouilli, Taylor, Hermann, Euler, Lambert, Borda, Bezout, Tempelhof, Legendre, Prony, ont soumis successivement de pareilles recherches à l'analyse mathématique, et ont cherché par différentes méthodes à déterminer la courbe que décrit un projectile lancé par une bouclie à feu; mais, ne voyant dans de pareilles recherches que des questions analytiques, et obligés de fon-

---

(1) Cependant Cassini fils avait déjà employé le pendule pour déterminer l'effet des projectiles dans les petites armes à feu. *Histoire de l'Académie des sciences*, 1707.

Robins essaya de déterminer la vitesse des projectiles par le recul. D'Arcy se servit depuis du même moyen pour éprouver les poudres. Ce dernier employa également le pendule pour fixer les charges et les longueurs des bouches à feu; mais il ne présenta qu'un travail incomplet. Hutton, en employant les deux méthodes comparativement, parvint à déduire de ses expériences des résultats curieux, qui, plus multipliés, auraient fait apprécier mieux l'influence des charges, des calibres, de la position de la lumière, etc., sur l'intensité du recul.

der leurs calculs sur des hypothèses, les formules compliquées auxquelles ils sont parvenus n'ont prouvé que
de la sagacité de leur part, et laissent à regretter la pénurie des données réelles sur lesquelles ils auraient dû
chercher à s'appuyer pour rendre leurs travaux d'une
plus grande utilité. — N'est-il pas remarquable que,
parmi ces savans, aucun n'ait réclamé ou provoqué des
expériences préparatoires qui auraient pu leur servir de
bases (1).

Lombard, professeur aux écoles royales d'artillerie,
et mathématicien distingué, partant des nombreuses
épreuves qui furent faites sur le tir horizontal, et
fixant la résistance de l'air par approximation pour déterminer les vitesses initiales, rendit de plus grands
services en dressant, d'après les portées, des tables qui
sont encore en usage, et d'une vérité approchée, due
en partie à quelques compensations d'erreurs.

Hutton chercha, dès 1775, à déterminer plus exac-
tement les vitesses initiales à l'aide d'expériences sur le
pendule de Robins, qu'il perfectionna; mais, dans ses
premières épreuves, il ne tenait pas assez compte des
influences de la densité, de la masse des projectiles employés, des différentes qualités de poudre, du diamètre
de la lumière; le système de machines ne présentait pas
une fixité suffisante; restait de plus l'inconvénient de
conclure d'expériences faites en petit, pour le tir avec

---

(1) On doit cependant en excepter Daniel Bernouilli, auquel on
dut, en 1728, des expériences faites à Saint-Pétersbourg, pour
l'appréciation de la résistance de l'air sur les projectiles lancés par
les bouches à feu.

Borda chercha également à déterminer l'effet de la résistance de
l'air à l'aide d'une palette fixée à un treuil, etc. *Mémoires de l'Aca-
mie des sciences*, 1763.

les grosses pièces. De nouvelles expériences furent faites en 1783, 84 et 85, et reprises de nouveau en 1787, 88, 89 et 91. Conduites toujours avec un esprit de suite par un homme aussi capable, les résultats furent confirmés ou plus rapprochés de la vérité. Enfin le professeur Grégory et les colonels d'artillerie Miller et Griffiths, dans ses derniers temps, appuyés sur les données déjà fournies par Hutton, continuèrent les mêmes épreuves, en employant un appareil plus stable, en déterminant avec plus d'exactitude les centres de percussion, et en se servant de projectiles plus forts, de six et douze livres, les répétèrent même sur la machine à disques tournans de Mathey, modifiée par le colonel d'artillerie Grobert; enfin ils ont laissé peu à désirer dans ce genre d'expériences sur les vitesses initiales pour le tir horizontal, et sur les expressions correspondantes de la force dynamique de la poudre (1).

Si l'on considère toutes les variations que produisent, d'une part, *l'inflammation* plus ou moins rapide dépendant de la qualité de poudre, de sa quantité, de son degré d'humidité, du vide entre le projectile et la charge, de la résistance du projectile, soumise elle-même aux influences du poids du boulet, du refoulement, etc.; d'autre part, les fluides élastiques plus ou moins abondans auxquels doit donner naissance le degré de chaleur produite, leur tension plus ou moins grande; si l'on remarque l'influence de l'emplacement et du diamètre de la lumière, du vent du boulet, des battemens dans l'âme,

____

(1) La traduction des dernières expériences de Hutton et de celles du professeur Gregory, qui présentent un si grand intérêt, vient d'être faite et doit être incessamment publiée par M. Terquem, professeur aux écoles royales, et bibliothécaire du Dépôt central de l'artillerie.

(217)

par conséquent celle de l'angle de départ du projectile,
celle de la sphéricité, de l'homogénéité et du poli de la
surface des boulets sur la résistance de l'air, l'influence
de l'état de l'atmosphère, de l'échauffement de la
pièce, etc.; toutes ces influences agissant séparément
ou plusieurs ensemble, on peut croire qu'on n'obtiendra jamais pratiquement un tir *absolument* conforme à
des tables, quelque soignées qu'elles puissent être,
surtout si l'on considère qu'indépendamment des influences ci-dessus, il en est d'autres qui tiennent à la
difficulté de pointer, suivant la nature des terrains, à
celle d'apprécier les distances, et de donner toujours,
en présence de l'ennemi, les degrés de hausse convenables, etc. Il n'est pas moins vrai cependant que, pour
le tir horizontal, on a des limites, et que l'on peut déjà
compter sur des résultats d'autant plus approchés que
la trajectoire ne diffère pas beaucoup de la ligne droite.
Mais pour le jet des bombes, qui décrivent une courbe
bien plus prononcée, combien on est loin encore de
pouvoir compter sur le concours de la théorie et de la
pratique. Le peu de longueur de la bouche à feu, son
inclinaison, la résistance plus considérable du projectile, la distance entre ses centres de gravité et de figure,
une surface moins unie; par suite, des déviations laté-
rales plus grandes, ajoutent beaucoup aux difficultés que
doit présenter l'appréciation rigoureuse du tir de cette
espèce de bouches à feu.

En revenant même au tir des boulets, les expériences
sur le pendule et sur les disques tournans *rapprochés*
de la bouche à feu donnent bien la vitesse initiale et la
puissance première des projectiles; mais leurs effets ne
devant être obtenus qu'à une distance plus ou moins
grande, et la résistance de l'air variant avec la vitesse

des projectiles, le point de chute et l'effet produit ne
sauraient être déterminés avec plus d'exactitude que
que par des épreuves directes, et qu'en cherchant à
mieux apprécier l'action de la résistance de l'air; de
même que celle-ci ne pourrait être mieux connue qu'en
recourant à des épreuves nouvelles et bien concertées
sur les portées.

Les théoriciens avaient, jusqu'à la fin du dernier
siècle, des idées fausses sur l'inflammation de la poudre
et sur les causes productrices de sa force : aussi les éva-
luations *absolues* qu'ils ont présentées de cette force,
varient-elles de cent et cinq cents à dix-huit mille fois la
pression atmosphérique; des physiciens distingués portaient même cette évaluation plus haut, puisque Rumford a estimé la force de la poudre à cinquante-cinq
mille atmosphères : ainsi, les variantes seraient de un
à cinq cent cinquante.

La chimie, élevée depuis au rang des sciences, fournit maintenant assez bien l'explication des phénomènes produits pour qu'on puisse espérer, *dans les
différens cas,* déterminer, à l'aide d'expériences, des
limites aussi éloignées. On sait que ce n'est ni l'air
interposé, ni même la vapeur de l'eau de cristallisation
que le salpêtre ne contient pas, qui peuvent donner
tant de force à la poudre; mais qu'il y a, par la décom-
position de ce sel, formation de produits gazeux auxquels est due principalement la puissance si grande de
la poudre. On pourrait même assigner les différens gaz
susceptibles d'être formés; mais il reste à apprécier, à
l'aide d'épreuves, jusqu'à quel point la poudre est enflammée suivant les charges, les projectiles, les longueurs d'âme, etc., et à déterminer le degré de chaleur produit par la combustion, degré qui doit même

varier suivant que l'inflammation est plus ou moins prompte et complète ; ensuite quels sont les gaz qui se forment de préférence à ces hauts degrés de température, ou plutôt quel volume ils devraient occuper, leur détermination en particulier étant moins importante (1). Ces données, qu'il est sans doute bien difficile d'établir avec précision, une fois connues, on conçoit qu'on pourrait déterminer *a priori*, d'une manière au moins approchée, la pression exercée par la poudre enflammée sur les projectiles, à l'aide des lois de Mariotte et de Dalton, *modifiées* ainsi que nous l'avons dit page 194. (2)

---

(1) Il serait possible de constater avec quelque approximation le degré de chaleur à l'aide d'enveloppes métalliques, pour les fusées d'amorce qu'on ferait pénétrer jusqu'aux deux tiers de la profondeur de la charge ; on s'assurerait ensuite quelle chaleur devrait avoir un foyer pour produire sur des fusées identiques les mêmes altérations.

Il n'est pas nécessaire de dire que les fusées devraient être disposés en dehors, de manière à ne pouvoir être chassées par l'explosion, et que leur composition devrait être telle qu'il n'y eût pas fusion du métal, mais altération seulement.

(2) On doit admettre deux causes qui concourent à l'inflammation de la poudre : 1° la communication du feu par la lumière ; 2° la haute température produite par la portion de poudre enflammée aussitôt qu'elle est assez élevée pour faire prendre feu à celle qui l'avoisine. Ainsi, dans le premier moment, la combustion est successive, et peut devenir ensuite instantanée. Cette distinction, ainsi que la considération sur la faculté peu conductrice de la chaleur que l'on reconnaît à la poudre, et l'influence des interstices des grains de poudre ou du tassement, peuvent être très-utiles dans les discussions sur la position la plus avantageuse de la lumière, sur la forme des chambres des mortiers et obusiers, sur l'effet du vide dans les charges des bouches à feu, des mines, etc. A l'aide de ces données, on parvient à expliquer d'une manière assez satisfaisante plusieurs phénomènes ; à apprécier jusqu'à quel point un espace vide doit rendre l'effet des charges plus violent dans les projectiles creux, dans les fourneaux de mines ; pourquoi le recul doit être plus grand lorsque la lumière est percée près du logement du projectile que lorsqu'elle l'est vers le

S'il ne doit pas être facile de déterminer la force dynamique de la poudre par la méthode que nous venons d'indiquer, puisqu'on ne connaît encore ni le degré de chaleur produit, ni la loi de dilatation des gaz à de très-hautes températures, ni celle de leur compression à des pressions élevées, on peut encore recourir au moyen mécanique et direct de Rumford, en perfectionnant son procédé. On conçoit même que ces dernières épreuves, combinées avec les recherches sur les degrés de chaleur produite, mettraient sur la voie des modifications à faire

---

fond de l'âme ; pourquoi la poudre ronde, qui occupe plus de volume que celle anguleuse, fournit généralement une plus grande portée ; pourquoi le tassement des poudres fusantes contribue à ce qu'elles s'enflamment successivement sans détonation ; pourquoi, dans les bouches à feu d'un gros calibre, la qualité de poudre a moins d'influence ; etc.

D'après l'influence que nous attribuons au *vide* dans les charges, nous sommes porté à croire que ce n'est pas lorsque les projectiles creux sont entièrement remplis de poudre que l'effet peut être le plus considérable, que l'on obtient le plus d'éclats, et que ceux-ci sont projetés avec le plus de force. C'est aussi d'après la même influence que nous expliquons pourquoi les armes à feu portatives sont exposées à crever lorsque les balles ne portent pas sur les charges, qu'elles restent à une *certaine* distance, fortement *refoulées* : alors, la poudre ayant le temps et la faculté de s'enflammer *en entier* par la dispersion des grains, les parois du canon peuvent avoir à supporter un effort prodigieux, et éclater, ainsi que cela arrive quelquefois. D'après ces phénomènes, qu'il est très-facile de bien constater, on serait conduit à admettre que l'on est loin d'utiliser dans les armes toute la puissance que peut développer la poudre ordinaire, et qu'il y aurait moyen, dans bien des cas, d'en tirer un meilleur parti, et d'en rendre, pour ainsi dire, les effets comparables à ceux des poudres chloratées, sans être engagé dans d'aussi grandes dépenses, et sans être exposé à aucun danger.

Nous avons ébauché un travail sur *les effets de la poudre*, que nous ne nous permettrons de publier que lorsque nous aurons pu justifier mieux notre théorie par les résultats de quelques épreuves que nous désirerions pouvoir faire.

(221)

à la loi sur la compression des gaz, l'influence de la résistance de l'air, sur laquelle on ne sait encore rien de
bien positif, pour les grandes vitesses surtout, mériterait
plus encore de fixer l'attention, et cette opération offrirait des résultats précieux pour la théorie balistique. Il
semble qu'on pourrait arriver à cette détermination soit
d'après les vitesses ou les effets des boulets, qu'on obtiendrait à *différentes* distances, soit d'après la ligne parcou-
rue et déterminée à l'aide d'écrans placés de distance en
distance sur un terrain nivelé. — Enfin on ne saurait mettre trop d'importance à résoudre, par la voie des épreuves, la question si utile touchant la longueur des portées
pour les calibres de guerre, en cherchant à déterminer les
rapports entre elles et les vitesses initiales et les charges.
C'est ensuite en comparant les résultats entre eux, c'est
en les appréciant suivant leur importance, qu'on parviendrait à obtenir des moyennes assez justes pour la
pratique et qui pourraient servir soit à rectifier les tables de Lombard, soit à les compléter (1).

Des opérations graphiques déduites des résultats obtenus et des calculs, des tracés de courbes, concourraient

---

(1) En considérant les différentes causes qui peuvent influer sur le
effets du tir des bouches à feu, et que nous avons exposées page 216,
comme on ne peut espérer obtenir des résultats individuels assez
précis dont on puisse profiter, c'est en cherchant à apprécier autant
que possible chaque cause d'irrégularité en particulier, et en faisant
entrer les *probabilités* de leur influence dans le calcul des moyennes
erreurs déduites des résultats moyens obtenus dans les différentes
écoles, qu'on arrivera sans doute à des données suffisamment appro-
chées : car, après cela, comme il serait aussi superflu qu'impossible
d'atteindre une exactitude mathématique, ce qu'il y a de plus important, c'est assurément d'avoir des canonniers et des sous-officiers
exercés à estimer les distances, à donner les degrés de hausse convenables, et à viser juste.

aussi à représenter mieux, et d'une manière assez simple, la nature des rapports entre les charges, les poids des projectiles, les résistances, les vitesses et les portées à obtenir. Dulacq avait déjà proposé l'emploi des courbes pour déterminer les rapports entre différentes données; d'Antoni indiqua, dans ses institutions physico-mécaniques, comment plusieurs de ces données pourraient être déduites les unes des autres, en combinant les échelles des résistances, des vitesses, des espaces parcourus, etc.; Lambert construisit, d'après les tables du comte de Grewnitz, des échelles balistiques; depuis, M. d'O-benheim a cherché à représenter, sur sa *Planchette du canonnier*, ces différens rapports pour le tir sous angles moindres que vingt degrés.

Pour tirer enfin tout le parti possible des résultats déjà obtenus, et parvenir, par de nouvelles épreuves, à des faits plus positifs, il serait à désirer qu'on arrêtât, après de mûres réflexions, *un programme des épreuves à faire*, afin de compléter les données qui manquent encore, et arriver à résoudre, au moins plus approximativement, les questions les plus importantes, dont toute l'habileté des plus grands mathématiciens n'a contribué qu'à faire connaître les difficultés, en venant échouer contre elles.

[1] Parmi les écrits des *théoriciens*, nous rangerons les mélanges, les aperçus sur les différens services, tels que les œuvres diverses sur l'artillerie, sur les mines, de Bé-lidor, auquel l'artillerie doit la fixation des charges de poudre, qu'il détermina par des expériences, en 1739, à La Fère, et en 1740, à Metz, résultats qui furent confirmés, bien des années après, à Turin, par les expé-

riences d'un homme aussi remarquable, d'Antoni, auquel on doit plusieurs ouvrages encore intéressans aujourd'hui. On peut citer différens travaux de d'Arcy, entre autres son *Essai d'une théorie de l'artillerie*. Viennent ensuite les ouvrages polémiques que produisirent les discussions sur le matériel et le personnel de l'artillerie, depuis 1765 jusqu'en 1774, discussions qui offrent encore d'autant plus d'intérêt que, suivies de près, outre les connaissances directes qu'elles fournissent, elles peuvent servir à former le jugement, et à faire mieux apprécier la valeur des innovations, les mouvemens de l'amour-propre et des intérêts froissés. On trouve ces mémoires réunis dans l'ouvrage de Scheel. Nous citerons l'*Essai sur l'usage de l'artillerie*, par Dupuget; les *Recherches physico-mécaniques sur l'artillerie*, par le colonel Texier de Norbec, celles publiées ensuite par le général Lamartillière; de nombreux *mémoires* sur le salpêtre; les *Recherches sur la poudre*, par Cossigny; les neuf *mémoires* de M. Proust sur la poudre, travail intéressant, parce qu'on y trouve des recherches, des faits et des expériences; l'*Essai sur le pointage des bouches à feu*, de M. le chef de bataillon Poumet; les *Recherches balistiques* de M. le capitaine Coste; la *Nouvelle force maritime*, de M. le lieutenant-colonel Paixhans, ouvrage riche de faits, dans lequel sont discutées avec beaucoup d'étendue et de moyens la question du tir horizontal des projectiles creux et celle de leurs bouches à feu (obusiers); le *Traité des fusées de guerre*, de M. de Montgery, dans lequel on trouve des recherches historiques, et quelques renseignemens intéressans, etc., etc.

Nous nous bornons à énumérer les ouvrages d'une

importance plus ou moins grande et les plus récens dont
on puisse tirer parti. Quant aux méthodes suivies par
les auteurs, comme ils n'avaient pas un grand ensemble
à embrasser, et que leurs ouvrages consistent plutôt en
recherches, les méthodes ont dû être variées comme les
sujets.

Le nombre et la valeur des documens qu'on puisse
consulter n'étant pas toujours proportionnés à l'importance des matières ni à l'état actuel des connaissances
physico-mécaniques, etc., on remarquera sans doute
que les livres qui traitent des sciences et des arts chimiques, *en général*, sont encore les principales sources
auxquelles on soit réduit à puiser. C'est pour quelques
services, et en particulier pour les constructions, que la
pénurie est grande, et qu'on est forcé de recourir encore
aux données générales et aux écrits des auteurs tout-à-
fait étrangers aux connaissances de l'artillerie. S'il est
possible, en fait de machines, d'architecture, de trouver
dans des ouvrages toutes les données nécessaires pour
rédiger des projets, pour les faire exécuter, l'artillerie
ne peut compter que sur elle-même pour ce qui tient à
la fabrication de son matériel, puisqu'elle seule en est
chargée; et qu'à l'exception des produits des forges,
tous les autres, armes, canons, affûts, voitures, artifices,
sortent exclusivement de ses ateliers. Or il serait difficile de puiser dans des ouvrages spéciaux, ainsi qu'on le
reconnaîtra mieux encore en parcourant les écrits des
technologues et des didacticiens, des renseignemens
positifs tant sur le choix des matières premières que
sur leur alliage ou assemblage, sur le degré de résistance des machines de guerre, etc., etc., sujets à peu
près aussi importans que la détermination de tout ce qui

se rapporte aux portées, aux charges, longueurs d'âme, épaisseurs des bouches à feu, etc. — Beaucoup de manuscrits rédigés par des officiers existent sans doute; mais, comme à tout il y a une cause, s'ils ne les publient pas, c'est qu'il y a quelque empêchement, et ce sont ces entraves qu'il faut surtout s'attacher à détruire.

TECHNOLOGUES. Si nous passons des théoriciens aux technologues, qui, s'étant occupés spécialement de quelques services, ont essayé de les présenter chacun avec tous ses détails, nous ne trouvons encore que peu d'ouvrages dont on puisse tirer parti.

Monge, illustre par tant de travaux, laisse apercevoir, dans la *Description de l'art de fabriquer les canons*, la touche des grands maîtres; cet ouvrage de circonstance, sur une échelle trop grande et privé de détails, mérite cependant d'être encore consulté. M. Dartein, fondeur à Strasbourg, publia depuis un *Traité élémentaire sur la fabrication des bouches à feu*; mais l'ouvrage manque dans son ensemble; les détails y sont entassés sans ordre, sans égard à leur importance relative; l'appréciation n'en est pas assez sentie; on voit trop que c'est plutôt d'après une simple tradition que les faits sont exposés que d'après une pratique réfléchie.

Pour les *Poudres et salpêtres*, MM. Bottée et Riffault ont mieux coordonné leur travail; la distribution des matières est assez bien entendue; tous les détails de machines s'y trouvent, de manière à pouvoir tirer parti des descriptions qu'ils en font et des dessins qu'ils en donnent. Si cet ouvrage, quoique très-volumineux, n'est pas assez complet, s'il manque des données sur ce qui tient à l'économie et à l'administration de ces établissemens, s'il y a des modifications à apporter dans la distribution des matières et dans l'exposé des procédés, en raison des améliorations dues principalement au lieutenant-colonel d'artillerie Lefebvre, au moins l'ouvrage sera utile pour la rédaction d'un manuel tel qu'il doit être pour des officiers d'artillerie.

Un des ouvrages les plus méthodiques que l'artillerie possède est le *Guide du pontonnier* (dernière édition), par le chef de bataillon Drieu. A la vérité le sujet, étant peu étendu, devenait moins difficile à traiter; l'ordre d'exposition y est naturel. Il eût peut-être été à désirer que l'auteur eût ajouté les principes les plus intéressans sur le mouvement des eaux, sur les lits des fleuves, sur la capacité, l'immersion des bateaux, etc., etc. Il y aura d'ailleurs quelques légères modifications à faire subir à cet ouvrage, pour l'approprier au cours d'artillerie, ainsi que nous le dirons dans le deuxième article.

Nous devons parler aussi des *cahiers classiques* qui ont déjà paru pour les élèves de l'École de l'artillerie et du génie de Metz. --- M. le chef de bataillon Soleirol, dans son cahier sur le *cours de construction*, entre dans des développemens sur les *matériaux* considérés dans leurs rapports chimiques, développemens qui se trouvent répétés dans le cours de chimie appliquée, où l'on peut les croire mieux à leur place; il traite aussi des machines pour les travaux hydrauliques, qui, peut-être, devraient être renvoyées au cours de machines; d'une autre part, nous aurions désiré trouver dans ce cours, d'après ce que nous avons dit sur les travaux de l'École de Metz, page 81, quelques notions sur les routes en pays de plaine, de montagne, sur les ponts, sur les canaux, bassins, etc.

Nos observations sur le contenu du cahier de cours de

chimie appliquée, et sur l'ordre dans la distribution des matières, auront principalement pour but de rappeler que, les connaissances acquises sur la chimie par les élèves à l'École Polytechnique étant trop générales, il conviendrait de revenir, dans le cours de Metz, sur la métallurgie, et de la traiter plus amplement. Nous pensons qu'il devrait en être de même de la docimasie, qui mériterait d'être exposée *à part*, parce que le professeur, s'appuyant sur les principes, pourrait développer les opérations d'une manière plus générale, sans être obligé de se répéter pour l'analyse de chaque substance. On pourrait trouver aussi que ce qui tient aux aperçus géologiques et à la synonymie minéralogique n'est pas à sa place : car les élèves ont à s'occuper de tant de travaux si différens et plus utiles, qu'on doit même se garder de les mettre sur la voie d'études étrangères, n'ayant aucun rapport avec les services spéciaux. Nous aurions désiré également trouver les principes, les règles générales de la chimie, présentés dans des tableaux, etc.

En nous permettant ces courtes observations, nous n'apprécions pas moins l'utilité des cahiers de MM. Solcirol et Chevreusse, qui, les premiers, ont ouvert la route à suivre. Sans doute, ils auraient eu moins de difficultés à surmonter, et leurs ouvrages auraient été plus en harmonie, s'ils n'avaient eu qu'à suivre un programme discuté d'avance et arrêté, ainsi que nous le proposons pour les écoles d'artillerie.

***

DIDACTICIENS. Arrivé aux auteurs qui ont embrassé l'artillerie dans son ensemble, il n'est personne qui admette qu'une science puisse être traitée d'après un ordre alphabétique. Les *dictionnaires* sont principalement

destinés à donner la signification des mots et les développemens qu'ils comportent; ils ne sont propres qu'à
être consultés, et se refusent à toute lecture suivie:
ainsi, pour les personnes étrangères à l'arme, et pour
les militaires en général, ce moyen de leur offrir des
notions précises sur les choses dont ils n'ont pas à s'occuper directement doit être plus prompt et moins fati-
gant. Mais l'utilité du nouveau *Dictionnaire d'artillerie*, par M. le général Cotty, n'est pas ainsi bornée:
l'auteur a su le rendre également intéressant pour les
artilleurs, soit en insérant des articles tels que ceux de
M. Servois, sur la balistique, etc., soit en présentant
tout ce qui a rapport à l'état actuel du personnel et du
matériel de l'artillerie, que peu d'officiers ont été à
portée de connaître aussi bien que le général Cotty. En
enrichissant l'arme d'un ouvrage utile, l'auteur a contribué en même temps à compléter l'*Encyclopédie méthodique*, et à reproduire, sous un jour plus vrai, les
articles traités, à une époque déjà reculée, par Leblond, dans la première Encyclopédie, et ceux tout-à-
fait inexacts et pleins de partialité qui furent insérés
depuis dans le supplément à cette Encyclopédie (1).

L'écrivain auquel l'artillerie française doit le plus de
reconnaissance est, sans contredit, le général Gassendi,
auteur de l'*Aide-mémoire*, ouvrage qui, depuis plus
de trente ans, sert de guide aux artilleurs; ouvrage qui,
arrivé à sa cinquième édition, se trouve entre les mains
de tous les officiers de l'arme (2). — On aime à recon-

____

(1) Un supplément à ce Dictionnaire doit être publié incessamment,
et ajoutera encore à l'importance de l'ouvrage.

(2) Dans un état de guerres continuelles, comment les jeunes officiers, à peine sortis des écoles, auraient-ils pu, aux armées, dans les

naître les grands services et à louer, quand on n'a pour cela qu'à citer des faits : ils parlent eux-mêmes, et cet éloge le plus simple est aussi le plus digne d'un officier qui a consacré sa vie d'une manière aussi utile au service de son pays. L'*Aide-mémoire*, dont le temps, inexorable pour tant d'autres œuvres, a sanctionné l'importance *en raison des matériaux précieux* que cet ouvrage contient, est, de tous les écrits sur l'artillerie, celui dont on aura le plus à profiter pour la rédaction des cahiers, principalement en ce qui concerne la partie militaire.

Avant de passer aux didacticiens *modernes*, nous devons citer Saint-Remi, qui, le premier, eut le mérite de présenter le tableau le plus complet des connaissances nécessaires à l'officier d'artillerie, dans un ordre aussi méthodique que le permettaient le temps où il écrivait et la nature des matières qu'il avait à présenter.

Depuis, il ne parut en France que l'*Artillerie raisonnée*, en 1761, par Leblond, ouvrage peu développé, destiné plutôt aux jeunes militaires de toute arme, et dans lequel on ne trouve que quelques données sur les mines et sur la partie historique de l'artillerie.

Vers 1760, époque à laquelle les connaissances physico-mécaniques commençaient à se répandre, excitaient partout le goût des recherches sur la théorie et la pra-

---

différentes circonstances, suppléer à la pratique qui leur manquait sans le secours de l'*Aide-mémoire?* Les anciens officiers eux-mêmes, au sein d'une si grande agitation, au milieu de tant d'occupations différentes, ne pouvant saisir la moindre occasion pour revenir sur le passé, pour mûrir leur expérience, pouvaient se reposer sur les données qu'ils étaient sûrs de trouver au besoin dans l'ouvrage du respectable général Gassendi.

tique de l'artillerie, les artilleurs piémontais se distin-
guèrent par les travaux les plus étendus et les mieux
raisonnés. Un grand nombre d'épreuves fut fait par ordre du Gouvernement, sous la direction des officiers du
corps. Papacino d'Antoni, qui concourut à ces épreuves,
acquit encore plus de renommée en consacrant ses veilles
à la rédaction d'un cours pour les écoles d'artillerie et des
fortifications de Turin, qui existaient depuis 1739. Aidé
dans ses grands travaux par Tignola, Bozzolino, officiers du corps, par Rhana, architecte et professeur
aux mêmes écoles, il marcha à grands pas dans la route
frayée, dès 1741, par le capitaine Dulacq (de Cham-
béry), qui avait déjà cherché à fonder la théorie de
l'artillerie sur les sciences mathématiques.

D'Antoni distingua d'une manière bien prononcée,
et l'on peut dire pour la première fois, les services de
guerre et ceux de l'intérieur, quoique Muller eût déjà
suivi à peu près cette marche dans son Traité, en 1757;
l'auteur italien fit reposer *l'Artillerie pratique*, composée de deux volumes, sur ses *Institutions physico-
mécaniques* et sur deux autres traités intitulés *de
l'Examen de la poudre* et de *l'Usage des armes à feu*,
ouvrages remplis de considérations justes, d'épreuves
intéressantes sur la force de la poudre, sur la résistance
des bouches à feu et sur leurs effets. Ce grand ouvrage,
auquel fait suite l'*Architecture militaire*, complet et
raisonné dans son ensemble, doit faire époque dans
l'histoire de la science de l'artillerie.

Viennent ensuite *Morla* et *Scharnhorst*, qui distin-
guèrent également les services industriels et militaires.
— L'ouvrage de Morla, qui parut en 1784, est divisé en
deux parties. Dans la première, composée de douze
chapitres, l'auteur traite du matériel, de tout ce qui a

rapport aux poudreries, forges, manufactures d'armes, arsenaux, fonderies, aux artifices, ponts militaires, aux charges, portées des armes à feu, enfin aux mines dans la deuxième partie, il traite, dans six chapitres, des connaissances nécessaires à l'officier d'artillerie en temps de guerre, des équipages, de l'usage de l'artillerie en campagne, de l'attaque des places, de leur approvisionnement et de leur défense. Des planches soignées pour tout ce qui tient aux constructions et à la fabrication, et précédées des explications nécessaires, accompagnent ce grand ouvrage.

Scharnhorst donna, dès 1787, une esquisse de son *Manuel de l'officier*, etc., et, dans une deuxième édition, commencée en 1804, il présenta de plus grands développemens. Observant, dans son important ouvrage, la même division générale que Morla, dans la première partie il traita du matériel de l'artillerie *dans ses effets*, et s'attacha surtout à présenter des résultats, des expériences; dans la deuxième partie, il se proposait de considérer l'emploi de l'artillerie en campagne, dans dans l'attaque et dans la défense des places : cette partie est restée incomplète (1).

En comparant ces deux auteurs, on trouve que Morla *individualise*, rédige des petits traités ou des espèces de manuels pour chaque espèce de service; tandis que Scharnhorst, maîtrisant davantage la matière, passant

____

(1) La manière judicieuse dont cet officier recommandable a traité tout ce qui a rapport principalement aux effets de l'artillerie, fait regretter que la mort, qui l'a surpris trop tôt pour l'artillerie, ne lui ait pas permis de terminer la publication de son ouvrage. L'éditeur annonçait cependant que le manuscrit du dernier volume existait et serait livré à l'impression.

par-dessus les détails de fabrication, etc. , s'attache
aux faits, présente des épreuves, et cherche ainsi à
réunir tous les matériaux qui peuvent concourir soit à
déterminer les formes, les proportions les plus convenables pour le matériel, soit à mieux assurer les effets
de l'artillerie en campagne, dans l'attaque et dans la
défense des places. Si l'on avait quelque reproche à lui
faire, ce serait celui de la surabondance des renseignemens qu'il présente sur les artilleries étrangères, et qui,
malgré leur grand intérêt, seraient peut-être mieux à
leur place dans un recueil particulier que dans un ouvrage classique, dans lequel il serait à désirer qu'on ne
trouvât que des choses bien ordonnées entre elles et
d'un usage journalier, que les jeunes officiers doivent
posséder avant de pouvoir se livrer avec fruit à toutes
sortes de recherches. — L'auteur a bien ajouté à son ouvrage des planches *avec des explications*, ainsi que l'a-
vait fait Morla, mais avec trop de parcimonie peut-
être, puisqu'on n'en trouve point qui se rapportent aux
travaux de constructions et de fabrication, que Scharnhorst ne fait d'ailleurs qu'effleurer; en revanche, les
tableaux d'épreuves y sont multipliés : par ces deux
moyens, il a pu éviter de longues descriptions, et conserver aux dessins et aux tableaux tout leur mérite.
— Enfin, tout en approuvant la méthode expérimentale
de Scharnhorst, peut-être trouvera-t-on qu'il a glissé
trop légèrement sur les procédés de constructions et de
fabrication, qui sont également du domaine de la
science de l'artillerie, procédés qui doivent aussi exercer une influence sur les effets, et qui, envisagés comme
applications des sciences physiques, méritaient une
place plus grande dans cet ouvrage.

Nous aurions un reproche en sens opposé à faire à

l'ouvrage de Morla, en ce que cet auteur est entré dans trop de détails, et qu'il a trop isolé les matières dans ses chapitres.

En comparant les œuvres de ces deux écrivains à celles d'Antoni, leur prédécesseur, on trouvera la méthode observée par celui-ci plus élevée, plus scientifique, et conforme cependant à l'esprit d'amélioration auquel Scharnhorst s'attache aussi, en s'appuyant plus exclusivement sur les expériences. — Au résumé, nous croyons devoir accorder la préférence à d'Antoni pour la méthode à observer dans un cours. En rapprochant davantage les rapports qui lient ses différens traités, en y apportant les modifications que comporte l'état actuel des connaissances, et en complétant les principaux détails, on pourrait croire que les ouvrages de cet auteur mériteraient encore d'être adoptés et suivis de nos jours dans nos écoles d'artillerie, si des hommes illustres n'avaient pas eu la grande pensée, en instituant l'École Polytechnique, de donner une instruction commune et beaucoup plus étendue aux élèves destinés aux différens services publics, et de reporter dans des écoles spéciales les applications à ces services généraux civils et militaires.

Revenant à l'ouvrage de Morla, nous ne croyons pas qu'il convienne de présenter *séparément*, ainsi qu'il l'a fait, la fabrication de la poudre, des bouches à feu, etc., parce que ces traités particuliers, considérés comme moyens d'instruction dans les *écoles régimentaires*, sont trop surchargés de détails qu'il est impossible de retenir, si l'on n'y joint la pratique; tandis que, si on les considère comme des manuels, ils sont absolument incomplets. D'ailleurs il importe bien plus pour les jeunes officiers de rattacher aux principes et aux expériences les procédés et les effets que de les présenter en détail sans aucune liaison entre eux. Cette méthode pouvait être suivie du temps de Saint-Remi, parce qu'alors les connaissances reposaient purement sur la pratique, et ne pouvaient être transmises qu'isolées; mais aujourd'hui que les officiers consacrent toute leur jeunesse, dans des écoles préparatoires, à l'étude des sciences physiques, celles-ci doivent servir de bases au développement des moyens de fabrication et à celui de tous les effets de l'artillerie, etc.

L'ouvrage de Scharnhorst est assez intéressant pour mériter d'être traduit; on en retirerait un grand avantage; on pourrait cependant se dispenser de le publier en entier (1).

En général, les traductions des meilleurs auteurs seraient moins dispendieuses et toujours très-utiles si, faites par des personnes capables, celles-ci se bornaient le plus souvent à en extraire et à en présenter les parties les plus intéressantes, surtout lorsqu'il s'agit d'ouvrages volumineux qui embrassent beaucoup de sujets différens, ne pouvant offrir tous le même intérêt. Comme dans les parties les mieux traitées il se trouve ordinairement quelque côté faible soit dans la rédaction, soit dans les développemens, et que ces parties peuvent même renfermer des erreurs, il faut que *des notes* réparent les omissions, modifient ce qui manque de justesse, de telle sorte que les traductions présentent une critique mesurée, propre à former le jugement des jeunes offi-

____

(1) Il existe une traduction *manuscrite* de cet important ouvrage, par M. le commandant de Fourcy : l'artillerie, en la faisant imprimer, rendrait sans doute un grand service aux officiers de l'armée.

ciers; et soient en même temps des ouvrages au niveau des connaissances, enfin qu'elles réunissent, autant que possible, tous les genres d'intérêt.

L'ouvrage de M. le capitaine Decker est le plus récent; il renferme des choses présentées d'une manière neuve sur les rapports de l'artillerie avec les autres armes; il est plus particulièrement destiné aux officiers d'état-major, d'infanterie et de cavalerie. MM. Ravichio et Nancy, traducteurs, ne se sont pas astreints à rendre textuellement l'original; ils lui ont fait subir quelques modifications, ont ajouté des notes pour le mettre en rapport avec les connaissances des officiers d'artillerie. La distribution des matières adoptée par l'auteur est à peu près conforme à celle suivie par Morla, cependant avec beaucoup moins de développemens dans la première partie, concernant le matériel.

Nous aurions encore à faire mention de l'ouvrage intéressant de M. le commandant Rouvroy, destiné à l'instruction des élèves de l'académie royale militaire de Saxe; mais considérant ici les écrits sur l'artillerie principalement sous le rapport des méthodes suivies par les auteurs, nous devons nous borner à présenter celui-ci à peu près sous le même point de vue que celui de Morla, nous empressant toutefois de reconnaître que, traitant des constructions et de la fabrication, il y a plus d'ensemble et qu'il est plus fort en théorie.

Il nous reste, pour terminer ce que nous avons à dire sur les ouvrages qui intéressent les artilleurs, à parler de ceux qui traitent de la tactique, de la stratégie, de la fortification. Parmi les écrits que l'on peut consulter avec le plus de fruit sont les *Essais sur la tactique*, de Guibert; les *Principes de stratégie*, attri-

bués au prince Charles; le *Traité des grandes opérations militaires*, par le général Jomini; le *Mémorial
topographique*, etc.; les œuvres de Vauban et de Cor-
montaigne, de Bousmard, etc.

C'est aux grands maîtres, quand ils se présentent,
que l'on doit s'attacher de préférence plutôt qu'aux
compilateurs, parce que dans les œuvres de ces derniers
les choses sont souvent incomplètes, rendues séchement,
d'une manière moins sentie. Cependant le professeur
devra connaître assez bien tous les auteurs soit pour tirer
parti de leurs ouvrages dans le cours qu'il sera chargé de
faire, soit pour pouvoir indiquer à ses élèves les sujets
bien traités qui méritent de fixer leur attention, enfin
pour les guider dans l'analyse qu'ils pourront faire de
quelques parties des principaux ouvrages.

ARTICLE II.

MÉTHODES A SUIVRE DANS LA RÉDACTION DES COURS ET DES MANUELS.

D'après la destination des écoles et des établissemens
d'artillerie, les cahiers qui doivent servir d'*aide-mé-
moires* aux officiers ne pouvant être assujettis à une rédaction uniforme, nous avons déjà établi une distinction bien prononcée entre les cours et les manuels;
dans le deuxième chapitre, nous avons également
subdivisé l'instruction, et fait voir qu'on devait admettre des méthodes différentes pour les cours *élémentaires et complémentaires*. Nous sommes entré dans des
détails sur la manière d'appliquer les sciences aux services divers, eu égard aux positions si différentes dans les-

quelles se trouvent placés les officiers. Nous tâcherons de compléter ici tout ce qui est nécessaire pour tracer la marche à suivre dans la *rédaction* des cours. Nous passerons ensuite aux *mélanges*, tels que l'histoire militaire, le recueil de projets, le mémorial, et nous terminerons par une courte discussion sur la méthode à adopter pour les *manuels*.

D'abord on ne peut contester que de pareils ouvrages ne doivent être adaptés aux services à remplir, que leur but ne soit de rendre plus faciles les opérations de toutes sortes auxquelles ont à se livrer les officiers: c'est pourquoi des personnes étrangères à l'arme ne sauraient être chargées de la rédaction des cours et des manuels. Il appartient aux professeurs tels que nous les avons demandés et aux officiers employés dans les établissemens de présenter l'ensemble et les détails qui doivent tendre à la même fin, parce que ceux-là seuls seront à portée d'apprécier le mérite des choses, de les comparer, d'en faire ressortir l'importance relative. On conviendra également qu'il est indispensable que le plan d'étude soit le même pour toutes les écoles, que les projets de *cahiers* soient élaborés et un seul adopté après revision au comité pour chaque partie, de manière que les officiers apprennent et parlent absolument la même langue, profitent de la même statistique ainsi faite de l'artillerie, et que les changemens de garnison, de chefs, de professeurs, n'occasionent aucune interruption, aucune perte de temps, ne fassent, en un mot, naître aucune difficulté.

Parlons d'abord de la *rédaction des cours*. Il semble important de commencer par arrêter d'avance des *pro-*

grammes, de les combiner entre eux de telle manière
qu'ils se touchent les uns les autres sans se pénétrer,
qu'ils forment une échelle ascendante, qu'ils reposent
sur l'instruction déjà acquise, et concordent avec celle
nécessaire pour que les individus s'acquittent bien de
leur service, quelque rang qu'ils doivent occuper, quelques fonctions qu'ils soient destinés à remplir. Ces programmes devant servir de bases aux cours, aux cahiers,
on voit combien leur rédaction est importante. Avant
de les arrêter d'une manière définitive et par conséquent avant d'assigner les limites entre lesquelles devront être fixés les cours et par suite les cahiers qu'auront à rédiger les professeurs, nous pensons qu'il faudrait, après avoir répandu dans les écoles les *projets de
programmes*, attendre les résultats de l'expérience pour
pouvoir profiter des observations fondées que les professeurs auraient sans doute à faire *après un cours complet de quatre ans* : ainsi ce n'est qu'après ce temps qu'on
pourrait arrêter bien et définitivement les programmes
au comité d'artillerie sur toutes les données réunies et
parvenues des différentes écoles régimentaires.

Les programmes une fois déterminés, on exigerait
que les professeurs s'occupassent de la rédaction des
cahiers pendant la deuxième période de leurs cours,
cahiers qui seraient également soumis à une révision au
comité, de manière à être arrêtés aussi et répandus pour
être suivis exclusivement dans toutes les écoles. (1)

---

(1) Pour arriver plus tôt à de bons résultats, il conviendrait que,
les programmes une fois arrêtés, les différens cahiers fussent donnés
au concours, et qu'on accordât des prix aux officiers qui, dans chaque
partie, auraient traité les différens sujets de la manière la plus convenable.

On ne peut exprimer mieux comment les programmes et les cahiers doivent se rapporter aux cours à faire qu'en énonçant que les programmes seraient *le texte des cahiers*, et ceux-ci *le texte des leçons*.

L'énoncé des principes, des rapports des choses entre elles, sans démonstrations, mais appuyés sur des exemples pris de préférence dans le service courant, des *tableaux* représentant l'ensemble et les détails qu'on peut perdre de vue, fourniraient la substance des cahiers. Leur rédaction étant conforme pour l'exposition à la marche suivie dans l'enseignement, ce serait sans effort que les officiers pourraient alors revenir au besoin sur des choses déjà apprises, mais que la multiplicité des occupations aurait pu leur faire oublier.

C'est principalement dans des *tableaux* que les professeurs devraient s'efforcer de présenter les faits et les résultats : car des cahiers bien faits pourraient, à la rigueur, se réduire à cela. Offrir l'enchaînement des opérations, et leur influence les unes sur les autres, tel est le but à remplir. — Nous devons d'autant plus appuyer sur l'importance des tableaux, qu'ils parlent aux yeux, qu'à leur aide on voit d'un coup d'œil l'ensemble et les détails, et qu'on peut toujours avoir présenté la valeur des choses, et mettre celles-ci à profit dans l'occasion. Ainsi on peut mobiliser la science, la porter plus facilement avec soi, s'identifier avec elle. — On est porté à croire que le perfectionnement dans les moyens de réduire en tableaux les connaissances humaines exercera une influence puissante sur les progrès des sciences et des arts (1).

____

(1) En familiarisant l'homme dès *l'âge le plus tendre* avec les faits, au fur et à mesure qu'on parvient à les connaître et à les étendre, est-il

S'il est vrai que tout ce que nous savons consiste dans l'appréciation des rapports qu'ont les choses entre elles, nous étendrons nos connaissances en augmentant le nombre de ces rapports; mais encore faut-il que les points de départ soient bien assurés, que l'exposition des choses soit juste, simple et précise: car il est encore plus dangereux d'avoir des demi-connaissances, des idées fausses sur les choses, que de les ignorer, puisque, dans le premier cas, se croyant assez fort, on veut marcher, et qu'on prend un chemin opposé à celui qui conduit au vrai but, tandis que, dans le deuxième cas, on reste en repos, ce qui est encore moins préjudiciable. Ainsi on ne saurait trop, dans les cahiers, appuyer sur les faits importans autour desquels doivent venir se grouper tous ceux qui en dérivent; tous les efforts doivent tendre à en donner une idée juste par l'exposé précis des relations qui existent entre eux. En un mot, il vaudra mieux qu'on conserve le souvenir de moins d'objets, mais qu'on ne puisse pas se tromper sur ceux qu'il importe le plus de connaître.

Qu'on nous permette de revenir encore sur l'usage des tableaux, qui, d'après nous, doivent être si utiles et pour faciliter les études, et pour faire mieux retenir les choses apprises. — Considérés sous trois formes différentes, ils seront ou *écrits*, ou *nu-*

---

possible de fixer des limites aux progrès de l'esprit humain, de marquer où s'arrêteront les moyens de nos arrière-neveux? On sera plus frappé encore de la puissance future de l'espèce humaine en considérant qu'à mesure que nos connaissances deviennent positives, elles se simplifient et fructifient davantage. Rien n'est plus vague et moins productif que les systèmes qu'enfante l'imagination de l'homme, comparés aux résultats réels et bien appréciés des phénomènes de la nature.

numériques, ou figurés, linéaires, *géométriques*. Dans le premier cas, on cherchera plutôt à représenter d'une manière absolue des *qualités*; dans le deuxième cas, des *quantités*, et dans le troisième, on offrira, pour ainsi dire, l'image des rapports des objets entre eux. Nous rangeons dans cette dernière classe non seulement les plans, cartes, etc., mais encore les échelles balistiques, les tableaux *linéaires* des dimensions comparées des différentes artilleries mentionnées au tableau n° 1 (instruction complémentaire). Cette manière de représenter les rapports par le dessin, en leur donnant un corps, en les rendant plus sensibles, peut être employée aussi souvent que l'on recherchera comment différentes données exercent de l'influence les unes sur les autres dans leurs variations; et il est facile de prévoir combien l'on pourra en faire avec fruit des applications pour les recherches, pour les épreuves, etc. — Des moyens si simples de graver bien, et surtout nettement, dans la mémoire, les faits importans, devant être adoptés autant que possible, quels avantages n'y aurait-il pas à familiariser les élèves avec les différens genres de tableaux ci-dessus sur chaque partie, non seulement en ajoutant ceux-ci aux cahiers classiques, mais encore en les faisant servir d'ornement dans les salles, en les y affichant, soit dans les mêmes dimensions, soit avec d'autres plus grandes.

Après ces généralités, examinons en particulier les cahiers des cours que doivent suivre les différentes classes d'élèves, et commençons par ceux élémentaires

---

Cᴀʜɪᴇʀs ᴅᴇs ᴄᴏᴜʀs ᴇ́ʟᴇ́ᴍᴇɴᴛᴀɪʀᴇs. — Nous avons exposé dans le deuxième chapitre comment ces cours doivent être faits; nous avons déjà dit que c'est par les applications que leur importance pourra être mieux appréciée. Ces applications, outre leur avantage direct pour le service, aplaniront les principales difficultés; les démonstrations seront simples, et devront toujours tendre à mettre en jeu les corps, soit qu'on doive opérer sur des quantités, ajouter, soustraire, multiplier ou diviser, connaître les rapports qu'ont entre elles les lignes, surfaces, volumes; soit qu'on veuille déterminer les propriétés physiques des substances ou leur composition, leur action les unes sur les autres, l'effet que des machines peuvent produire, à l'aide d'une force motrice, pour les manœuvres de force, pour les constructions, etc.: connaissances qui embrassent les élémens de mathématiques, de physique mécanique et de chimie. — Pour rendre les applications plus sensibles, des figures tracées sur le papier, des reliefs, des modèles, devront, par leurs dispositions, par leur assemblage, servir à rendre l'intelligence des faits plus facile; les exercices dans le dessin, dans la résolution des problèmes, contribueront à fortifier les études, à graver les résultats dans la mémoire des élèves.

Les travaux d'application comprenant le dessin linéaire, le tracé des batteries, les mesures des surfaces, épures de géométrie descriptive, levés de machines, tracés de fortification, formeraient pour chaque élève *un cahier d'épures* non moins intéressant que ceux rédigés par les professeurs sur les cours. Ces cahiers de travaux graphiques, que les élèves compléteraient en y ajoutant l'exposé des problèmes qu'ils auraient eus à résoudre et à rédiger, feraient partie de leur bibliothéque, et serviraient à juger de leur mérite; ils seraient présentés aux examens, et contribueraient au classement des officiers et sous-officiers.

Nous allons essayer maintenant de fixer les limites dans lesquelles il convient de renfermer les cahiers, d'après l'instruction que doivent acquérir les élèves.

Si l'instruction des soldats et enfans de troupes, qui forment la *première série*, doit être bornée à la lecture, à l'écriture et aux quatre premières règles de l'arithmétique, puisqu'on ne saurait, en général, exercer le soldat qu'à des opérations manuelles; on a beaucoup plus à exiger de la *deuxième série*, composée des sous-officiers, qui doivent déjà exercer un commandement et raisonner leurs opérations. Les professeurs auront à rédiger pour eux quatre cahiers :

1° Un cahier de *mathématiques*, qui comprendra les calculs arithmétiques, fractions, règles de trois, de compagnie; les élémens de géométrie jusqu'aux plans exclusivement; la mesure des surfaces et des volumes des solides, puisqu'on peut avoir à leur confier différens travaux ; le tracé des batteries, des remuemens de terre, levés de terrain, nivellement, la détermination des distances, calculs des piles de boulets, etc., et que, pour aider les officiers dans leurs opérations, il faut qu'ils comprennent au moins le langage, les propriétés des lignes, des surfaces planes et des solides.

2° Les sous-officiers ayant souvent à diriger des manœuvres de force, en campagne, dans les écoles, dans les places; pouvant se trouver dans le cas de faire usage d'autres machines, telles que balances, crics, triqueballés, chèvre, etc., et d'être employés pour des épreuves, ex-

16 *

périences, le cahier de *physique-mécanique* devra comprendre les propriétés générales des corps, les principes de statique, et des notions sur l'action physique qu'exerce la chaleur sur les substances.

3° Ayant souvent à diriger la confection des munitions de guerre, et quelquefois celle des artifices; devant veiller à leur conservation en temps de guerre, ainsi qu'à celle des machines et attirails d'artillerie, il importe qu'ils connaissent et puissent apprécier les composans de la poudre, l'influence de l'air, de l'eau, sur les altérations du matériel de guerre. Ainsi le cahier de *chimie* devra comprendre les premiers élémens de cette science jusqu'aux sels inclusivement, et la confection raisonnée des munitions et artifices de guerre les plus employés.

4° Les sous-officiers ayant quelquefois des rapports à faire, une comptabilité à tenir, il convient qu'ils écrivent correctement ; en leur accordant un cours de *grammaire*, ce cahier devra comprendre les déclinaisons, conjugaisons, les premières règles sur l'arrangement des mots, et sur la construction des phrases, etc.

Un des motifs puissans pour lesquels on doit ajouter au cours de mathématiques ceux de chimie, physique et de grammaire, et en rédiger les cahiers, c'est qu'un certain nombre des sous-officiers devant parvenir aux grades supérieurs, il faut bien qu'ils y soient préparés d'avance dans les rangs subalternes, puisque le grade d'officier doit supposer déjà des connaissances acquises.

Les officiers de régiment formant la *troisième série* auront à compléter l'instruction ci-dessus de la manière suivante :

1° Les élémens de géométrie descriptive, comprenant tous les problèmes concernant le point, la ligne droite le plan, etc., les élémens de fortification et des notions sur l'architecture, devront composer le cahier *de mathématiques.*

2° Les principes de dynamique, des aperçus sur l'hygrométrie, sur l'optique, l'acoustique, le magnétisme, l'électricité, et sur les machines, composeront le cahier de *physique mécanique.*

3° Des notions sur l'extraction des métaux, sur la chimie végétale, la confection des artifices de toute espèce, l'établissement des nitrières artificielles, formeront le cahier de *chimie.*

4° Enfin, le complément de *grammaire française*, des tableaux sur l'histoire de France et quelques cartes de géographie, composeront le dernier cahier pour l'instruction scientifique à donner aux officiers.

En réunissant ces cahiers avec ceux des sous-officiers, deux à deux, ils devront être coordonnés entre eux de manière à former des cours complets de mathématiques, de physique, chimie, grammaire, à l'usage des officiers et sous-officiers de régiment (1).

___

(1) Si l'on admet que tous ces cours et cahiers ne soient pas de première nécessité, on voudra bien considérer qu'indépendamment de leur utilité réelle et immédiate, les officiers emploieront ainsi leur temps d'une manière d'autant plus avantageuse qu'avec de l'instruction, ils seront plus en état de remplir leurs devoirs. On ne doit pas d'ailleurs mesurer l'instruction sur la position présente des sous-officiers et des lieutenans, mais sur celle qu'ils doivent occuper par la suite.

Quant à l'instruction complémentaire sur *l'architecture*, sur les *machines*, etc., à exiger pour l'admission dans les services spéciaux, il conviendrait que les cahiers de mathématiques et de physique dont nous avons parlé ci-dessus renfermassent tous les développemens nécessaires, mais en plus petits caractères, ainsi que nous l'avons indiqué sur le tableau n° 1, afin qu'ils restassent distincts de ce qui doit être exigé de tous les officiers.

Cahiers des Cours complémentaires. — Si nous passons des cours élémentaires à ceux *complémentaires* destinés aux officiers anciens élèves; possédant, au sortir de l'école d'application, des connaissances très-étendues dans les mathématiques, dans la physique, etc., appliquées aux constructions, à la fabrication et à l'art militaire; tous les principes puisés à l'Ecole Polytechnique et à l'Ecole de Metz; les formules, tableaux, étant consignés dans les cahiers classiques qui servent de textes aux cours enseignés à Metz; en admettant ces cours tels que nous en avons donné les titres en note, page 78, il y aurait sept cahiers que l'on pourrait considérer comme renfermant le précis de toutes les connaissances que les officiers auraient déjà acquises en arrivant dans les régimens, et qui serviraient de points de départ pour l'instruction complémentaire à leur donner.

En nous en rapportant au tableau n° 1, il y aurait, pour l'instruction scientifique, à tenir compte des quatre premiers cahiers : mathématiques appliquées, machines, constructions et chimie, que nous faisons figurer en tête des cours complémentaires. *La méthode suivie pour ces quatre cahiers, comme pour les cours dont ils sont le texte, devant être celle d'exposition,* dans les écoles régimentaires, les professeurs s'attacheraient à celle de *recherches,* ainsi que nous l'avons développé dans le deuxième chapitre : telle serait la différence essentielle entre les cours, les cahiers classiques de Metz et ceux des écoles d'artillerie, outre qu'à Metz on devrait embrasser un plus grand ensemble, et dans les écoles s'occuper particulièrement d'applications aux services de l'artillerie. Ainsi l'enseignement, descendant

des plus grandes généralités dès l'Ecole Polytechnique, étendrait les idées des élèves, développerait leur
intelligence, les rendrait capables de saisir un plus grand
nombre de rapports, de même que l'ingénieur peut
prendre avec plus d'assurance des dispositions sur un
terrain particulier lorsque tous les aboutissans lui sont
bien connus.

En fait de machines, d'architecture et de toutes les
connaissances que le dessin, les figures, parviennent à
bien représenter, au lieu de consacrer des développemens, dans les cahiers de Metz, aux diverses combinaisons, formes et propositions qui ne sont pas de la première importance, il serait beaucoup plus simple de les
figurer seulement; en ajoutant aux cahiers un nombre
suffisant de planches, avec de simples légendes : c'est
ainsi que, pour l'architecture civile et pour les machines employées dans les arts, on devrait se borner à des
dessins avec détails et sur des échelles *déterminées*.

Les travaux de l'école d'application ainsi ordonnés,
on admettra sans peine que, dans les *écoles régimentaires*, les cours de construction, de fabrication, tels que
nous les avons présentés dans le deuxième chapitre,
conserveront encore le plus vif intérêt, parce que l'enseignement y consistera plutôt en exercices sur l'instruction acquise, et tendra à rendre celle-ci applicable plus
particulièrement aux services de l'artillerie et à la spécialiser. Ainsi, dans les cahiers de constructions et de
fabrication, il ne conviendra pas d'exposer les principes,
les élémens des sciences, mais leurs applications aux services de l'arme; on présentera les avantages, les inconvéniens des différens procédés, la théorie des effets; on
exposera des exemples, on rédigera des tableaux, et,
toutes les fois qu'on le pourra, on ajoutera des *dessins.*

représentant les proportions, les formes, les combinaisons préférables.

. La théorie de *l'administration* des établissemens, qui ne peut être qu'ébauchée à Metz, devra être développée dans les écoles avec toute l'extension désirable. Les connaissances en économie industrielle, qui, en raison de leur importance, se répandent de plus en plus, méritent de fixer l'attention des artilleurs, principalement en ce qui concerne l'industrie manufacturière, surtout si la plupart des établissemens doivent être placés ou maintenus en régie, ainsi que nous croyons le prouver plus loin. — On aurait à traiter de la production, à indiquer comment les choses acquièrent de la valeur, comment les capitaux concourent à la production, se transforment, se multiplient; on présenterait l'estimation du travail, l'influence des machines, les prix des objets naturels et sur le marché; les prix des ouvrages de construction, de fabrication, déduits de ceux des matières premières, de la main-d'œuvre, des faux frais; on aurait à discuter quelles circonstances peuvent influer le plus sur les dépenses; quels modes de construction, de fabrication, d'administration, sont préférables, pour l'économie, dans les différens établissemens; comment doivent être conduits les travaux de construction; quels sont les registres à tenir, etc.

Il y aura un cahier pour les *constructions*, un autre pour la *fabrication*. Ils seront divisés chacun en trois parties : celui de constructions comprendra tout ce qui se rapporte à l'architecture, aux machines et à l'administration des établissemens; l'autre contiendra les compositions chimiques les plus avantageuses (1), la théo-

______

(1) Il semble que, dans l'état actuel des choses, c'est principale-

rie des effets fondée sur l'expérience et sur les sciences physiques, enfin la construction du matériel de guerre, canons, affûts, armes portatives, etc., déduite de la théorie exposée (1).

En tête du cours sur la *fortification* et sur la *stratégie*, nous avons fait figurer (au tableau n° 1) les deux cahiers classiques sur les mêmes matières déjà traitées à Metz. Ces cahiers devant servir de points de départ, il s'agira, comme pour les cours sur les constructions et sur la fabrication, d'exercices, d'applications à l'artillerie, de projets, etc. Ainsi on aura encore à suivre ici plutôt la méthode de recherches que celle d'exposition, quoiqu'il nous importe cependant moins d'approfondir ces matières et d'y consacrer beaucoup de temps, puisqu'elles ne doivent fixer notre attention que par les rapports qu'elles ont avec les services de l'artillerie.

Les tableaux, dessins, légendes explicatives, joueront dans ce cahier le principal rôle. En général, ces moyens de représenter les choses devront être employés avec d'autant moins de parcimonie que les matières elles-mêmes seront moins indispensables à retenir, parce qu'alors on pourra se borner le plus souvent à ces tableaux, à ces dessins bien soignés, qui suffiront pour faire apprécier ce qui, pour être exposé, exigerait quelquefois des volumes (2).

---

ment sur les compositions des alliages dans les fonderies, et sur les proportions les plus simples des matières dans les artifices que les recherches doivent être dirigées.

(1) Les recherches à faire sont ici aussi nombreuses qu'intéressantes : elles embrassent toutes les questions de balistique sur les longueurs, épaisseurs des bouches à feu, sur les charges, sur le tir, etc.; celles sur les constructions du matériel, sur les modes d'épreuves, etc.

(2) Il serait bon que tous les cahiers fussent terminés par quelques

Petits Manuels. — Dans les opérations militaires, il est une foule de détails concernant les règlemens, les exercices, manœuvres, constructions de batteries, confection de munitions, visites et épreuves, réparations du matériel, etc., qui, trop nombreux, ne peuvent être également retenus, et qu'il importe cependant de ne pas perdre de vue. Aussi avons-nous cru devoir les réunir dans dix-sept petits cahiers séparés, afin que les sous-officiers et officiers puissent se les procurer suivant l'utilité dont ces manuels seront pour eux : car tous ces cahiers ne sauraient avoir la même importance pour les différens services ni pour tous les grades; embrassant dans leur ensemble généralement tous les détails que comprend le service de l'artillerie, ainsi subdivisés, chaque individu n'aura à se procurer que les cahiers qui lui seront nécessaires. Outre les tableaux qui devront accompagner quelques uns d'entre eux, toutes les fois que des figures pourront mieux servir à l'intelligence des détails, faire connaître les dimensions, proportions, etc., on ne devra pas les ménager.

Cahier sur le Service propre de l'artillerie. — Le service de l'artillerie aux armées et dans les places exigeant, pour qu'il y ait harmonie dans toutes les opérations militaires auxquelles concourent les différentes armes, que la plupart des officiers d'artillerie

---

feuilles en blanc, pour y insérer les applications, les questions intéressantes que les professeurs pourraient avoir à ajouter à leurs cours, avec le temps.

aient des connaissances *approfondies* dans la stratégie
et dans la fortification, nous avons déjà parlé du cahier
à rédiger sur ces deux branches de l'art militaire; mais
le cours le plus indispensable pour tous les lieutenans
est celui sur le *service propre de l'artillerie.*

Le cahier sur ce cours devra comprendre la formation des équipages, l'emploi des batteries, le service
de l'artillerie conjointement avec les autres troupes, le
service des ponts militaires, l'emploi des animaux de
trait, l'organisation du personnel, l'administration des
troupes; enfin les règles de conduite des officiers en campagne, dans les siéges, dans les places et sur les côtes.

Nous aurions pu, pour la formation des équipages et
l'emploi des batteries, adopter plusieurs subdivisions,
et distinguer pour être traitées séparément les opérations
de campagne, celles d'attaque et celles de défense des
places, ainsi qu'on le fait ordinairement; mais il nous a
semblé qu'en groupant les différentes combinaisons, qui
sont plus ou moins subordonnées aux circonstances dans
lesquelles on peut se trouver, les élèves pourront mieux
apprécier ces modifications, ainsi que nous l'avons déjà
dit au chapitre 2. — Dans l'article sur le service de l'artillerie *conjointement* avec les autres troupes, toutes les
notions sur *la tactique* dans ses rapports avec l'artillerie devront être suffisamment développées.

Pour les *ponts militaires,* l'exposition devra être assez
étendue pour que cette instruction tienne lieu d'un
manuel, en rejetant toutefois dans le cahier à l'usage
des sous-officiers de pontonniers les détails minutieux
de constructions, de réparations, de manœuvres, qui
constituent la spécialité du service, et en renvoyant,
pour la discussion mathématique sur la vitesse des
courans, sur la résistance à leur opposer, sur les formes

les plus avantageuses des bateaux, etc., à la *théorie des effets* (instruction complémentaire). L'ensemble des opérations, qui doit plus particulièrement trouver place dans le cours sur le service propre de l'artillerie, et le petit manuel pour les sous-officiers, *devraient d'ailleurs être tellement coordonnés entre eux*, que, réunis, ils formassent *le manuel du pontonnier*.

Le cours sur le service propre de l'artillerie devant être terminé par une instruction (règles de conduite) pour les officiers en campagne, dans les sièges, dans les places, on en pourrait former aussi un petit cahier qui servirait de guide aux officiers dans toutes les positions où ils se trouveraient.

Quoique la confection des munitions, des artifices, soit une dépendance du service propre de l'artillerie, nous ne l'avons point fait entrer dans ce cours : il n'en sera, par conséquent, non plus fait mention dans le cahier y relatif. Cette instruction, comme théorie, ayant dû être présentée dans les cours élémentaire et complémentaire, et tout ce qui a rapport aux détails des manipulations devant se trouver dans le petit manuel à l'usage des artificiers et des sous-officiers, ces deux instructions suffiront, quoique divisées, pour les écoles régimentaires.— Ces dispositions sont d'autant plus admissibles, que des lieutenans et des canonniers des différens régimens sont envoyés dans une école spéciale de *pyrotechnie* établie à Metz. — On ne saurait trop applaudir à une pareille institution, en raison et de l'importance des artifices de guerre, et des améliorations qu'ils réclament dans leur préparation.

MÉLANGES. — Nous venons de nous occuper de la rédaction des cahiers de principes et de faits que les officiers ne doivent point perdre de vue; mais tant de travaux
ne se lient pas seulement entre eux, ils tiennent encore :

1° *Au passé*, par l'instruction qu'offrent l'histoire
des guerres et tous les projets de machines intéressans,
les épreuves, expériences, plus ou moins heureuses faites
à différentes époques;

2° *Au présent*, par les progrès successifs des sciences
et des arts, qui doivent prospérer en raison de ce qu'ils
agissent plus en liberté, qu'ils comptent plus de partisans,
de prosélytes, et que les succès de ceux-ci sont couron-
nés par les services qu'ils rendent, et par la renommée
dont ils savent se rendre dignes en se dévouant aux progrès des connaissances humaines. S'il convient donc de
ne point s'en tenir aux seuls cahiers sur les cours; mais de
consulter aussi le passé, il est encore plus indispensable
de maintenir l'artillerie à la hauteur des autres sciences,
en profitant des données nouvelles que chaque jour elles
présentent. — En conséquence, nous admettrons comme
ouvrages à consulter le cahier sur l'histoire militaire,
le recueil de projets et le mémorial, tels que nous les
avons portés sur le 1ᵉʳ tableau.

Cahier d'histoire militaire et de bibliographie. Nous
avons indiqué, dans le chapitre 2, comment devrait être
fait ce cours: le cahier que le professeur aurait à rediger
serait composé d'une introduction sur la manière d'étudier l'histoire, etc.; d'une première partie, traitant des
moyens d'attaque et de défense chez les anciens et chez
les modernes, jusqu'à l'époque de l'invention de la poudre;
d'une deuxième partie, embrassant les changemens néces-

sités par cet agent dans les moyens d'attaque, de défense et dans la tactique, les améliorations successives, le
précis des campagnes, des siéges les plus mémorables dans
ces derniers temps, les rapports actuels des autres armes
avec celles de l'artillerie; enfin, d'une troisième partie
bibliographique, comprenant l'analyse des principaux ouvrages qui traitent de l'art militaire en général, et de ceux
qui se rapportent plus particulièrement à l'artillerie.

Recueil de projets et d'expériences. Il arrive tous les
jours que des officiers présentent des vues d'amélioration,
des projets de machines, etc. On doit sans doute leur
savoir gré de leur zèle, de leurs travaux, et en tenir
compte, lors même que leurs projets sont reconnus dé-
fectueux; mais comme l'attention des artilleurs se porte
depuis bien long-temps sur les mêmes sujets, il peut
arriver que quelques officiers reprennent des projets qui
ont déjà paru à d'autres époques, et consument un
temps précieux en recherches pénibles et peu fruc-
tueuses. Pour obvier à cet inconvénient et faire en sorte
que les officiers emploient mieux leur temps, ne serait-
il pas très-avantageux que l'on réunît tous les projets
qui depuis un siècle, par exemple, ont été présentés sur
toutes les branches du service de l'artillerie, *en ne
faisant toutefois mention que de ceux qui offrent de
l'intérét sous quelque point de vue?* On ne peut contester que cet ouvrage ne fût très-utile, même pour les
idées qu'on pourrait y puiser, et pour l'instruction qu'on
en retirerait (1).

---

(1) Plutôt que de disséminer ces projets dans le mémorial de l'artillerie, on peut croire qu'il serait plus avantageux de les réunir en
un seul corps d'ouvrage, parce que, d'une part, les matériaux ne

(255)

Mémorial. Si l'histoire militaire, si le recueil de projets, doivent embrasser l'ensemble et les détails des temps passés, le mémorial de l'artillerie est destiné à tenir note de tout ce qui dans les temps présens peut intéresser le corps de l'artillerie et les progrès de la science, de manière que les différens cours, d'une part, puissent être enrichis des principales découvertes d'un usage immédiat, et de l'autre, que l'histoire, le recueil de projets, puissent faire leur profit de tous les travaux moins importans, mais susceptibles d'une application plus ou moins prochaine.

Ainsi, il serait à désirer que le mémorial fût soumis à une division de matières telle, que chaque sujet se trouvât en rapport soit avec les cours scientifiques et militaires, soit avec la partie historique et le recueil de projets, ce qui nécessiterait quatre divisions pour le mémorial.

Manuels des Etablissemens. — Nous venons d'embrasser l'ensemble de l'instruction dans les écoles régimentaires. Si dans ces écoles on doit s'occuper d'exercices théoriques pratiques, de projets, etc., dans les établissemens consacrés à la production *il ne doit être question que d'opérations positives, de résultats, de produits à obtenir.* Ici la marche des travaux est tracée d'après leur nature : ce sont des machines à faire mouvoir, des manipulations à faire exécuter. Pour l'économie et pour la valeur des produits, les moindres détails sont de

---

doivent pas manquer au mémorial, et que, de l'autre, les anciens projets pouvant être mieux coordonnés dans un seul ouvrage, ils serviraient de point de départ, et seraient plus profitables.

la plus grande importance; ils devront être exposés dans des manuels qu'il sera convenable d'astreindre tous à la même distribution des matières, afin qu'il n'y ait pas mal à propos un certain temps employé dans l'étude des rapports des choses entre elles, ce qui aurait lieu si pour chaque espèce d'établissement les objets se trouvaient classés d'une manière arbitraire.

Nous avons indiqué sur le tableau n° 1 la distribution des matières; le chapitre 4 est le plus important : il devra renfermer autant de subdivisions que l'on fabrique de produits différens, et pour chacune de ces subdivisions, les détails des machines et des manipulations; ces détails devront marcher de front ou être présentés séparément, suivant le nature des travaux. *Mais, dans tous les cas, on devra se borner à la description complète des procédés employés*, sauf à indiquer, à discuter, dans le dernier chapitre, consacré aux améliorations, les autres procédés et les modifications présumées avantageuses.

Quant aux modes d'administration des établissemens d'artillerie, comme ils tiennent à la question des *régies* et des *entreprises*, nous nous permettrons, dans le chapitre suivant, de la soumettre à une discussion qui ne sera pas tout-à-fait dénuée d'intérêt ni déplacée, d'autant plus qu'elle se lie à ce que nous avons à dire sur les fonctions des officiers dans les établissemens, fonctions qui sont plus ou moins étendues, suivant qu'ils ont à diriger eux-mêmes ou simplement à surveiller les travaux de constructions et de fabrication.

CHAPITRE IV.

SERVICES DES ÉTABLISSEMENS.

ARTICLE Ier.

ENTREPRISES ET RÉGIES.

L'opinion publique plaide aujourd'hui pour la liberté d'industrie : l'artillerie obtiendra ou conservera plus sûrement la direction de la plupart des établissemens où l'on confectionne le matériel de guerre, s'il est démontré jusqu'à l'évidence que pour eux les régies soient conformes à l'intérêt de l'Etat et au bien public.

Les opinions fausses qui se propagent, les mesures défectueuses qui en résultent, proviennent ordinairement de notions imparfaites sur la nature des choses : aussi les discussions sont-elles très-utiles, surtout lorsque des principes même admis peuvent encore être interprétés de tant de manières différentes par rapport à leurs applications, comme il arrive lorsqu'on disserte sur la littérature, sur la morale, sur l'économie industrielle.

Le sujet des entreprises et des régies n'a point encore été traité d'une manière spéciale dans ses rapports avec les établissemens d'artillerie. Ce sujet d'une assez grande importance se rattachant à des considérations élevées, on trouve peu de données fixes; celles que nous tâcherons de réunir, nous les présenterons le plus succinctement possible (1).

---

(1) Nous devons observer qu'il serait difficile de soumettre absolu-

On peut distinguer pour la confection du matériel
trois sortes d'entreprises : 1º entreprises dont se chargent les industriels travaillant dans la même partie pour
le public (forges); 2º entreprises dont se chargent des
artistes dont l'industrie ne saurait être utile en aucune
manière au public (fonderies de canons); 3º entreprises
d'agiotage de simples capitalistes, qui font valoir leurs
fonds ou ceux des autres sans être producteurs proprement dits (manufactures d'armes).

Disons d'abord que, soit que la fabrication des
armes, des voitures d'artillerie, canons, soit à l'entreprise ou en régie, ces dispositions n'entravent en au-

---

ment aux mêmes règles la gestion de tous les établissemens, parce
que tels produits demandent beaucoup plus de soins soit dans le choix
des matières premières, soit dans leur mise en œuvre, comme cela
doit être, par exemple, pour les armes à feu, qui exigent indispensa-
blement de bonnes matières et une précision infinie dans les formes :
aussi l'artillerie a-t-elle été amenée à se charger, même dans le cas
où les manufactures sont à l'entreprise, non seulement de la surveillance, mais encore de la direction de tous les travaux, et de réduire
l'entrepreneur à être un simple bailleur de fonds, qu'il suffit de remplacer par un régisseur, pour que l'établissement soit en régie *proprement dite.* Tout le matériel, et même le personnel des manufactures
d'armes, étant ainsi sous la main des officiers, on peut donc, *dans tous
les cas*, les considérer comme en régie. La question du remplacement
du bailleur de fonds par un régisseur tenant à des considérations se-
condaires, envisagée d'une manière en ce moment, elle pourra l'être
autrement par la suite. Ce qu'il y a de positif, c'est que, d'après le
mode actuel des entreprises pour les manufactures d'armes, d'une
part, la qualité des produits est assurée, et que, de l'autre, l'inter-
vention d'un bailleur de fonds qui agit si peu doit être coûteuse.

D'après ce que nous venons de dire, on voudra donc bien faire attention que les principes généraux que nous exposerons, quoique rigoureux en eux-mêmes, pour être appliqués à chaque espèce de services, exigent toujours quelques modifications plus ou moins importantes qu'il est réservé au temps et à l'expérience de MM. les officiers
de fixer positivement.

cune manière la liberté du commerce, ni l'industrie des
armuriers, des fondeurs, charrons, puisqu'ils conservent
entièrement la liberté et les moyens de débit, le Gouvernement ne faisant travailler que pour lui et ne se
présentant pas comme concurrent dans le commerce:
ainsi, quelque mode que l'Etat adopte pour l'administration de ses établissemens, le public n'y a qu'un intérêt
secondaire; et si, prévenu, il se récrie en général au
mot de régie, c'est *dans notre cas* par une fausse application, ainsi que nous le verrons mieux par la suite;
c'est que, trouvant bien ou mal les choses suivant qu'il
croit qu'elles peuvent favoriser ses intérêts ou leur
nuire, il semble qu'à l'établissement d'une régie il
doive être exposé à une privation.

On peut envisager la question des régies et des entreprises sous différens points de vue : *intérêt de l'Etat
et bien public, progrès des arts relatifs aux établissemens de l'artillerie.*

Intérêt de l'Etat et Bien public. — Les *entreprises* concernant le matériel de l'artillerie, pour satisfaire à l'intérêt de l'Etat, doivent fournir des produits
de bonne qualité et à un prix modique; d'un autre côté la
valeur, l'importance des produits pour le public, sont
mesurées d'après l'usage qu'il en peut faire lui-même
bien plus que par la part qu'il peut prendre aux entreprises. Ainsi, la multitude faisant une grande consommation de fontes de fers, d'aciers, de cuivre, il lui importe que beaucoup de particuliers puissent faire valoir
leur industrie dans l'exploitation des mines, dans la direction des forges; il est de son intérêt que le nombre
de ces établissemens soit multiplié, et qu'on tire de cha-

cun d'eux tout le parti possible : car ce n'est pas en ce
que des particuliers fassent valoir les mines, les forges,
mais en ce qu'il y ait concurrence, que les produits soient
meilleurs et à plus bas prix, que le public trouve ses
avantages. Les usages de pareils objets pouvant être très-
étendus à mesure qu'ils sont par leur prix à la portée
d'un plus grand nombre de consommateurs, les moyens
se perfectionnent, les frais diminuent par la simplifi-
cation des procédés; le public, étant plus en état d'acheter, augmente ses capitaux, et le particulier acquiert plus
d'aisance (1). Aussi les producteurs, stimulés par la concurrence d'autant plus efficace que la consommation est
plus grande, dirigeront-ils sans cesse leurs recherches
vers les moyens d'obtenir des produits meilleurs avec
plus d'économie, parce qu'ils seront toujours sûrs d'y
trouver leur profit : c'est ainsi que l'intérêt public, que
l'avantage des particuliers, se marient avec les spécu-
lations des producteurs dans la création des objets de
nécessité et de luxe.

Si le Gouvernement voulait faire exploiter pour son
compte quelques mines de fer, de cuivre, diriger pour
ses propres besoins des forges et autres établissemens
dont les produits sont utiles à la multitude, ce serait
sans doute dans l'intention d'obtenir des objets de meilleure qualité et à plus bas prix. Alors, ces établissemens
ne produisant plus que pour le compte du Gouvernement

---

(1) On n'a qu'à comparer la condition actuelle du peuple en France,
ou mieux en Angleterre, avec celle dans laquelle il se trouvait au on-
zième siècle, ou avec celle dans laquelle se trouvent encore de nos
jours les paysans en Russie, pour juger combien la multiplication des
produits a contribué à augmenter l'aisance, surtout dans les classes
moyennes de la société.

et ne devant plus fournir une aussi grande masse de
produits qu'il aurait été possible de créer si des particuliers avaient eu la direction des forges, et avaient
pu verser les matières dans le commerce, tous les
produits non créés seraient autant de valeurs perdues
dont on priverait le public. Le prix de ceux obtenus
augmenterait sans que le Gouvernement fît autre chose
que de payer plus cher les objets qu'il ferait confec-
tionner; tandis qu'autrement il n'aurait eu qu'à se régler sur les particuliers pour les achats, et qu'il aurait
été même plus sûr de la qualité des produits, car les
producteurs parviennent difficilement à tromper les
consommateurs sur leurs intérêts, quand il y a concurrence.

Ainsi on peut avancer que, *pour toutes les matières
premières, fers, fontes, cuivre, etc.*, le Gouvernement, se faisant représenter dans les forges, usines des
particuliers, obtiendra des objets bruts au moins d'aussi
bonne qualité qu'en régie et à un prix beaucoup plus
bas, par la raison que la plus grande concurrence des producteurs doit contribuer à une meilleure production et à
une baisse de prix jusqu'au niveau des frais, y compris
les plus légers bénéfices. Les frais de transport devront
être aussi moins considérables (à moins qu'on ne multipliât les régies, ce qui, d'un autre côté, empêcherait
que les travaux y fussent soutenus, à cause de la faible
consommation). L'État aura même toujours sur le public une préférence en raison de la quantité de fontes,
de fers, qu'il achètera; tandis qu'en régie il serait plus
exposé à supporter des non-valeurs.

Le Gouvernement trouvant deux grands avantages à
prendre les matières premières dans le commerce, à
laisser les forges à l'entreprise, nous allons essayer de
prouver qu'il n'en est pas de même pour les autres éta-

(262)

blissemens, dont les produits ont moins de rapports avec ceux d'utilité publique, et peuvent être plus facilement altérés , parce qu'ils sont plus compliqués et que dans leur façon ils exigent plus de soins et plus d'uniformité, plus de précision dans les formes. — Combien de précautions ne faut-il pas apporter *dans les manufactures d'armes* et dans les *arsenaux* pour être sûr de la qualité des produits, de la précision dans les dimensions. Cependant la confection des armes et des voitures pourrait encore, *à la rigueur,* être confiée à des particuliers, parce que les armuriers, les charrons, n'auraient, en travaillant pour l'Etat, qu'à continuer de faire usage de leur industrie ordinaire ; parce qu'il serait *possible,* à l'épreuve des armes, à la visite des voitures, de reconnaître les défauts et de rebuter celles qui manqueraient par la précision , etc. ; parce que , pour la qualité des matières, les contrôleurs du Gouvernement pourraient aussi s'en assurer *avant et après* la mise en œuvre et marquer les pièces de leur poinçon. Mais recherchons les difficultés que présentent les *entreprises* pour ces deux sortes d'établissemens.

Admettons d'abord en principe que, l'avantage de ce mode devant consister dans la concurrence pour l'économie et la qualité des produits, au lieu de s'en tenir à deux ou trois entrepreneurs, qui peuvent s'entendre entre eux et mettre l'État dans le cas de manquer de matériel au besoin ou d'en recevoir de mauvais, il faudrait accueillir un grand nombre de ceux qui se présenteraient , ce qui est encore conforme à l'intérêt public ; mais cette mesure entraîne avec elle plusieurs inconvéniens : 1° plus le nombre des entrepreneurs serait considérable, moins les commandes seraient fortes pour chacun d'eux : ainsi les ouvriers , obligés souvent de travailler pour les particuliers, ne tenant plus à

l'exactitude dans les dimensions, point important, *il serait bien difficile de les y habituer seulement pour le
compte de l'artillerie ;* 2° le nombre des contrôleurs et
autres employés du Gouvernement serait plus grand; 3° les
entrepreneurs, trop peu occupés par l'État, ne pourraient faire les frais convenables en usines, machines,
et leur travail deviendrait nécessairement plus cher;
4° comme ni les armes portatives de guerre ni les voitures d'artillerie ne peuvent être employées par les
particuliers, les entrepreneurs ne pourraient point trouver de débouchés auprès d'eux; forts de ce motif, ils
se feraient accorder des primes pour des pertes, faux
frais, qui, étant possibles, souvent n'existeraient pas;
5° enfin, le public étant très-peu intéressé pour son
compte à ce que les manufactures d'armes, les arsenaux,
soient à l'entreprise ou en régie, il paraît donc démontré
que la concurrence ne pourrait pas être très-étendue, et
que, si l'on s'en tenait à deux ou trois entrepreneurs, ce
mode serait défavorable à l'État, parce qu'alors, ayant
affaire à des capitalistes qui traiteraient avec lui par pure
spéculation, ces particuliers s'en rapporteraient le plus
souvent à des commis fidèles, plutôt que capables, et
pour l'exécution, à des ouvriers qu'ils n'auraient jamais
vus, dont dont ils feraient peu de cas, s'ils n'étaient pas
eux-mêmes en état d'apprécier les arts.

Le seul but des entrepreneurs étant de faire valoir le
plus possible leurs fonds, ils doivent rapporter toutes
leurs mesures à cette fin ; l'émulation, qu'on peut définir
ici : *les efforts pour satisfaire le Gouvernement par de
meilleurs produits,* sera pour eux une chose imaginaire;
ils ne chercheront qu'à remplir les commandes; ils se
garderaient même bien d'apporter quelques améliorations
qui ne seraient pas accompagnées d'un profit ; ils n'aug-

menteraient pas tant soit peu leurs travaux pour avoir des objets de meilleure qualité : le point important pour eux, c'est que les objets soient reçus. Enfin, l'esprit d'entreprise est tel, que le bien de l'Etat ne doit entrer pour rien dans les vues des entrepreneurs.

Les établissemens de *poudres et salpêtres* sont de la plus haute importance. Comme il est difficile de s'assurer de la bonne qualité des poudres, soit pour leur effet, soit pour leur conservation, que des différences sensibles dans le dosage même des composans n'en apportent pas dans les portées d'épreuves, les entreprises ne sauraient offrir des garanties suffisantes comme pour les armes, voitures, qu'on visite, qu'on éprouve une à une, tandis qu'on ne peut suivre la même marche pour la poudre, dont la conservation et les effets tiennent bien moins à l'apparence des grains, et ne peuvent pas être assez bien constatés par les épreuves. D'ailleurs, la poudre n'est pas d'une utilité majeure pour le public; elle lui est *nécessaire* seulement dans quelques travaux : aussi le Gouvernement, pour en rendre l'usage dans ce cas à la portée d'un plus grand nombre de consommateurs, en fait-il fabriquer qu'on nomme *poudre de mine,* qu'il peut donner au moins à aussi bon marché que le feraient des particuliers, s'ils la fabriquaient eux-mêmes. Le salpêtre étant la substance la plus coûteuse parmi celles employées, on n'en met que la quantité nécessaire pour que la poudre puisse produire l'effet voulu dans l'explosion des mines. — La poudre de chasse peut être considérée comme un objet d'agrément, et l'Etat, en la faisant débiter, se dédommage en partie des dépenses qu'il est obligé de faire pour la fabrication de la poudre de guerre : il fait ainsi contribuer les plaisirs des particuliers aux dépenses publiques, et se ménage les moyens de soulager par de plus faibles impôts la classe des *product-teurs utiles* (1).

Pour empêcher toute malversation et des dangers réels, l'emploi de la poudre de guerre est défendu aux particuliers, moins intéressés à ce que cette fabrication se fasse en régie ou à l'entreprise qu'à ce que le commerce du salpêtre et du soufre, d'un usage assez général dans les arts, soit librement soumis à la concurrence.

Cependant, l'extraction du salpêtre devant être facilitée autant que possible, afin que la France ne dépende jamais de l'étranger en cas de guerre, on est obligé d'encourager les salpêtriers, et de leur acheter ce sel plus cher qu'on ne paierait celui du commerce extérieur, ce qu'on pourrait prouver n'être pas une dépense tout-à-fait superflue, en raison de la valeur des produits et des bras occupés.

En admettant que la fabrication de la poudre fût libre, ce qui ne pourrait jamais être que jusqu'à un certain point, à cause des dangers qu'elle présente, on pourrait croire qu'eu égard à la consommation que le public en peut faire et à la concurrence qui s'établirait, l'Etat lui-même y trouverait un avantage sous le rapport de l'économie et des améliorations. Or, à ce sujet, il est à remarquer que, s'il faut s'efforcer de rendre les effets

---

(1) C'est en faisant peser principalement les impôts sur les *objets de luxe*, qu'on parviendrait à diminuer ce genre de consommations et de productions. — La meilleure preuve contre le luxe, c'est que l'opulence peut occuper des milliers de bras à la création de superfluités qui souvent disparaissent en un instant, ou qui ne subsistent que pour attester leur nullité, tandis que les mêmes moyens et une industrie dirigée vers les objets utiles ou nécessaires à la vie ne peuvent que multiplier les ressources d'un Etat, créer de véritables richesses, et concourir à augmenter une population plus heureuse.

de la poudre *plus constans et comparables*, il n'est pas si important de chercher à en augmenter la force, qu'il convient de laisser toujours en rapport avec celle des armes; comme les alimens avec l'estomac qui doit les supporter (1). D'ailleurs, la régie admise, on ne saurait espérer de plus grandes garanties pour l'économie et pour les perfectionnemens que celles qu'offre l'administration actuelle telle qu'elle est organisée.

Il importe autant au Gouvernement que les *fonderies de canons* soient bien dirigées, et les matières premières de bonne qualité, qu'il entre peu dans l'intérêt des arts ordinaires, dans celui des particuliers, que ce soit par les régies ou par les entreprises que ces produits soient livrés. En raison *du peu de rapports* de ce genre d'industrie avec les autres de la société, la concurrence ne saurait être réelle. Jusque à ces derniers temps, la direction des travaux s'est, pour ainsi dire, toujours transmise de père en fils dans les mêmes familles, et à en juger d'après la qualité des produits livrés successivement à l'Etat, et d'après les améliorations si faibles introduites depuis Maritz, on peut décider jusqu'à quel point ce mode est avantageux. Si le Gouvernement doit recourir aux régies pour quelques établissemens, ce doit être pour les fonderies, puisqu'il n'existe pas de branche d'industrie où il y ait moins de concurrence : l'art des fontes étant resserré dans deux ou trois établissemens en France, les fondeurs affectaient de faire un secret de leur pratique, pour tenir l'Etat dans l'obligation de se servir de leurs moyens.

____

(1) Force qu'il y aurait peut-être moyen d'augmenter sans changer les dosages, ainsi que nous l'avons dit en note, page 239.

Considérons maintenant les entreprises d'une manière générale. En économie, on dit que les prix se rapprochent de la valeur naturelle des choses en raison des quantités offertes et demandées : aussi les entrepreneurs, dans leurs marchés avec le Gouvernement, lui font payer plus cher leurs produits, en raison de ce qu'il en prend moins et qu'ils ne travaillent que pour lui. Tous les produits n'étant destinés que pour l'Etat, les armes portatives, voitures, canons, ne pouvant avoir d'écoulement, pas même dans l'intérieur, la consommation en est très-peu considérable, surtout en temps de paix. Si les entrepreneurs ne peuvent ainsi faire des bénéfices assez grands sur la quantité des commandes, ils doivent chercher alors à se dédommager de toute autre manière plus ou moins louable. En admettant qu'ils ne fassent pas de bénéfices, il faut ou les remplacer ou leur accorder des indemnités. Le premier moyen est ruineux, le deuxième indispensable : car si l'on rejete celui-ci, l'exemple des pertes ou *non-gains* de ceux qui ont traité repousse loin du Gouvernement ceux qui auraient le désir de passer un marché. — Au reste, les entrepreneurs se trouvent placés entre l'Etat et les ouvriers; ils profitent de l'ignorance de ceux-ci sur la valeur de leurs journées, et font des gains qu'ils peuvent cacher au Gouvernement. La difficulté d'apprécier leur position réelle leur permet encore d'adresser des représentations et de demander des augmentations.

En considérant que la valeur d'un produit augmente si, livré au commerce, il est destiné à concourir à la formation d'autres objets, on doit remarquer que le matériel de l'artillerie, une fois versé dans les magasins de l'État, n'est plus sujet à aucune circulation : dès lors, il n'y a de renouvellement que pour remplacer les produits consommés, ou qui ont été détériorés dans les magasins. Il est donc bien préférable de s'en tenir à *moins de produits*, mais *reconnus de bon service*, parce qu'on évitera ainsi des mains-d'œuvre, et la perte de matières qui auraient un meilleur emploi dans le commerce. — Surtout, il est de l'intérêt de l'État et du public que les munitions de guerre, que tout le matériel, soient entièrement de bon service : à quelque prix que pût revenir un matériel soigné, on trouvera qu'il ne serait jamais coûteux, si l'on considère à quels dangers exposent, dans quelles dépenses entraînent les mauvaises armes ; combien de frais, combien de peines il faut pour transporter successivement des fonderies dans les places, et dans les siéges jusqu'aux batteries de brèche des pièces de gros calibre ; à quels périls on est exposé, si elles ne peuvent suffire qu'à peu de coups ; combien les énormes parcs de réserve appesantissent les armées, et quelle consommation en pure perte ils peuvent occasioner. En un mot, la bonté du matériel doit entrer autant en ligne de compte pour faire une guerre avec succès que la valeur et l'expérience du soldat ; et quelles dépenses ne fait pas l'État pour former celui-ci !

Les régies peuvent être un garant de *la qualité* des produits. Loin d'être dispendieuses pour le Gouvernement, elles présenteront de grandes économies ; tout dépend des conditions auxquelles on les fera exister : car, d'après la manière de les organiser, leurs rapports avec les entreprises étant différens, ils seront une conséquence des modes adoptés. — Si certains produits fournis par les régies deviennent coûteux, on peut en donner plusieurs raisons : 1° les établissemens sont

(269)

trop multipliés pour que les ouvriers y soient constamment occupés de la manière la plus utile; 2° leur traitement étant fixe, les bons ouvriers n'ont plus d'intérêt à travailler mieux que les plus mauvais; 3° les directeurs ne peuvent le plus souvent faire leurs approvisionnemens à propos, comme des entrepreneurs qui disposent de grandes avances, ni profiter des époques favorables aux achats, au choix des qualités; il est aussi d'autres profits de commerce en raison des échanges, du mouvement des capitaux, du parti à tirer des effets hors de service, que les directeurs ne peuvent ou ne doivent pas faire.

M. Say prétend que *l'État est trop riche pour faire valoir par lui-même*. Dans l'état actuel des choses, on pourrait contester déjà que de grandes ressources puissent être un motif de plus grandes dépenses; et combien ce reproche serait encore moins fondé, et quelle économie ne pourrait-on pas espérer, indépendamment de l'avantage résultant de la qualité assurée des produits, si l'on remédiait, comme cela est possible, aux principaux inconvéniens énumérés ci-dessus.

Concentration des établissemens. En admettant des régies, nous venons de voir que, plus le nombre des établissemens est considérable, moins il est probable que chacun d'eux puisse être constamment en activité: en diminuant donc le nombre de certains établissemens, tels qu'arsenaux, fonderies, manufactures d'armes (1), il sera plus facile de tenir au complet les ouvriers, et de

---

(1) On reconnaît assez généralement que les établissemens existans sont en trop grand nombre, et la plupart disséminés sans être liés entre eux ni soumis à aucun système qui se rapporte à leur destination et à la défense de l'État.

les occuper toujours de la manière la plus convenable. Quels avantages ne trouverait-on pas à la fois dans ces établissemens centraux, si ceux-ci étaient pourvus de machines, d'usines au moyen desquelles on parvînt à tirer un plus grand parti des agens tels que l'eau, la vapeur, etc.; de combien de bras on éviterait l'emploi, et quelle précision on obtiendrait dans le travail (1). Cette centralisation deviendrait encore plus plausible en songeant que les guerres sont des fléaux passagers que la civilisation et les intérêts des peuples tendent à éloigner; que le plus souvent on n'aurait à pourvoir qu'aux remplacemens annuels des objets détériorés. Les établissemens étant construits sur des plans assez vastes, au besoin on pourrait multiplier les produits, lorsqu'à l'appel du souverain, à la voix de l'honneur, les soldats français, guidés par leurs chefs, devraient repousser l'ennemi et voler à la défense de la patrie.

On peut rattacher aux progrès des arts, la concentration des établissemens, et de la civilisation. Les hommes, dans l'état de nature, attachés au sol, élèvent des cabanes et cultivent les terres autour de leurs foyers; à mesure que leur aisance augmente, leurs besoins augmentent aussi; ils se prêtent de mutuels secours, se rapprochent, créent des hameaux, des bourgs,

---

(1) Indépendamment de ces avantages, il en est qui n'échappent pas aux entrepreneurs habiles; les résultats du travail manuel augmentent toujours dans un plus grand rapport que le nombre des ouvriers : aussi les entrepreneurs de bâtimens surtout ont intérêt, lorsqu'ils ont à élever un édifice, à prendre le plus grand nombre d'ouvriers; les travaux sont poussés plus rapidement, ils profitent ainsi de l'émulation et de cette activité plus grande qu'on remarque toujours au milieu d'une grande masse d'hommes; outre l'avantage de jouir plus tôt du fruit de leur travail, ils y trouvent encore une économie.

des villes; l'aisance y devient d'autant plus grande que toutes les sources de richesses s'y concentrent; enfin plus les villes réunissent de moyens de commerce, d'industrie, plus elles sont florissantes. C'est parce que Paris renferme tous les genres d'industrie que cette ville opulente offre de si grandes ressources, et qu'on parvient à y créer des produits qu'il n'est pas possible de former ailleurs, parce que les différens moyens nécessaires sont disséminés (1).

Division des travaux. « Elle produit trois effets « utiles : 1° un accroissement de dextérité dans chaque « individu; 2° l'épargne du temps que l'on perd commu- « nément en passant d'une espèce d'ouvrage à une autre; « 3° l'invention d'un grand nombre de machines qui « mettent un seul homme en état de faire l'ouvrage de « plusieurs. » (Smith, liv. 1er, chap. 1er.)

Qu'on se représente l'influence que doit exercer la division des travaux dans les différens ateliers de l'artillerie, où la précision des formes n'est pas moins néces-

---

(1) On pourrait regarder comme un obstacle à la réunion de différens établissemens les dépenses pour les transports des approvisionnemens dans les places voisines des lieux où ils se trouvent maintenant; mais on doit observer que, de quelque manière qu'on considère les choses, la différence ne peut pas être grande sous ce rapport, car on est toujours obligé de transporter sur place les matières premières. — Il y a d'autres avantages importans dans des positions centrales et déterminées d'après différens points de vue militaires et industriels : 1° en cas d'invasion, les places sur les frontières pouvant toujours être approvisionnées d'avance, celles dans l'intérieur fourniraient aux armées, qui seraient ainsi beaucoup moins exposées à manquer de munitions, de matériel, etc.; 2° quels avantages nombreux, sous le rapport des travaux, pour les usines et pour les approvisionnemens, n'offriraient pas des établissemens dont l'emplacement serait choisi d'une manière convenable.

saire que l'économie du temps. Déjà l'on s'est bien conformé à ce principe, surtout dans les manufactures d'armes : différentes pièces ont leurs forgeurs, leurs ajusteurs. Nous n'oserions avancer qu'il y eût moyen d'étendre davantage cette méthode, et de parvenir non à avoir des platines absolument identiques, mais au moins telles qu'il n'y eût plus que quelques légers coups de lime à donner pour le fini de l'ajustage. — Ce qu'il y a de certain, c'est que moins un ouvrier limera, ajustera de pièces différentes, plus il s'approchera de l'identité. D'ailleurs il n'est pas indispensable que toutes les dimensions soient d'une exactitude rigoureuse ; quelques unes sont surtout exigées pour que les platines, etc., montées de toutes pièces, puissent bien marcher.

En général, en divisant les travaux, on obtient une quantité plus grande de produits, et on les a mieux soignés. Smith cite l'exemple frappant de l'épinglier : *dix hommes peuvent faire jusqu'à quarante-huit mille épingles en un jour, par la division du travail ; si chacun voulait faire l'épingle tout entière, les dix ouvriers n'en feraient pas deux cents.* En admettant qu'on doive se rapprocher de l'identité, nous avons déjà dit que c'est encore par la division du travail qu'on y parviendra plus facilement. — Relativement à cette uniformité si avantageuse dans les constructions de l'artillerie, il reste d'ailleurs peu à désirer : un *atelier de précision*, établi près du dépôt central et dirigé par le chef-de-bataillon Parisot, prépare, avec tous les soins possibles, les modèles, les instrumens vérificateurs pour les armes, projectiles, bouches à feu, etc., et les envoie dans les différens établissemens, où ils servent de types d'après lesquels on établit les instrumens, rapporteurs, gabaris, etc., employés pour les constructions.

Concurrence. Il importe d'autant plus de prouver par tous les moyens que les régies pour les établissemens d'artillerie ne doivent point porter ombrage aux producteurs ni au public, que l'industrie est plus exigeante en raison de son pouvoir fondé sur l'importance dont elle jouit et sur l'influence qu'elle doit exercer près du Gouvernement. Or, en envisageant plus particulièrement les entreprises manufacturières sous le rapport de la concurrence, qu'on peut définir *le concours de plusieurs industriels offrant à l'envi au commerce des produits de même espèce de bonne qualité et au plus bas prix possible ;* on conçoit très-bien que les prix doivent se rapprocher d'autant plus des valeurs naturelles que la consommation est plus considérable et que le nombre des producteurs est plus grand. Ainsi, les concurrens, pour parvenir à mettre leurs produits à la portée d'un plus grand nombre de consommateurs, cherchent, inventent, perfectionnent des procédés ; toujours attentifs, ils surveillent l'exécution, et tiennent à ne livrer que de bons produits. Lorsqu'ils les offrent au public, celui-ci se réserve pour chaque instant la préférence qu'il doit accorder : ainsi, il faut que le producteur soit toujours le même et qu'il mérite sans cesse la confiance.

En supposant que le public en masse passât un marché avec un industriel, celui-ci, dès ce moment, assuré de vendre, n'aurait plus les mêmes raisons de surveillance et d'activité. C'est la crainte de perdre, c'est l'espoir d'attirer un plus grand nombre d'acheteurs, qui soutiennent le manufacturier dans cette agitation continuelle et si utile. Eh bien! lorsque le Gouvernement passe un marché, il représente ce public en masse : car il assure à l'entrepreneur la vente de ses produits, et en fixe la quantité, deux choses absolument contraires à l'esprit de la concurrence et au bien qu'elle peut produire. — Quels avantages l'entrepreneur trouverait-il à livrer des objets mieux soignés, qui lui reviendraient plus chers? Il n'a pas à espérer de les vendre à un prix plus élevé, ni d'en trouver un plus grand débit : son seul but, ainsi que nous l'avons déjà dit, est de les faire recevoir, sans craindre que le Gouvernement en prenne moins, ou pendant moins de temps, puisqu'il existe entre eux un marché. Ces entreprises sont bien plus désavantageuses encore lorsque les contrats sont pour de longues années; pourtant l'Etat est souvent forcé de souscrire à de telles conditions, à cause des grands capitaux employés qui exigent un dédommagement.

Lorsque plusieurs entrepreneurs exploitent la même industrie, les commandes ne pouvant être assez fortes, le Gouvernement alors paie sans rien recevoir, et les ouvriers languissent dans le besoin. Que l'on veuille bien remarquer que, les entrepreneurs ne pouvant ici réclamer les entreprises que comme un droit d'entrer en concurrence, si le Gouvernement concentrait ses établissemens, alors, les grands capitaux en machines, etc., devenant une source d'économie et de perfection dans le travail, les efforts de l'industrie particulière pourraient être comparés à ceux du tisserand dont la simple navette tenterait de rivaliser avec les machines fécondes du riche manufacturier. De pareilles régies ne nuiraient point à l'industrie publique, qui doit être essentiellement libre; elles ne la repousseraient pas par la force des lois; elles l'obligeraient seulement par la force des convenances à ne point s'écarter d'une bonne direction (1).

A ces considérations nous ajouterons encore que deux motifs concouraient, avant la révolution, à favoriser les entreprises : les grandes avances que faisaient à usure les entrepreneurs lorsque l'état des finances ne permettait pas que le Gouvernement lui-même se chargeât

---

(1) Les partisans des entreprises s'écrient que, chez les puissances étrangères et principalement en Angleterre, la confection du matériel n'est pas en régie. Ces exemples ne peuvent être qu'un motif de plus d'examiner si les entreprises doivent l'emporter dans tous les cas : car on ne doit point se laisser entraîner par les exemples, surtout en matière d'administration. En admettant même que de cette manière les gouvernemens fussent bien servis, ce que nous avons cherché à démontrer ne pas pouvoir être le plus souvent, il semble que les exemples ci-dessus ne prouveraient encore rien, tant qu'on ne pourra pas comparer les entreprises avec des établissemens centraux administrés convenablement. D'ailleurs, chez les Anglais, deux grands établissemens au compte de l'Etat, l'un à Wolvich, l'autre à Chatam, fournissent canons, affûts, etc. Si les armes portatives de guerre et la poudre y sont prises dans le commerce, la cause paraît en être simple; mais elle n'existe pas pour nous et n'existera pas toujours pour l'Angleterre elle-même. Sa domination s'étend aux extrémités du monde; armée du trident de Neptune, elle force cent petits Etats à recevoir ses produits. Cette nation, en concentrant ainsi l'industrie dans son sein, a fait de son sol un vaste arsenal et une manufacture destinés à fournir des armes et différens produits à une grande partie du globe; sa politique est depuis long-temps dirigée vers le même but. — Nous ne pouvons cependant nous laisser éblouir par tant de puissance : de telles ressources créent elles-mêmes des besoins; ceux-ci se font encore sentir lorsque les moyens de les satisfaire disparaissent. L'Angleterre, parvenue au faîte de sa grandeur, pourra t-elle se soutenir aussi facilement ? Les nations grandissent, de nouveaux états se forment, l'industrie parvient à établir son empire chez les différens peuples; et quelle industrie plus précieuse pour une nation que celle qui, en fournissant les moyens de se défendre, doit lui assurer son indépendance !

18 *

des travaux ; ensuite , l'inconvénient de confier la direction des établissemens aux officiers assez instruits pour recevoir les produits, mais qui n'avaient pas alors comme aujourd'hui tous les moyens de pratiquer eux-mêmes.

Au résumé, pour obtenir les produits qui font le sujet des travaux *habituels* des particuliers. ceux-ci fabriquant à moins de frais, les efforts que ferait alors l'Etat comme producteur tourneraient à son préjudice et à celui de l'industrie publique. Mais, en convenant avec les partisans des entreprises que généralement les artistes débarrassés de toute entrave peuvent plus facilement prendre leur essor, simplifier les procédés, arriver au même but par des moyens beaucoup plus économiques, augmenter ainsi l'aisance individuelle et la puissance nationale, cependant, il faut convenir que, dès que la concurrence diminue, dès que les produits n'intéressent plus le bien-être des particuliers, que le nombre des entrepreneurs est très-réduit, alors, le mode des régies qu'emploie le Gouvernement devient préférable sous le rapport de la certitude des bons produits, de leur qualité et de la précision des formes , conditions très-importantes pour le matériel de l'artillerie. Alors, l'économie serait d'autant plus grande que, la division des travaux ayant l'influence la plus efficace, il serait convenable, dans l'intérêt des services, de diminuer le nombre de certains établissemens, et de développer plus de moyens dans ceux à conserver.

On admettra enfin, en thèse générale, que le Gouvernement doit, pour les régies, suivre un tout autre système que pour les entreprises, qu'il est de son intérêt de *cen-*

traliser autant que possible les unes et de diviser les autres.

PROGRÈS DES ARTS INDUSTRIELS RELATIFS AUX ÉTABLISSEMENS D'ARTILLERIE. — En examinant la question sous ce point de vue, on reconnaîtra combien il importe aux progrès des arts dans les établissemens que les directeurs de travaux, quels qu'ils soient, aient approfondi *la théorie* de leur état, ou de celui qu'ils exercent par circonstance : car la connaissance des faits, sans la connaissance des rapports qui les lient entre eux, n'est que le savoir de simples ouvriers, qui peuvent appliquer les mêmes méthodes à des cas opposés qu'ils croiront semblables. Mais autant la connaissance des principes importe aux progrès des arts, autant il faut que ces principes soient solidement appuyés sur l'expérience et l'observation, et que par conséquent les directeurs, forts en théorie, soient en même temps *praticiens*. Or nous avons déjà vu combien les entrepreneurs, presque toujours simples capitalistes, le plus souvent sans connaissances spéciales, traitant avec le Gouvernement par pure spéculation, doivent être peu portés aux améliorations; que le seul but vers lequel ils tendent est de faire recevoir le plus de produits, dont ils n'ont plus ensuite à s'inquiéter. — En supposant même qu'ils eussent toutes les connaissances théoriques et pratiques nécessaires pour bien diriger, que peut-on attendre d'eux, si ce n'est des mesures qui leur assurent les plus grands bénéfices, et encore combien comptera-t-on de ces hommes capables par eux-mêmes? Si l'on jette un regard en arrière dans cette foule d'entrepreneurs, on distingue comme personnes de mérite, *Maritz* et M. *Champy*, encore étaient-ils plutôt les employés directs du Gouvernement.

On remarquera de plus que, les entrepreneurs un peu capables ayant chacun leurs méthodes, leurs secrets, leur administration, lorsqu'ils se remplacent, il ne reste rien pour l'avancement de l'industrie ; ils emportent tout avec eux : ainsi, au bout d'un siècle, on pourrait bien n'être guère plus avancé qu'au commencement pour tout ce qui concerne les améliorations à apporter dans les différens services de constructions et de fabrication.

Les travaux étant en régie, toute irrégularité, tout mystère dont s'enveloppent quelquefois les entrepreneurs, disparaissent ; les directeurs communiquant franchement avec leurs officiers, on trouve dans cette union de vues et d'efforts les avantages que procuraient les arts cultivés de père en fils dans les mêmes familles. Les directeurs qui se succèdent, ayant toujours leurs intérêts confondus avec ceux du Gouvernement, concourent à l'envi à enrichir de nouveaux procédés chaque partie, à augmenter par des projets et autres travaux le recueil de documens, enfin à enrichir les archives de l'artillerie, ces dépôts de la science où doivent être consignés les efforts qu'ont déjà faits leurs prédécesseurs.

Les recherches sans cesse dirigées vers le même but, avec les mêmes moyens que peuvent employer des officiers réunissant à une instruction soignée une grande pratique, doivent donner aux travaux une direction plus analogue à la destination des produits ; une double expérience sur les causes et leurs effets divers met les officiers plus en état que ne peuvent l'être des particuliers d'apprécier les résultats et de les généraliser. En un mot, des directeurs dignes de commander la confiance du Gouvernement et par leurs talens et par leur intégrité peuvent rendre des services réels dans les établissemens, et contribuer à reculer les bornes de l'industrie.

Mais il faut avouer que l'industrie aime à respirer
librement, et qu'une certaine indépendance lui est, dans
tous les cas, nécessaire. Or celle-ci cadre mal avec cette
soumission aveugle aux ordres de ses chefs, qui doit être
le premier devoir d'un officier : aussi la difficulté de
concilier *l'esprit militaire* et celui *d'industrie* est-elle
grande. Si l'on fait aussi la part des intrigues, des protections, qui à la vérité ont beaucoup moins de puissance
dans l'artillerie, mais qui, lorsqu'elles ont prise, occasionent des dégoûts, jettent dans le découragement les
officiers qui ne savent que bien faire leur service; sous
ces rapports, les entreprises offrent au moins en apparence quelques avantages sur les régies (1).

Nous croyons avoir démontré suffisamment combien
les régies sont préférables aux entreprises pour la plupart des établissemens de l'artillerie, et les avantages à
en confier, à en conserver la direction aux officiers de
l'arme, puisque, préparés déjà par une instruction soignée et dirigée vers ce but, avec d'autant plus de raison
qu'obligés par état de recevoir le matériel, de l'em-

---

(1) Turgot, homme d'état et philosophe, assimilait la probité au
talent : il disait que la probité est une qualité utile, qui a par conséquent une valeur, de même que le savoir et le talent. Pensant avec
Smith que les services ne sont jamais mieux exécutés que lorsque la
récompense est une conséquence de l'exécution, et se proportionne à
la manière dont le service a été rempli, il avait en conséquence proposé un système de régies intéressées, que l'expérience prouva être
préférables à beaucoup d'entreprises. Ainsi l'intérêt pouvait devenir
un mobile puissant dans des régies financières qui ne présentent
à l'employé que des chiffres, et rien qui puisse l'émouvoir. Mais
pour l'officier d'artillerie, la satisfaction de bien faire, les distinc-
tions honorifiques, l'avancement, les égards de ses chefs, telles sont
les plus belles récompenses auxquelles il puisse aspirer pour prix de
ses travaux assidus.

ployer, de le réparer au besoin, et par conséquent de le bien connaître, eux seuls peuvent apprécier les effets qu'on doit en attendre et les moyens de les obtenir.

ARTICLE II.

En admettant des établissemens à l'entreprise, d'autres en régies, le service des officiers, dans ces deux cas, n'étant pas le même, la responsabilité ne saurait les atteindre de la même manière.

Tant que le devoir des officiers se borne à l'inspection des travaux dans les forges, etc., les données sont simples, et une instruction générale suffit pour qu'ils soient bientôt au courant des services en ce qui les concerne. Alors ce serait trop exiger que de faire peser sur eux tout le poids de la responsabilité : car il est difficile qu'on puisse posséder assez bien une partie dans laquelle on ne s'est pas exercé, et qu'on puisse juger des opérations qu'on ne fait qu'entrevoir. Les meilleurs juges sont toujours ceux qui dirigent, qui font les choses par eux-mêmes; souvent il leur est facile, s'ils en ont la volonté, d'en imposer à l'inspecteur, qui ne pourra s'en rapporter quelquefois qu'à ceux mêmes qui ont intérêt et tant de moyens de le tromper. Combien de pièces de canon n'a-t-on pas reconnu avoir assez de solidité pour résister aux coups d'épreuve, puis se gercer, quelques unes crever, partir en éclats, après plus ou moins de salves ?

Pour être en état de voir tout par soi-même, il n'y a pas d'autre moyen que celui de surmonter toutes les difficultés, que les intéressés grossissent souvent pour détourner l'attention ou pour induire en erreur; il faut péné-

trer toutes les finesses de l'art et apprécier même l'entrepreneur. Or ces talens, cette ferme volonté, ne sont
pas donnés à tout le monde. Pour que la responsabilité
pesât avec raison sur les officiers, il faudrait qu'ils réunissent aux connaissances théoriques toute la pratique
qu'on leur supposerait dans le cas des régies; ils auraient
de plus à se défier de l'entrepreneur, à l'espionner, pour
ainsi dire, mesure qui ne cadre point avec le caractère
franc et loyal de tout officier. Aussi est-ce avec raison que,
dans un règlement sur les poudres et salpêtres, on ne
les charge que d'une *responsabilité morale*, et que tout
dommage à supporter retombe sur les commissaires des
poudres, etc.

Les considérations que nous venons de présenter sur
la responsabilité peuvent être regardées comme une raison de plus en faveur des régies que nous avons reconnues être préférables, plus ou moins, pour tous les établissemens, excepté pour les forges. Alors, en même
temps que les devoirs des officiers s'étendent, les difficultés de chaque service augmentent en proportion des
détails de fabrication, sur lesquels il importe de s'appe-
santir pour pouvoir bien les apprécier et atteindre le
double but d'une fabrication bonne et au plus bas brix
possible. Or, si l'artillerie a pu suffire jusqu'à présent à
tant de travaux, si elle n'a pas reculé devant une responsabilité qui ne lui a mérité que des éloges, que ne doit
pas attendre de cette arme, le Gouvernement, lorsqu'elle
disposera de la manière la plus avantageuse de toutes les
ressources qu'elle renferme en elle-même, lorsque 1.º le
plan d'instruction sera plus développé dans les écoles
et mieux approprié aux différens services; 2.º lorsque
dans les établissemens les officiers seront guidés par des
manuels coordonnés entre eux et soumis à une même

(282)

distribution de matières, de telle sorte que toutes les
applications puissent être considérées comme les variétés
d'un même ensemble; 3° lorsque les officiers seront
classés suivant leur aptitude et leurs talens; les uns ré-
servés exclusivement pour le service des compagnies,
les autres destinés indistinctement à ce service de troupes
et à celui d'état-major, et un petit nombre notés spécialement pour le service d'état-major.

On pourrait comparer les écoles à un crible dont on
se servirait pour séparer et faire reconnaître les différentes aptitudes, au point qu'on arrive toujours à employer les officiers de la manière la plus conforme au
bien du service général. Quels avantages inappréciables
présenteront les écoles sous ce rapport, puisqu'en raison
du nombre considérable d'officiers, d'une part, et de la
variété des services, de l'autre, il sera toujours d'autant
plus facile de faire de bons choix, que généralement tous
les officiers auront acquis plus de connaissances, et
seront mieux préparés à bien remplir les différens services.

Spécialité. Si l'on doit admettre comme règle générale que les officiers doivent être plus ou moins aptes
aux différens services, et principalement à celui propre de
l'artillerie, la surveillance, la direction des établissemens,
si importantes, exigeant des dispositions particulières,
on conviendra qu'en raison de cette haute importance,
il ne peut être indifférent de confier de tels emplois
indistinctement aux officiers. Tout en restreignant le
nombre des candidats à ces places, on aura encore l'embarras du choix, d'après ce que nous avons exposé plus
haut, bien plus encore si l'on concentre les établisse-

mens, ainsi que nous croyons en avoir démontré les avantages. La spécialité, qu'on aurait pu croire embarrassante, principalement à cause de l'avancement, se trouverait ainsi réduite à sa plus simple expression, puisque l'artillerie se bornerait à conserver dans les mêmes parties quelques hommes précieux. Nous ne compterons même pas autant de ces officiers spéciaux que d'établissemens, car la nature n'est pas prodigue de talens éminens; on peut espérer seulement, d'après le plan d'instruction et les mesures qu'il exigera pour être suivi, que ces talens remarquables pourront se développer plus facilement dans chaque partie, et qu'on en tirera le meilleur parti. Hésiterait-on à encourager de pareils hommes; refuserait-on de reconnaître leurs services, d'autant plus grands que, frappés au coin des améliorations, ils ne périssent pas, et que l'héritage en est assuré à l'artillerie? pourrait-on contester à ces officiers précieux leurs droits à l'avancement? Quels hommes seraient aussi plus dignes d'occuper, pour prix de leurs travaux, les places de l'académie de l'artillerie, dont nous avons essayé de faire ressortir toute l'utilité à la fin du chapitre 2 ?

Si les établissemens doivent être assez bien organisés pour pouvoir être confiés *en général* à des officiers instruits et ayant plus ou moins de pratique, et si un grand nombre entre tous doit y passer, en faire en même temps le service, et y acquérir de nouvelles connaissances, il faut que toutes les dispositions concourent à cette fin, que les fonctions soient assez bien tracées d'avance pour que le service ne souffre pas de changemens si fréquens dans le personnel. L'expérience a déjà prouvé qu'on approchait de ce but : combien des manuels et des règlemens bien rédigés ne contribueront-ils pas à aplanir toutes les difficultés.

Ces considérations ne doivent pas empêcher que dans les choix on ait toujours égard au plus ou moins d'aptitude des officiers, qu'on ne tienne compte des dispositions morales des individus : c'est pourquoi il y aura tant d'avantages à tenir note dans les écoles non seulement de l'instruction des lieutenans, mais encore de leurs penchans, de leur caractère, afin d'apprécier dans quels services ils pourront être le plus utiles.

Malgré les soins à apporter dans le classement des officiers, il faut qu'on puisse jusqu'à *un certain point* comparer les établissemens à des rouages qui, proportionnés dans toutes les parties, n'exigent plus pour fonctionner qu'une main ordinaire, avec la différence, cependant, que, dans ces services, toutes les parties ne pouvant pas être étroitement liées, il faut de l'intelligence pour conserver l'harmonie de l'ensemble, et de plus, une pratique *raisonnée* pour maîtriser et mettre à profit l'activité des officiers, activité d'autant plus grande qu'ils sont jeunes et ne doivent pas rester très-long-temps dans les mêmes établissemens.

Il est d'ailleurs à remarquer que l'industrie serait abaissée au niveau de la routine, si elle ne conservait son mouvement propre, qui la soutient et la conduit à pas plus ou moins lents vers la perfection. C'est pourquoi, il faut, d'une part, que rien ne puisse entraver la marche des établissemens, et que, de l'autre, il s'y trouve des praticiens capables de former des hommes habiles à manier l'administration, et à faire tourner au profit de chaque service tous les efforts individuels.

RÉPARTITION DES OFFICIERS DANS LES ÉTABLISSE-
MENS. — Plusieurs questions se présentent : 1° Est-il nécessaire que les officiers passent par tous les établissemens ? 2° Quels sont les établissemens les plus importans à connaître ? 3° Est-il indifférent que les officiers
débutent par un établissement ou par un autre ? 4° En
quelle proportion devrait-on avoir des sujets formés
dans toutes les parties ?

Pour résoudre de pareilles questions, que nous ne
pouvons qu'indiquer, il semble qu'il conviendrait d'avoir
égard aux conditions suivantes : à la capacité des officiers ;
aux services des établissemens, qui doivent toujours être
assurés ; au temps nécessaire pour être au fait des services, à celui que les officiers pourront y consacrer avant
de passer capitaines en premier, et la plupart prendre
le commandement des compagnies ; à l'utilité dont pourront être les connaissances acquises, soit pour les circonstances dans lesquelles les officiers pourront se
trouver en campagne, dans les siéges, dans les places,
soit simplement comme instruction qui leur serait utile
pour saisir l'ensemble des services, et raisonner mieux
les opérations du service propre de l'artillerie.

Il serait sans doute avantageux que les officiers pussent
passer par tous les établissemens ; mais comme il importe bien plus qu'ils acquièrent des connaissances plutôt justes et précises des choses que variées et confuses,
qui, ne pouvant être bien mises à profit, seraient plus
préjudiciables qu'utiles, ce sera seulement au petit
nombre d'officiers notés particulièrement pour le service d'état-major, en raison de leurs dispositions, qu'il

sera réservé de parcourir tous les établissemens, et d'être ensuite employés plus spécialement dans les services pour lesquels ils auront montré le plus d'aptitude.

Quant au plus grand nombre des officiers, les établissemens les plus importans à connaître semblent devoir être : 1° les *manufactures d'armes*, parce que, les armes portatives qui proviennent de ces établissemens étant remises aux différens corps, et les officiers d'artillerie étant chargés de leur inspection, on ne saurait apporter trop de soins à bien assurer cette branche importante du service ; 2° les *arsenaux*, parce que, le matériel que ces établissemens fournissent touchant de plus près au service propre de l'artillerie, étant le plus varié, le plus sujet à des réparations, il importe qu'il soit apprécié par le plus grand nombre d'officiers. 3° Viendrait ensuite le service des *ponts militaires*, sur lequel des notions générales ne sauraient suffir près des états-majors d'armée, lorsque les moyens manquent et qu'il faut y suppléer, service d'ailleurs qui se rattacherait davantage à l'artillerie, à laquelle il tient déjà de tant de manières, si des capitaines en second y étaient détachés momentanément. 4° Suivant l'importance des connaissances spéciales à acquérir, on pourrait présenter ensuite les *poudres et salpêtres*, la confection des *artifices ;* cependant il sera d'autant moins nécessaire que les officiers passent par ces établissemens, que, toutes les combinaisons, manipulations, roulant sur trois matières principales, charbon, soufre et salpêtre, ces connaissances, ainsi que celles sur les artifices, auront pu être déjà acquises dans les écoles régimentaires. Il faut remarquer qu'il importe bien moins que le plus grand nombre des officiers s'occupe des *moyens pour arriver à la production* que *de la production elle-même*, que les manipulations sont bien plus importantes à connaître pour eux que les constructions de machines auxquelles on recourt pour arriver à produire. 5° Le matériel provenant des *forges* et des *fonderies* ne se prêtant pas aussi fréquemment à des réparations, modifications, et, de plus exigeant pour être confectionné des appareils qui demandent du temps et de grands moyens, on peut considérer ces objets comme plus spéciaux; et c'est peut-être dans ces genres d'industrie qu'il importe de former moins d'officiers, mais de mettre ceux-là en état de parfaitement connaître ces services.

Maintenant, si l'on en vient à l'ordre d'après lequel il convient que les officiers passent d'un service à un autre, il semble que ceux destinés à parcourir les différens établissemens devraient débuter par les forges ou poudres et salpêtres, parce que les compositions y sont formées avec des matières premières, dont l'étude est faite sur les lieux mêmes, et que l'instruction ne saurait remonter plus haut; tandis que dans les autres établissemens, tels qu'arsenaux, manufactures d'armes, on emploie précisément les fers, fontes, etc., préparés dans les forges. Les fonderies devraient succéder aux manufactures d'armes et former le dernier échelon, parce que les appareils, les manipulations, y sont sur une échelle beaucoup plus grande que dans les manufactures, et qu'il convient toujours de procéder du simple au composé.

Pour mettre toute la régularité désirable dans le passage successif des officiers dans les établissemens, il conviendrait que dans les écoles les professeurs des cours supplémentaires, tout en classant les élèves suivant leur aptitude, désignassent dans quels services ils devraient être employés de préférence, le nombre d'établissemens à parcourir devant d'ailleurs être subordonné aux dispositions des individus et aux *besoins* des services qu'il conviendrait aussi de faire reposer sur des bases fixes autant que possible, de manière qu'en tout temps ces services fussent parfaitement assurés par la pratique d'un nombre suffisant d'officiers exercés *spécialement* dans chaque partie : *car il faut bien remarquer que, comme les connaissances dans toutes les parties n'ont pas à beaucoup près la même importance, le superflu dans un genre peut devenir une privation pour les services les plus importans.* Ainsi, l'on devrait trouver le plus grand nombre des officiers adonnés particulièrement au service propre de l'artillerie, non seulement parce qu'il est plus important, mais encore parce que, les troupes étant considérables, elles exigent un nombre d'officiers qui leur soit proportionné. — Sans doute, pendant de longues années de paix, les officiers acquerront assez de connaissances en tout genre, et la masse des capacités sera plus que suffisante; mais il serait peu sage de calculer ainsi : il faut que dans des temps de guerre les officiers d'artillerie puissent remplir aux états-majors, en campagne, dans les places, dans les établissemens et dans les missions qui leur seront confiées, toutes les fonctions dont ils pourraient être chargés.

On a déjà apprécié combien il peut être avantageux de simplifier le mécanisme des administrations d'établissement, de les ramener autant que possible à l'unité; on a commencé déjà à mettre à exécution un pareil dessein dans la rédaction des règlemens provisoires sur les différens services; mais peut-être serait-il à désirer que les règlemens fussent tous, autant que possible, soumis à une même classification, de même que nous l'avons demandé pour les manuels. Sans doute, les opérations, en raison en raison des différences plus ou moins marquées qui les séparent, ne permettent guère d'admettre des relations identiques; mais encore pourrait-on approcher de la similitude, coordonner toutes les mesures qui tendent vers le même but, en faire la première partie de chaque règlement, et rejeter dans la deuxième partie tout ce qui appartient plus particulièrement à chaque espèce d'établissement; en un mot, si les différens règlemens provisoires ont été élaborés séparément par les chefs des différens services, il serait à souhaiter qu'ils fussent tous repris par une seule commission pour être coordonnés entre eux. — En employant un grand nombre d'officiers dans les services spéciaux, l'intention du Gouvernement n'étant pas qu'ils deviennent des artistes, mais qu'ils se mettent en état de connaître ces services, d'y acquérir assez de pratique sans qu'ils puissent perdre de vue quel usage ils seront appelés à en faire, le but étant toujours le même, il est donc nécessaire que les mesures à adopter y conduisent; il faut que les règlemens puissent être considérés comme des repères liant toutes les parties entre elles, et comme faisant suite aux cahiers d'instruction des écoles régimentaires : autrement les officiers, en passant d'un service à un autre, auraient à apporter pour chacun d'eux une manière de travailler en quelque sorte différente, ce qui, outre la confusion dans les idées, entraînerait une perte de temps toujours précieux si les officiers veulent le consacrer au travail (1).

____

(1) On observera peut-être que les règlemens sont faits bien moins pour l'instruction des officiers que pour fixer tout ce qui tient à l'administration des établissemens, de manière que ceux-ci fournissent de bons produits et avec économie. Tout en reconnaissant la justesse

Ecoles centrales pour les forges, poudres et salpêtres, etc. — Il semble qu'en adjoignant de suite à des officiers déjà au courant des travaux ceux employés pour la première fois dans des établissemens tels que manufactures d'armes, fonderies et arsenaux, cette mesure aurait le mérite de mettre plus tôt à profit la présence des nouveaux officiers, et dispenserait surtout de l'instruction *préliminaire* prescrite par les règlemens provisoires sur les manufactures d'armes, fonderies, etc.; elle serait avantageuse, soit parce qu'elle serait moins assujettissante, soit parce qu'elle aplanirait les difficultés de détails et de tous les instans, qu'on ne saurait prévoir dans des cours d'instruction, dont les officiers *enseignans* et *enseignés* doivent d'ailleurs être saturés. — Mais dans les poudres et salpêtres et dans les forges, où les officiers inspecteurs ou adjoints sont le plus souvent livrés à eux-mêmes, on ne pourrait adopter la même mesure : aussi a-t-on reconnu déjà l'avantage d'envoyer d'abord dans les forges de la Mozelle les officiers destinés à être employés dans ce service. Cette mesure conviendrait à plus forte raison pour les poudres et salpêtres; il serait à souhaiter qu'elle fût admise, et que les officiers destinés à une inspection dans les poudres fussent attachés d'abord à un établissement tel que Paris, le Bouchet ou Toulouse.

Quoi qu'il en soit, on peut croire que les manuels

de cette observation, est-il moins possible de disposer les articles de ces règlemens de telle sorte qu'ils se rapportent les uns aux autres, et soient, pour ainsi dire, renfermés dans le même cadre.

concourront encore à rendre moins utile l'instruction préliminaire, qui, aux termes des règlemens, doit être donnée dans les établissemens, en conférence ou dans les ateliers, par les sous-inspecteur ou par un capitaine adjoint.

Si tout ce que nous venons de dire sur la *spécialité* tend à prouver combien il peut être facile, par une répartition convenable des officiers, de pourvoir aux différens services et de les bien assurer, on doit reconnaître aussi combien de telles dispositions se prêteraient naturellement à une extension des attributions du corps royal de l'artillerie, et même à la possibilité de rapprocher des corps dont lesservices se touchent et se pénètrent en bien des circonstances.

CHAPITRE V.

QUESTIONS DIVERSES. — ÉMULATION.

RÉDUCTION DU NOMBRE DES ECOLES RÉGIMEN-
TAIRES ; — EMPLACEMENS ; — ÉTABLISSEMENS PRÈS
DE CES ECOLES ; — COMMENCEMENT D'EXÉCUTION. —
On reconnaît depuis long-temps que le nombre des
écoles régimentaires pourrait être moins considérable.
M. le général de Ricci, dans son *Essai sur l'instruction*, etc., propose de réduire à quatre le nombre des
neuf écoles actuellement existantes. Pour prouver
combien cette réduction serait avantageuse, s'appuyant
sur l'exemple des autres Etats les plus puis sans 'de
l'Europe, qui n'en ont pas le tiers, M. de Ricci
expose que le but de l'institution des écoles est de procurer aux différens corps de l'arme tous les moyens d'acquérir les connaissances étendues et variées qu'exigent
les services nombreux de l'artillerie, de manière que ces
connaissances s'entretiennent, s'épurent, et prennent
même des développemens proportionnés aux progrès
des sciences et des arts auxquels elles se rattachent : d'où
il résulterait qu'une seule et unique école pour toute
l'artillerie, avec un grand établissement central pour les
constructions de toute espèce, serait ce qu'il y aurait de
plus avantageux pour les progrès de l'artillerie. La comparaison que M. de Ricci établit entre de petites écoles
et les académies, qui, trop multipliées, manquent toujours

(295)

ou de bons académiciens ou de ressources suffisantes
pour faire de bonnes choses, est sentie davantage par
l'opposition des effets produits au milieu des grandes
masses, dont les individus s'électrisent mutuellement par
la communication des idées, et par l'émulation qui les
remue et les agite. Mais, considérant la question sous
le point de vue militaire, ayant égard à la nécessité de
distribuer le matériel et le personnel sur la surface du
royaume, M. le général de Ricci s'arrête à proposer
quatre écoles: il trouve ainsi que l'on pourrait reporter
sur les écoles conservées tous les moyens disséminés,
et qu'on pourrait les constituer plus fortement, soit
en plaçant sur ces points les établissemens que com-
porteraient de pareilles positions, soit en recherchant
des professeurs d'un grand mérite, que les économies
provenant de la réduction dans le nombre des écoles
permettraient de traiter d'une manière plus favorable.
Si les troupes d'artillerie doivent être exercées à agir
simultanément avec les autres troupes, comment de tels
exercices pourraient-ils être suivis dans des garnisons
qui ne consistent qu'en un régiment d'artillerie. Indépendamment de toutes ces considérations, on aurait encore à tenir compte des avantages généraux que nous avons
prouvé devoir résulter la concentration des établissemens,
page 269. — Par quelles objections pourrait-on affaiblir
les effets d'une mesure approuvée aussi universellement,
et si favorable pour l'instruction des officiers, pour le perfectionnement de l'artillerie, pour l'économie que l'État
trouverait nécessairement dans une semblable réduction.
Si la force d'inertie et une longue existence de l'état actuel
des choses semblent s'opposer à cette mesure, elles ne peuvent être un motif plausible et suffisant pour qu'une amélioration aussi capitale ne doive pas recevoir tous les

développemens qui résulteraient incontestablement de la fusion des petites écoles dans les grandes.

M. le général de Ricci établit les quatre nouvelles écoles à Toulouse, Lyon, Tours et Paris; il démontre, dans une note sur Lyon, avec combien d'avantages on pourrait y former un vaste établissement d'artillerie.

Si nous pouvions être enhardi par plus d'expérience à présenter notre avis, nous préférerions, pour les emplacemens des écoles, Metz et Douai, à Tours, à Paris. L'école pour l'artillerie de la garde restant à Vincennes, nous admettrions ainsi cinq écoles. Les principaux motifs qui nous porteraient à préférer Metz et Douai sont fondés sur ce que la répartition du matériel et du personnel, qui met dans l'obligation d'admettre plusieurs écoles, serait mieux faite, puisque ces deux écoles fourniraient beaucoup plus facilement aux frontières du nord et de l'est; ensuite sur ce que dans ces places les établissemens existent déjà avec tous les alentours, et qu'on ne saurait guère trouver pour eux des positions plus avantageuses. Le reproche qu'on leur fait d'être trop voisines des frontières serait mieux mérité si l'on y accumulait les établissemens, de manière à être obligé d'en tirer tout le matériel; mais on a reconnu la nécessité d'avoir des établissemens dans le cœur de la France, afin de subvenir aux besoins des armées dans les cas où les frontières et une partie du territoire seraient envahies par l'ennemi.

Il y a cette différence remarquable entre les écoles et les établissemens de construction, qu'en temps de guerre les écoles seraient presque désertes, tandis que les établissemens seraient dans la plus grande activité.

Nous reconnaissons d'ailleurs combien il peut être avantageux qu'il y ait le plus grand nombre d'établissemens auprès des écoles ; mais encore la position des grands ateliers, sous le rapport de la facilité des approvisionne-mens en matières premières, sous celui du prix de la main-d'œuvre et des matières, sous le rapport des chutes d'eau, de la facilité des communications, etc., doit être fixée sur d'autres bases que celle des écoles, si l'on tient pour celles-ci qu'elles se partagent la ligne des frontières. On trouve d'ailleurs à Metz, qui est un des principaux boulevarts de la France, autant et de beaux établisse-mens en activité que l'on pourrait en réunir de différens à très-grands frais sur une même point.

Nous avons insisté ailleurs sur la concentration des établissemens. A ce sujet, nous pensons qu'il n'est pas de première nécessité que des établissemens de toute es-pèce soient réunis près de *chaque* école ; que, les régi-mens changeant de garnison tous les deux ans, en les faisant passer successivement par *les* quatre écoles, il suffirait, *à la rigueur*, que l'ensemble des établissemens comprît tous ceux de l'artillerie : ainsi, une seule fon-derie, une seule manufacture, etc., seraient indispensables près des écoles. Les changemens de garnisons et le pas-sage successif dans les quatre écoles seraient même profitables sous d'autres rapports, principalement pour les exercices pratiques sur le terrain, puisqu'ils seraient beaucoup plus variés.

Si l'on jugeait peu prudent d'entreprendre à la fois des réductions aussi importantes, on pourrait commen-cer, ainsi que le propose M. le général de Ricci, à former une grande école à Toulouse ou à Metz, en y réunissant le régiment en garnison à Valence ou à Auxonne, tandis que tout resterait dans l'état actuel des choses pour les autres écoles. — Dans la grande ecole, on mettrait à l'es-sai le nouveau plan d'intruction ; on en coordonnerait

toutes les parties, de la manière qu'on croirait la plus
convenable et l'on en ferait successivement l'application
aux autres écoles à agrandir et conserver.

Si c'est pendant une paix assurée pour de longues
années que de pareilles modifications doivent être entreprises pour que la réussite en soit mieux assurée, on
ne saurait profiter de circonstances plus favorables que
celles dans lesquelles la France se trouve actuellement.

L'ARTILLERIE POURRA-T-ELLE SE SUFFIRE A ELLE-
MÊME; RENFERME-T-ELLE EN ELLE TOUS LES MOYENS
DE PERFECTIONNEMENT? — Pour résoudre cette question, il convient d'examiner quels sont les services à
remplir, comment on peut les améliorer, de quels
moyens peut disposer l'artillerie pour atteindre le but.
Or les services de l'arme consistent dans l'emploi du
matériel, d'une part, et de l'autre, dans sa construction ;
ces services s'appuient sur les sciences physiques et
sur l'art militaire, que l'invention de la poudre et
l'emploi de l'artillerie ont bouleversé, ont forcé à se
reconstituer sur de nouvelles bases dans ses principales
parties, telles que la tactique et la fortification. C'est
donc vers le perfectionnement des sciences physiques
et de l'art militaire *dans leurs rapports* avec l'arme de
l'artillerie que doivent tendre tous les efforts ; c'est par
cette voie hérissée de difficultés que l'artillerie doit
avancer.

Revenons sur les sujets traités dans les chapitres
précédens ; examinons de quels moyens l'arme peut disposer, et si avec eux il lui sera possible d'atteindre le
but. Des officiers, après avoir été élevés dans des écoles
préparatoires, après y avoir été instruits dans les sciences,

dans leurs applications générales, admis enfin dans le corps, on exige d'eux, dans les écoles régimentaires, qu'ils emploient leur temps à spécialiser les connaissances acquises, à apprendre à les utiliser dans les différentes branches du service. En état de disposer de tous les moyens d'instruction, ils les trouveront réunis dans les écoles : cours appropriés aux connaissances déjà acquises, et faits par d'habiles professeurs réunissant à de vastes connaissances une pratique éprouvée; travaux d'application, exercices, expériences, épreuves; bibliothéques, laboratoires de chimie, cabinets de physique, modèles, instrumens vérificateurs, reliefs, plans, cartes, cahiers classiques indiquant tous les rapports des opérations entre elles; enfin, établissemens où les travaux les plus importans s'exécutent sous leurs yeux, activité, émulation : voilà pour les écoles. Dispersés ensuite dans les établissemens suivant leur aptitude, chargés de surveiller, de diriger les opérations, réunissant les fonctions administratives et productrices, guidés d'abord dans leurs travaux par des manuels et par les conseils de leurs aînés dans ces services, les officiers deviendront eux-mêmes capables d'apprécier les causes et leurs effets, de rattacher les productions à l'emploi qu'il en faut faire, puisque, militaires et producteurs, ils doivent transformer la matière pour l'employer. — Si de tels membres ne pouvaient soutenir le corps entier, pourvoir à tous ses besoins, *où et comment* recourir au dehors à des hommes qui seraient nécessairement privés de tant de ressources, à des hommes d'une capacité, d'une aptitude, qu'on peut croire au-dessous de celle que l'on doit trouver dans un corps aussi nombreux, d'après le choix de sujets que l'on peut y faire, et d'après leur répartition la plus convenable dans les services?

Cette faculté de disposer de ressources aussi fécondes, pour des services variés, doit avoir une puissante influence si on en tire bien parti, si, dans chaque service, on trouve quelques officiers s'occupant sans cesse et pratiquant tous les jours : ainsi les différens moyens d'amélioration, au moral et au physique, seront réunis ; le matériel sera soigné, construit avec économie, les services de guerre raisonnés et toujours bien remplis. Le corps, fort de ses propres moyens et beaucoup plus indépendant, n'aura pas à réclamer, pour ses propres travaux, des secours étrangers, et les rapports qui unissent les différens services publics, qui n'en font qu'un pour l'intérêt de l'Etat, prendront leur véritable place (1).

L'expérience vient encore à l'appui de la nécessité où l'artillerie se trouve de compter sur ses propres moyens, de chercher elle-même à améliorer les différentes parties de son administration et de ses travaux. Pendant la révolution, à l'époque où l'industrie devait à quelques hommes une si prodigieuse activité, où les matières premières étaient si rapidement transformées en poudre, en armes offensives et défensives, à cette époque, des commissions de chimistes les plus distingués furent successivement appelées surtout à chercher, à présenter un

---

(1) Si on objecte la responsabilité qui pèserait sur l'artillerie, dans le cas où elle construirait elle-même ses magasins à poudre, on n'a qu'à comparer cette responsabilité avec celle qu'elle encourt tous les jours en les employant, et puis compter les chances. — D'ailleurs, le Gouvernement pourrait être rassuré sur la solidité de ces constructions, parce qu'on trouverait toujours des officiers d'artillerie qui, avec les mêmes connaissances théoriques, seraient aussi exercés à de pareils travaux, s'appuieraient sur des données aussi exactes et y joindraient de plus le sentiment des convenances.

nouvel alliage qui fût plus convenable pour les bouches
à feu : leurs travaux furent sans résultat. Repris depuis
par des mains aussi habiles, ils n'eurent pas plus de
succès. Toutes ces tentatives, ainsi que celles sur la balistique, etc., n'ont servi qu'à prouver que, les arts en particulier ne présentant qu'un champ assez borné aux recherches, on doit peu compter sur les hommes de cabinet pour leur perfectionnement, parce que, ne voulant
pas se perdre dans les détails, les savans préféreront toujours le domaine illimité des sciences, dans lequel ils
peuvent tirer tout le parti de leurs vastes connaissances,
donner l'essor à leur esprit de recherches et à leur imagination. S'ils présentent des résultats généraux, c'est
aux différens arts à se les approprier eux-mêmes; si on
les trouve disposés à donner des conseils, il est certain
qu'ils ne se dévoueront aux progrès d'une industrie que
lorsqu'ils y seront poussés par un intérêt opposé à leur
ambition; et pourtant il faut pour les établissemens
d'artillerie des hommes qui soient à portée de saisir les
moindres particularités et les petits détails, qui constituent souvent tous les secrets des arts.

D'après les considérations que nous venons d'exposer,
nous sommes donc autorisé à conclure que l'artillerie doit
chercher et trouver en elle-même tous les moyens de
perfectionnement.

CONVIENT-IL DE RENDRE PUBLICS TOUS LES TRA-
VAUX DE L'ARTILLERIE? — On peut objecter, contre la
publicité donnée aux travaux de l'artillerie, que des
améliorations qui auraient entraîné le Gouvernement
dans de grandes dépenses passeraient ainsi à l'étranger,
et pourraient être tournées contre la France, sans dédom-

magement. D'abord, il faudrait savoir s'il serait possible de les tenir secrètes, lors même qu'on en aurait la volonté. L'Angleterre, si intéressée, si fière de son industrie, a-t-elle pu conserver ses procédés, empêcher qu'ils ne passassent le détroit, lorsque de simples particuliers ont tenu à les avoir : ce que des particuliers sont parvenus à obtenir, à arracher à des intérêts bien plus pressans et plus appréciés par des manufacturiers dont la fortune repose sur leur industrie, quelle probabilité plus grande en faveur des Gouvernemens pour obtenir des renseignemens sur des objets d'un intérêt moins individuel.

La France est-elle donc réduite au point d'avoir besoin de pareilles ressources pour assurer son indépendance, mieux établie, puisqu'elle repose sur la force ? La France savante et industrielle, en fécondant le sol national, répand au dehors ses bienfaits, et contribue ainsi à augmenter la puissance des étrangers : faudrait-il pour cela rompre les liens qui unissent les nations ?

C'est en se faisant imiter et copier par d'autres puissances, que l'artillerie française, avant la révolution, s'était élevée ; c'est par les mêmes moyens qu'elle pourra grandement soutenir sa réputation ; c'est par un plan d'instruction bien concerté qu'elle doit surtout chercher à s'assurer une supériorité sur celles des autres nations, parce qu'elle aura au moins un certain temps d'avance, puisqu'il en faut pour naturaliser des institutions et pour les faire prospérer. L'École Polytechnique, célèbre par les hommes utiles qu'elle fournit depuis plus de trente ans, a été établie sur un plan vaste par des personnes capables ; les étrangers, reconnaissant tous les services qu'une pareille institution peut rendre, ont voulu en créer dans leur patrie : eh bien ! soit précipitation, soit insuffisance dans les moyens, ces écoles, qui existent déjà depuis nombre d'années, ne rivaliseront pas de long-temps avec l'école française.

Au surplus, si quelque perfectionnement méritait, en raison de son importance, qu'on le tînt secret, l'artillerie pourrait toujours s'en réserver les moyens. En général, s'il peut y avoir des inconvéniens à rendre publics certains travaux, ces inconvéniens seront presque toujours au-dessous des avantages qui en résulteront pour l'arme et pour les officiers en particulier : car en répandant les moyens d'instruction, les services seront mieux remplis et l'artillerie suivra de plus près l'industrie, que les besoins et les passions de l'homme remuent sans cesse et font avancer.

D'ailleurs, comment serait-il possible de tirer parti des innovations, de les perfectionner, sans discussion, sans épreuves répétées, et par conséquent sans publicité? A quoi serviraient les meilleurs projets, s'ils devaient rester enfouis dans des cartons?

Enfin, ce qui est à considérer, c'est que toutes les améliorations dans l'art militaire, dès qu'elles sont partagées, ramènent la force des Etats à celle de leur population, de leur industrie, et à l'étendue de leurs ressources territoriales, de manière que la nation la plus populeuse, la plus riche, dont le sol est le plus fertile, doit toujours conserver la plus grande influence. — Aussi on entend souvent dire que les moyens de faire la guerre sont déjà trop meurtriers; que, pouvant être employés également par les nations belligérantes, il est inhumain de chercher à les perfectionner encore et à les répandre. A cela nous répondrons que la civilisation et l'art militaire, en faisant l'une et l'autre des progrès, doivent augmenter les garanties contre la fréquence des guerres, parce que, d'une part, les peuples apprendront à mieux balancer les sacrifices dans lesquels ils sont entraînés avec les résultats que procurent même les plus brillantes victoires, et que, de l'autre, les dangers, les sacrifices, augmenteront par les progrès de l'art militaire. On oserait même concevoir une époque où la raison publique fût assez puissante pour que la découverte des instrumens de mort les plus *effrayans pût être regardée comme un service réel rendu à l'humanité* (1).

QUELS AVANTAGES, DANS L'INTÉRÊT DE LA SCIENCE, PEUVENT PRÉSENTER LES ÉCRITS SUR L'ARTILLERIE? — Dans les différens écrits qui peuvent être publiés par des officiers d'artillerie, on doit toujours admettre que les auteurs se proposent un but, qu'ils ont l'intention de traiter quelques questions dont ils cherchent à donner des solutions plus ou moins satisfaisantes. On doit même supposer que ceux qui se décident à écrire ont la conviction de l'intérêt des sujets qu'ils traitent et des vues qu'ils se proposent de soumettre à leurs camarades : car il n'est pas un officier, quelque faible portée d'esprit qu'on lui accorde, qui voulût paraître devant tout un corps, composé de personnes instruites seulement avec des choses déjà rebattues, s'il ne croyait y apporter quelques modifications plus ou moins importantes; son amour-propre, son intérêt, s'opposeraient à une démarche aussi insignifiante; à la faire il n'y aurait que sottise.

Toutes les fois que les questions sont circonscrites

---

(1) L'invention de la poudre ne doit-elle pas déjà être considérée comme une heureuse découverte sous ce point de vue?

par les besoins des services, qu'elles sont bien posées
et que l'auteur indique clairement ce qu'il propose, et
surtout qu'il s'attache aux faits, on ne saurait contester
que son travail ne doive présenter de l'utilité sous quelque point de vue; aurait-il même manqué le but, que
les discussions qui en devraient résulter fourniraient les
moyens de résoudre les questions agitées. *Quë de sot-
tises ne dirions-nous pas maintenant, si les anciens
ne les avaient dites avant nous et ne nous les avaient
pour ainsi dire enlevées.* (Fontenelle.) C'est le sort de
l'esprit humain, de n'arriver à la vérité qu'en passant
par le chemin des erreurs. Celles-ci peuvent égarer; mais
elles sont utiles lorsqu'on veut bien approfondir la matière; elles servent au moins à signaler les écueils. Sous
ce point de vue, toutes les innovations, voire même
l'artillerie de l'an II, en ce qu'elle présente de plus dé-
fectueux, doivent être considérées comme des pas faits
vers de véritables améliorations; toutes les difformités,
toutes les contradictions qu'elles renferment, peuvent
faire germer les idées de l'utile et conduire à quelques
heureux résultats.

Nous ne parlerons pas de cet esprit de défaveur contre
tout ce qui tend à paraître. Il serait à désirer que, lorsqu'on veut bien examiner pour juger, on fît toujours
abstraction de l'individu et qu'on ne s'attachât qu'aux
choses; qu'on se mît en garde contre ces fâcheuses dispositions qui ne tiennent aucun compte de quelques
vues utiles et des difficultés des matières, qui portent
trop souvent à juger les écrits avec précipitation et à ne
s'arrêter que sur les défauts qu'ils présentent, à attri-
buer, avec une sorte de satisfaction, à d'autres écrivains
les bonnes choses que ces ouvrages peuvent renfermer.
L'officier, placé entre une crainte si bien fondée et les

obstacles à surmonter, les recherches à faire, la certitude de ne pouvoir produire un travail exempt de critique, s'arrête par calcul, s'il préfère la douceur du repos et s'il veut rester à l'abri de la défaveur, suite naturelle d'un non-succès. Mais aussi à quels résultats s'attendre dans l'intérêt des services? Depuis plus de dix ans, après une guerre d'un quart de siècle, combien compte-t-on d'officiers qui se soient décidés à écrire sur la partie technique de l'artillerie, à communiquer leurs vues, à faire partager à leurs jeunes camarades le fruit de leurs travaux et celui d'une expérience si précieuse, acquise sur les champs de bataille immortalisés par tant de victoires? Certes, dans des services aussi nombreux, qui se présentent comme autant de mines neuves et fécondes, et dans un corps composé de plus de 1400 officiers, dont les deux tiers anciens élèves de l'Ecole Polytechnique, on ne peut pas dire que ce soient les matières, ni que ce soient les moyens qui aient manqué. Si, dans cet intervalle, quelques ouvrages ont paru, oubliés bientôt, où leurs côtés faibles mis à nu par la critique, on les a perdus de vue; tandis qu'une discussion en forme et mesurée, pour ceux même les plus médiocres, aurait eu le triple avantage d'exciter l'ardeur des officiers, de rendre applicables les bonnes choses, et de faire bien connaître les écueils à éviter et les routes à suivre. C'est en analysant ainsi les ouvrages qu'ils seraient utiles, et qu'on en tirerait toujours parti.

Si quelques officiers, tout en appréciant les inconvéniens dont nous venons de parler, obéissent au penchant qui les entraîne à publier leurs travaux, sans doute il peut y avoir en eux le désir de se distinguer mêlé à celui d'être utiles; mais, comme nous avons dit, c'est moins dans leur intérêt qu'ils écrivent que dans celui de la chose publique. Ils entrent pourtant dans une carrière qui est ouverte à tous, que tous ont les moyens de parcourir, et qui, renfermée dans de justes limites, ne peut qu'être avantageuse pour le service de l'Etat. Quoi qu'il en soit, on doit attacher plus d'honneur et de moralité à cette émulation, ou plutôt à ce dévouement, qu'on ne saurait en trouver dans les petits soins, dans toutes les prévenances, auxquels des individus croient qu'il est plus simple, plus facile de recourir pour mériter la bienveillance de leurs chefs, ressource que nous nous empressons de reconnaître exercer infiniment moins d'influence dans les corps de l'artillerie et du génie que dans tout autre, par la raison toute simple qu'il y a dans ces deux corps plus d'instruction (1).

Enfin nous reconnaîtrons que, si quelques officiers donnent par leurs écrits des preuves qu'ils travaillent et qu'ils s'occupent utilement, ils ne doivent point pour cela être considérés comme au-dessus de leurs camarades, qui, peu disposés à jouer leur amour-propre, préfèrent concourir aux améliorations par d'autres travaux non moins utiles, ni même de ceux qui se contentent de remplir avec une grande exactitude leurs devoirs, et de bien faire leur service, qui passe avant tout.

A cette question sur les écrits s'en rattache une autre

---

(1) Le comité spécial et consultatif de l'artillerie a sans doute apprécié toutes les difficultés dont on vient de faire l'énumération, et les avantages qu'il y aurait, pour le bien du service, à exciter le zèle des officiers et à leur donner tous les moyens de se faire connaître par leurs travaux. On doit depuis peu à sa sollicitude la publication d'un Mémorial, et des prix annuels pour les officiers qui auront présenté des vues ou des découvertes utiles sur l'une des branches de leur service.

secondaire sur *l'indépendance des opinions* en matière de science. Toutes les questions qui intéressent l'artillerie étant de son domaine, on ne saurait blâmer les officiers d'exposer leurs vues avec indépendance, sous une forme générale, sans allusion, sans personnalité : car ce sont toujours les choses en elles-mêmes qui importent, et jamais les personnes. Les autres bornes à se prescrire doivent dépendre de celles des sujets et des connaissances qu'on apporte pour les traiter. Le premier numéro du mémorial de l'artillerie renferme des avis très-utiles sur les questions qui, dans l'état actuel des choses, méritent le plus de fixer l'attention des officiers de l'arme.

MOYENS DE SOUTENIR L'ÉMULATION, DE LA RENDRE PLUS UTILE. — L'émulation, l'ambition, l'envie, la jalousie, agitent l'homme dans la société. *L'émulation*, qu'on peut définir le désir d'atteindre ou de surpasser le mérite de ses concurrens, n'aspire qu'à des choses louables, ne fait naître que des sentimens généreux, et n'échauffe que les âmes susceptibles d'élévation; tandis que *l'ambition* se montre par le désir de dominer; ayant pour but la puissance, elle est mue par l'orgueil, par l'égoïsme, et fait servir tous les moyens à ses vues; *l'envie*, la *jalousie*, plus méprisables encore, n'élèvent pas : elles tendent à déprimer, à abaisser à leur niveau.

Si dans les relations sociales L'ÉMULATION a fait faire les plus grands progrès aux arts, aux sciences; si elle a contribué à en reculer les bornes, à les enrichir des plus importantes découvertes; si elle soutient le législateur dans ses veilles (1); si elle exalte l'imagination du peintre,

___

(1) Montesquieu répétait après le Corrége : *Et moi aussi je suis peintre.*

(307)

du poëte, quels effets ne doit-elle pas produire sur le guerrier qui, devant l'ennemi, compte la vie pour rien, ne voit que l'honneur de combattre pour son pays, de le garantir de la dévastation et du pillage? Est-il des cir-constances où l'homme puisse s'élever aussi haut par des sentimens plus généreux. Alors l'émulation devient l'a-mour de la gloire. Influence digne de remarque! Dès que le moral est bien dirigé, et que les hommes sont appréciés ce qu'ils valent, les belles actions ne restent jamais isolées; elles se suivent, se pressent en foule, et les hommes deviennent capables des plus grandes choses.

Rome produisit d'illustres citoyens, étendit ses con-quêtes, et finit par dominer le monde, parce qu'elle renfermait d'abord dans son sein des Horace, des Coclès, des Scævola, des Clélie, et que le peuple romain, capable d'apprécier ses héros, honora, célébra leurs vertus, leur éleva des statues. — Est-il même besoin de porter ses regards vers l'antiquité pour trouver des exemples frap-pans d'une grandeur aussi prodigieuse produite par des causes semblables? Les armées françaises n'ont-elles pas en moins de vingt ans parcouru l'Europe dans leurs conquêtes: le dévouement des Beaurepaire, des Chouar-din, etc., l'intrépidité des soldats de Valmy, de Jem-mapes, de Lodi, d'Arcole, etc., avaient produit leur effet, avaient donné à l'esprit militaire toute son énergie et rendu les soldats invincibles. Guidés par leurs aînés, animés par leurs exemples, ils pouvaient dire : *Et nous aussi, etc.*

A l'intérieur, en temps de paix, tous ces mouvemens généreux et passionnés qui constituent le vrai soldat sous la tente font place à des passions moins vives: car il en faut toujours à l'homme; elles sont le soutien de son être. Le calme de l'étude succède à la fougue des camps; des occupations si différentes, sans changer le guerrier, doivent modifier ses manières : aux armées il était soldat, ici il est citoyen.

Dans quelques circonstances que se trouve l'artilleur, puisque l'émulation est un ressort dont on peut disposer avec tant d'avantages, puisqu'elle peut exercer une si grande influence, on ne saurait trop s'attacher à lui donner une direction utile. L'émulation se guide sur des comparaisons; elle vit de rapports. Pour qu'elle soit bien dirigée, il faut surtout éviter le contact de la faveur : le mérite seul doit être protégé. Ainsi le travail sera honoré; on s'y livrera avec ardeur, si les suffrages et les récompenses repoussent la paresse, l'envie et la jalousie ses dignes compagnes, pour ne couronner que les efforts des hommes laborieux qui font plus que leur devoir. « *Dans les corps où l'application et les travaux* « *retiennent les officiers à l'écart, les préservent d'être* « *courtisans, il faut plus de justice, plus d'attention,* « *de la part des chefs; il y a même moralité en cela.* « *L'officier n'est pas humilié à solliciter; en lui ac-* « *cordant des récompenses qu'il mérite, mais qu'il* « *ne demande pas, il est doublement encouragé.* » Ainsi s'exprimait M. de Gribeauval, qui connaissait le prix du travail.

Les hommes veulent être loués, remerciés de ce qu'ils font de bien : de cette manière on les encourage à mieux faire. La parole dure éloigne, repousse; la sévérité rend l'homme caché, hypocrite et méchant, tandis que des éloges mesurés le rendent modeste et meilleur.

Parmi les moyens d'exciter l'émulation et de la soutenir on peut citer *l'avancement au choix ; les ordres militaires, les gratifications, les notes des chefs et des inspecteurs généraux, les prix au concours, les lettres honorables du ministre et du comité, les marques de distinction, les éloges; l'insertion dans le Mémorial des travaux remarquables des officiers, avec les noms des auteurs; l'admission dans les services spéciaux et dans la garde royale* (1), *etc.* : voilà les principaux ressorts qui doivent être employés à entretenir l'ardeur des officiers.

Tous les moyens que nous venons d'indiquer peuvent se suppléer et conduire au but, pourvu qu'ils ne deviennent le mobile ni des intrigues ni des protections : car si elles avaient accès, les alimens destinés à rendre le corps vigoureux se convertiraient bientôt en poison lent qui le rongerait et causerait sa ruine. Alors les membres parasites s'élèveraient aux dépens de ceux qui sont utiles, et auxquels il resterait pour partage la peine, les veilles et le dégoût. En plaçant mal les récompenses, elles seraient plutôt nuisibles, et l'on peut croire qu'il y aurait moins d'inconvéniens à ce qu'elles fussent supprimées. Si on recourt à la sévérité, aux rigueurs, celles-ci anéantissent l'émulation, flétrissent l'âme, abâtardissent les sentimens, étouffent tout désir de se distinguer, engourdissent enfin l'entendement. — *C'est donc à exciter les courages qu'une administration paternelle, telle que celle de l'artillerie, doit tendre.*

____

(1) En admettant une académie de l'artillerie, le titre d'académicien et même celui de correspondant de l'académie seraient encore des sujets puissans d'émulation. On pourrait considérer encore comme tel l'emploi de quelques lieutenans les plus distingués dans les établissemens.

(310)

Les officiers, constamment placés sous les yeux de leurs chefs, exécutant leurs ordres, ne péuvent bien être appréciés que par eux et par les professeurs. Les chefs peuvent donner des éloges, accorder des marques de distinction, lorsque les circonstances se présentent ; mais c'est surtout dans les *notes* remises à MM. les inspecteurs généraux qu'ils peuvent distribuer la louange ou le blâme, et demander des récompenses pour les officiers les plus distingués. Ces notes, qui doivent être un premier dédommagement en faveur des officiers les plus assidus, pour produire tout l'effet qu'on peut en attendre, devraient être signées des officiers supérieurs et des professeurs pour les lieutenans, puis être soumises à la connaissance de tous les officiers : ainsi les notes acquerraient plus d'importance, et tout soupçon fâcheux serait écarté ; ainsi chaque officier éprouverait déjà une satisfaction proportionnée à son mérite et à ses travaux.

Les *gratifications* sont bonnes comme récompenses du travail : nos mœurs repoussent ces libéralités comme rémunération du courage (1).

---

(1) S'il est de l'intérêt de l'Etat que l'émulation se soutienne, il ne lui importe pas moins que les officiers soient traités d'une manière convenable, et que, dans la société, ils conservent un rang conforme aux fonctions honorables qu'ils remplissent. Or il est impossible de contester que l'industrie, en prenant de plus en plus d'extension, n'ait accru beaucoup l'aisance des différentes classes de la société, tandis que la position des officiers est restée stationnaire, tandis que, dans l'artillerie, *les capitaines en premier touchent le même traitement qu'en* 1765.

Une augmentation de solde est devenue indispensable : cette mesure est reconnue trop universellement pour qu'elle ne fixe pas l'attention de S. Exc. le ministre de la guerre actuel, que l'Ecole Polytechnique s'honore de citer parmi ses anciens élèves, et que le corps de l'artillerie a compté parmi ses officiers les plus distingués. — C'est surtout dans

(311)

L'émulation augmente en raison de la distinction qu'elle procure, et cette distinction est d'autant plus flattéuse qu'il se présente plus de concurrens pour la disputer : c'est pourquoi des *prix mis au concours* doivent produire des effets qui pourront, jusqu'à un certain point, suppléer à l'avancement.

L'avancement au choix est la rémunération la plus grande à laquelle puissent aspirer les officiers; elle doit par conséquent le plus exciter leur émulation. Pour avoir part à cette récompense, s'il était possible de fixer

les corps à talens de l'artillerie, du génie et de l'état-major, où les officiers, plus appliqués et plus difficiles à former que dans les autres armes, sont à même de comparer sans cesse leur position avec celle des industriels les plus ordinaires et les moins capables, qu'il est nécessaire d'apporter des modifications pour les traitemens d'activité, et par conséquent pour les retraites. Pourrait-on faire prévaloir la raison des économies? Ce qui est de toute convenance, de toute justice, semble devoir être en dehors d'un pareil prétexte. *Il n'y a que les erreurs qui coûtent; les dépenses utiles sont économie.* (Guibert.) D'ailleurs, les économies seraient mieux appliquées en les faisant porter principalement sur les améliorations successives, telles que concentration d'établissemens, réunion de différentes attributions, etc.

Quelque brillans que soient les services militaires, il faut dire cependant que les premiers élèves de l'Ecole Polytechnique n'y entrent plus volontiers, parce qu'ils savent d'avance combien de temps ils auront à passer dans les grades inférieurs, et quels plus grands avantages leur présentent les services civils. S'il y va de l'intérêt de l'Etat que des travaux aussi importans et multipliés que ceux de l'artillerie soient confiés à de bons officiers, pour obtenir ceux-ci, pour arriver à cette fin, il faut nécessairement vouloir les moyens. Or nous avons déjà parlé d'employer dans les établissemens des lieutenans qui se distinguaient le plus. On verra plus loin que, parmi ceux qui se signaleraient par des travaux intéressans, les plus habiles devraient être promus au grade de capitaine. Ainsi on ferait la part du mérite personnel. Pour récompenser également l'ancienneté de service, quelques uns devraient être assimilés aux capitaines en second, de même que cela se pratiquait anciennement, comme le prouvent les ordonnances de 1760 et 1761, etc.

un but déterminé qu'il fallût atteindre, alors de quelques difficultés que les moyens d'y arriver fussent héris-
sés, *dès qu'elles seraient les mêmes pour tous* dans
chaque grade, les officiers n'auraient pas à se décourager ;
la porte serait ouverte au mérite seul et fermée à la faveur. Il est, à la vérité, assez difficile de discerner,
d'apprécier les plus grands mérites dans les services ordinaires, qui n'en sont pas moins importans; puisqu'ils
sont de tous les jours, et qu'ils maintiennent le mouvement et la vie dans le corps; mais, tout en faisant
une part très-large pour ces services, ne pourrait-on
point accorder, à des époques déterminées, de l'avancement, dans chaque classe, aux artilleurs de quatre,
six ou huit ans de grade, qui, entre tous leurs camarades, seraient reconnus avoir présenté dans l'intervalle
les travaux les plus importans ? Ces places ne seraient
certainement pas déméritées; on n'aurait à se plaindre
ni que la loi sur le recrutement serait enfreinte, puisque les officiers auraient au moins quatre ans de grade;
ni que les grades supérieurs, jusqu'à celui de colonel,
seraient encombrés, puisqu'en supposant qu'on ne fît
ces promotions que tous les deux ans, *en vingt années*
on n'aurait nommé ainsi que dix capitaines, dix chefs-
de-bataillon (1); ni que ces officiers seraient indignes
de leur nouveau grade, puisqu'ils auraient évidemment
prouvé le contraire. D'ailleurs ce qu'il faut considérer
ici, c'est l'impulsion qu'une pareille mesure imprimerait
au corps de l'artillerie, en animant chaque officier du

------

(1) On reconnaîtra sans doute que le terme de deux ans serait trop
long, surtout pour les lieutenans, dont il importe d'autant plus de
soutenir le zèle, que le temps qu'ils ont à servir dans ce grade est
plus long sans avantages.

(315)

désir d'obtenir de l'avancement d'une manière aussi honorable. Le législateur, ne se prononçant que d'après les résultats généraux qu'il prévoit, a cru devoir réserver, bien plus dans l'intérêt de l'Etat que dans celui des individus, une partie de l'avancement à un certain nombre d'officiers reconnus les plus capables, pour constater qu'à côté des droits de l'ancienneté siégent ceux, au moins aussi positifs, du mérite personnel. Tel est aussi le sens de la loi, qu'en consacrant un droit, elle doit tendre à écarter l'arbitraire.

Si l'opinion d'un général qui connaissait les hommes et les choses, et qui a acquis, par ses travaux, les titres les plus justes à la reconnaissance de l'artillerie, doit être de quelque poids, s'il doit faire autorité, qu'on consulte les ordonnances de 1774 et 1776 : on verra comment M. de Gribeauval entendait les moyens d'exciter l'émulation dans le corps de l'artillerie.

Nota. Pressé de livrer à l'impression cet ouvrage, par plusieurs considérations, nous n'avons pu y ajouter un article sur les *rapports entre les services de l'artillerie et ceux des corps royaux du génie et de l'état-major*, article qui n'aurait peut-être pas été dénué d'intérêt, et pour lequel nous avions déjà réuni des matériaux. Nous nous proposons de donner suite à ce travail; nous le publierons séparément.

Le lecteur aura sans doute trouvé la rédaction du livre que nous lui offrons bien incorrecte. Peu exercé à écrire, nous sommes disposé à faire toutes concesssions sous le rapport du style; nous occupant de cet ouvrage depuis trop peu de temps, nous devons aussi regretter de n'avoir pu le méditer davantage, afin de le rendre plus digne de sa destination.

OBSERVATIONS

SUR LE PREMIER TABLEAU.

Plusieurs officiers ont déjà embrassé la science de l'artillerie dans tous ses détails; quelques uns se sont occupés à réunir dans des tableaux toutes les connaissances nécessaires à l'officier employé dans les différens services de l'arme.

Les tableaux que nous avons pu nous procurer, et que nous avons examinés avec soin, sont de M. le général Dedon, de M. ***, capitaine-adjoint, en 1803, à l'école d'application de Metz, et de M. Doisy, chef-de-bataillon d'artillerie (1). Sans doute ces tableaux comprennent tout ce que l'officier doit et peut savoir; mais nous pensons qu'ils ne sont pas exempts du reproche qu'on est en droit de faire aux meilleurs ouvrages sur l'artillerie (2). Le général Dedon s'est trop astreint à la division des services; sans autre méthode, il n'a peut-être pas assez distingué les connaissances de l'officier qui doivent se lier entre elles, de celles de l'employé, du sous-officier, qui consistent principalement en données de pratique. M. Dedon, par le surcroît de détails

___

(1) *Bibliologie militaire*, ouvrage d'érudition, dans lequel l'auteur traite du classement et du choix des livres qui ont rapport à l'art militaire.

(2) Il faut cependant en excepter les œuvres d'Antoni, et même celles de Scharnborst. Voyez page 230.

(315)

qu'il présente, aurait fait de ses ouvrages de véritables manuels; mais ce ne sont pas eux qui constituent la science, car elle n'existe que dès qu'il y a enchaînement de faits et déduction de principes.

Quoiqu'il y ait plus de méthode dans les deux autres tableaux, qui, au fond, diffèrent peu entre eux, et qui se rapprochent beaucoup de la marche suivie déjà par Morla, on peut croire que, comme plan d'étude pour les écoles, les matières ainsi coordonnées resteraient trop isolées, ne seraient pas liées suffisamment aux connaissances physiques, ne formeraient pas corps de science, et qu'une telle exposition ne concorderait point assez avec l'instruction déjà acquise par les officiers à l'École de Metz. La filiation des idées y est suivie; mais, ainsi observée, elle serait moins féconde, moins utile, puisque dans les écoles on embrasse à la fois différentes parties. D'ailleurs, les principes des sciences mathématiques, physiques, etc., devant servir de bases à l'instruction, les travaux, les exercices, ne doivent en être considérés que comme les applications. Enfin, il est une autre considération dont on doit encore tenir compte : il conviendrait de distribuer les matières de manière que les cours fussent peu nombreux, distincts, et embrassassent cependant les différens services, tout en conservant les rapports qui les lient entre eux.

Sans confondre les fonctions des officiers, et sans les considérer individuellement, nous avons pensé qu'il ne fallait admettre de distinction qu'autant que le genre de connaissances et les aptitudes différaient essentiellement : en conséquence, nous nous sommes borné aux deux grandes divisions: instruction scientifique (services à l'intérieur), et instruction militaire (services de guerre); nous n'entendons même pas que ces deux genres d'instruction puissent être isolés, car ils doivent se prêter de mutuels secours, reposer sur des connaissances communes, sans qu'il soit nécessaire qu'elles soient approfondies autant de part et d'autre.

Dans un tableau comme celui que nous présentons, l'ordre à adopter doit être tel, que les connaissances soient rassemblées dans le plus petit espace possible, de manière que d'un coup d'œil on distingue leurs branches principales, les lignes qui les séparent ou les unissent, et les arts, les sciences, qui concourent au même but. *Ce doit être une mappe-monde donnant la position, l'étendue des lieux et leur dépendance mutuelle.* (D'Alembert.) (1)

Nous avons cherché, dans le tableau, 1° à rattacher l'instruction pour les jeunes officiers anciens élèves à celle qu'ils ont déjà puisée à l'Ecole d'application de Metz ; 2° à coordonner celle des autres officiers et sous-officiers principalement avec le service des troupes ; 3° à présenter un corps de science, à lier les faits aux règles générales, en établissant d'abord celles-ci, et en

---

(1) Maintenant qu'on ne vise qu'au positif, que l'on ne s'occupe que de faits, qu'on ne trouve de préférable que ce qui est utile, et de plus à considérer que ce qui est plus avantageux, il semble que les connaissances humaines pourraient être présentées sous un point de vue économique sous le rapport de leur valeur, de leur importance, pour la conservation de l'homme, et pour le bien-être de la société. Ainsi l'on modifierait cette base si large des trois facultés : *mémoire, raison, imagination,* qui conduisent à la division des connaissances en histoire, philosophie et poésie; division d'autant plus vague que, les opérations de l'esprit étant réfléchies, elles demandent toute la coopération de la mémoire, du raisonnement, et plus ou moins de l'imagination, et qu'on ne saurait admettre de *bonnes* histoires et de *belles* poésies sans *raison.*

les faisant suivre de toutes les applications qu'on en peut faire.

Nous avons cru devoir offrir dans ce tableau les programmes de chaque cours, *sans prétendre qu'ils soient complets, ni que les faits soient dans leur ordre le plus naturel;* nous avons cherché surtout à fixer des limites et à déterminer le nombre de professeurs nécessaires pour l'instruction complète dans les écoles. En formant des différentes parties un seul tout, nous avons tâché de faire voir les rapports qui existent entre elles, de manière que l'officier, vers quelque service qu'il tende de préférence, et même le sous-officier, acquièrent plus facilement les connaissances qu'ils doivent posséder.

On objectera probablement que, dans l'*instruction scientifique* (partie complémentaire), il serait inutile de faire précéder les cours de construction, de fabrication, par les cahiers classiques de l'Ecole de Metz : nous les avons placés là, afin qu'ils puissent servir de points de départ et démontrer qu'ils seront encore très-utiles à consulter, surtout s'ils renferment toutes les données piusées à l'Ecole de Metz, et s'ils contiennent de plus les tableaux des principes et les formules enseignées à l'École Polytechnique.

Jugeant que les cours de Metz ne doivent point être exposés tels qu'ils sont présentés dans le travail de la commission mixte de 1807, et ne connaissant pas assez comment ils sont actuellement distribués, nous nous sommes permis de les porter sur le tableau n° 1, tels que nous les avons indiqués en note, page 78. Ces cahiers classiques doivent suppléer aux ouvrages ordinaires, qui ne donnent que des idées générales qui, convenant à tout le monde, ne peuvent suffire en particulier : car chacun trouve dans ces derniers beaucoup de choses peu importantes ou inutiles, tandis que celles nécessaires pour eux n'y sont et ne peuvent y être traitées que superficiellement. Si de tels ouvrages sont les premiers rudimens des sciences, il reste à les circonscrire et à en développer les applications dans des traités spéciaux, de manière que les règles et les applications soient mises en face et se touchent : c'est ainsi que la physique, la chimie, etc., doivent être présentées pour l'artillerie autrement que dans des ouvrages élémentaires, et former avec les applications un *tout compact*, exempt *de répétions* qui fatiguent et font perdre l'enchaînement des idées. D'ailleurs, quel embarras pour l'officier d'artillerie s'il fallait qu'il eût en sa possession tous les ouvrages qui ont indirectement rapport à son état ? Combien ne serait-il pas à craindre que, ne se renfermant pas dans de justes limites, il se livrât à d'autres études au détriment de celles qui concernent particulièrement son service ? *Le temps est le premier élément nécessaire pour l'instruction, et combien n'est-il pas précieux pour l'officier qui doit le consacrer à l'étude de tant de sujets différens.* Ainsi tous les moyens qui peuvent servir à le ménager doivent être accueillis et mis à profit. Les cahiers classiques de l'Ecole de Metz concourront à ce but ; ne devant pas cependant être trop développés, ni surchargés de notes, des renvois aux divers ouvrages qui traitent de la matière, avec désignation des volumes, des pages, des éditions, ainsi qu'il est dit dans le travail de la commission mixte de 1807, suppléeront pour les plus amples renseignemens.

Les connaissances générales et scientifiques reposant sur des faits constituent *la théorie*. Pour *pratiquer*, il faut descendre dans les détails, et l'exécution de ces

(319)

détails est soumise aussi à des, règles qui doivent être
connues de l'officier dans chaque espèce de service, et
des employés qui se trouvent dans les établissemens.
Toutes ces règles de détails, nomenclatures, manipulations, comptabilité, seront en conséquence consignées
dans des *manuels*, ouvrages spéciaux soumis à une classification autant que possible générale et uniforme. On
aura deux sortes de manuels : manuels des établissemens,
et manuels des services de guerre. Ces ouvrages serviront principalement de guide dans chaque service *en
particulier*. Pour ce qui tient aux principes, aux données générales, étant développés suffisamment dans les
cours d'instruction, il suffira, pour la théorie, de renvoyer
à ces cahiers. Ainsi liés les uns aux autres, on aura en
somme des ouvrages théoriques et pratiques qui comprendront toute l'instruction nécessaire aux officiers.

Quant aux traités pour l'instruction élémentaire, ils
devront être rédigés et établis de manière que les cours
et les petits manuels de services de guerre soient liés
et coordonnés entre eux.

BIBLIOTHÈQUE DES

SOUS-OFFICIERS.		LIEUTENANS.		LIEUTENANS (Anciens élèves).	
Arithmétique et géométrie.	1.	Mathématiques . . .	2.	Cahiers de Metz	6.
Premiers éléméns { de phys. mécanique } { de chimie } . .	1.	Physique mécanique.	1.	Constructions	1.
Cahier d'épures et problèmes. . .	1.	Chimie	1.	Fabrication	1.
Premiers élémens de grammaire française.	1.	Cahier d'épures et problèmes	1.	Service propre de l'artillerie	1.
Petits manuels		Gramm. française. .	1.	Rapport de l'artillerie avec les autres armes.	1.
		Service propre de l'artillerie.	1.	Cahier de projets, de levés, etc.	1.
		Petits manuels.		Petits manuels.	
				Man. des établissemens. . .	

Au lieu de réunir les différens traités en volumes, il serait préférable de les laisser séparés en cahiers tous de même format, afin qu'ils fussent à la portée de chaque individu suivant ses goûts, etc. ; cela serait surtout nécessaire pour les *petits manuels* des services de guerre, afin que les sous-officiers, artificiers, pontonniers, etc., pussent se procurer les cahiers qui ont le plus de rapports avec leurs services.

Tous les ouvrages n'étant pas également utiles, les manuels des établissemens ne seraient, par exemple, indispensables qu'à ceux qui y seraient employés : ces ouvrages seraient en effet de peu d'utilité aux officiers de régiment, d'autant plus qu'on ne peut croire qu'avec ces livres, quelque bien faits qu'on doive les supposer, des officiers sans aucune pratique pussent faire exécuter des travaux qui ne sauraient être confiés qu'à ceux mêmes qui ont passé par les établissemens, et qui s'y sont occupés avec fruit pendant un certain temps.

L'histoire militaire, le recueil de projets, ne seraient pas plus nécessaires à tous les officiers du corps ; ceux qui ne posséderaient pas ces cahiers les trouveraient toujours pour les consulter, soit auprès de leurs camarades, soit dans les bibliothèques.

En présentant le tableau des connaissances que doit acquérir l'officier d'artillerie, nous sommes donc loin d'admettre qu'il doive les posséder toutes aussi bien, parce qu'il y a trop universalité, et qu'il est réservé à peu d'hommes de devenir universels ; mais tout en s'adonnant à un service, l'officier ne doit point négliger les autres, les perdre de vue : le titre d'*officier d'artillerie* n'appartient en effet qu'à celui qui domine assez l'ensemble pour saisir les rapports qui lient entre eux tous les services.

Nous n'avons pas jugé convenable d'adopter la forme
de *dictionnaire* pour aucune partie, parce que l'ordre
alphabétique ne peut se prêter à la liaison des idées,
que par conséquent la forme de dictionnaire ne doit être
admise que lorsqu'on veut traiter un sujet étranger, ou
embrasser un système de connaissances très-variées et
indépendantes, ainsi que les auteurs de l'Encyclopédie
l'ont fait d'une manière plus ou moins satisfaisante pour
le système général des connaissances humaines. Dans ce
dernier cas, tant de choses ne pouvant être facilement
classées dans nos faibles têtes, il importe peu que des
données qui doivent nous rester pour ainsi dire étrangères y entrent alphabétiquement ou de toute autre manière (1). Au reste, on voudra bien remarquer que nous
présentons un cahier de nomenclature pour la partie
militaire, et que dans les manuels des établissemens, le
chapitre II doit être spécialement consacré à la nomenclature des machines, outils, manipulations avec *figures*.

Un travail important consisterait dans la réforme des
nomenclatures, en faisant dériver les noms de ceux des
opérations et des choses, et en les simplifiant par la réduction des synonymes, homonymes : ainsi, on parviendrait à gagner beaucoup sur l'étude des mots au profit
de celle des choses.

---

(1) Les encyclopédistes disaient eux-mêmes que leur dictionnaire
pourrait servir de bibliothèque à un savant dans tous les genres, excepté le sien. Le principal motif qui les avait engagés à suivre l'ordre
alphabétique consistait en ce que, devant tirer parti de tous les documens partiels sur chaque branche d'industrie, etc., il leur aurait été
impossible de les réunir avec discernement, et qu'ils auraient trouvé
peu de collaborateurs. Pour être certains de réussir, ils n'avaient
d'ailleurs, ainsi qu'ils le disaient, qu'à perfectionner le dictionnaire
de Chambers, déjà goûté par le public, etc.

(325)

On trouvera peut-être étrange que nous ayons placé
de la fortification dans la troisième série de l'instruction élémentaire ; mais nous prions d'observer que c'est
aussi comme application de la géométrie descriptive ; cette
instruction, devant d'ailleurs être donnée en particulier
aux officiers de régiment, ne pouvait figurer qu'à cette
place. Au surplus, les cahiers dont nous présentons les
programmes étant séparés, leur place importe peu ;
chacun pourra choisir : ce qui est réellement important,
c'est l'ensemble des moyens pour atteindre le but et
donner à la science ses véritables organes.

Dans le *service propre de l'artillerie* (instruction
militaire), si nous avons ajouté l'hippiatrique, c'est
moins pour que l'on s'occupe de l'anatomie et de la
médecine des chevaux que de leur emploi, attelage, etc. :
c'est pourquoi nous avons cru spécifier ces détails à la
suite du mot hippiatrique.

L'artillerie, comme service public, doit faire les plus
grands efforts pour parvenir à faire adopter les *nouvelles
mesures* dans tous ses établissemens. Pour y arriver, il
suffirait peut-être que S. Exc. le ministre de la guerre
fît établir des tableaux comparatifs de mesures les plus
usuelles, et ordonnât que dorénavant toutes les cotes
fussent présentées en mesures anciennes et nouvelles,
jusqu'à ce que l'on fût assez familiarisé avec les dernières : c'est dans cette intention que nous avons cru qu'il
conviendrait d'ajouter aux seize cahiers ou petits manuels un dix-septième, renfermant les tableaux comparatifs des poids et mesures auxquels on recourt le plus
habituellement.

PREMIÈRES MESURES A ADOPTER.

Pour mettre à exécution le nouveau plan d'étude, les premières mesures à adopter consisteraient :

1° A soumettre, *dès ce moment,* à la discussion dès officiers, dans les écoles et dans les établissemens, un projet de programme des matières à traiter par la suite dans *les cours* des écoles régimentaires.

2° A faire un choix parmi les jeunes professeurs et parmi les officiers portés à se vouer à l'enseignement, et employer *dès à présent* ces sujets dans les différens services, les leur faire connaître successivement, afin qu'en leur accordant ensuite *au concours* les places de professeurs des cours complémentaires et du service propre de l'artillerie, les candidats admis fussent en état de faire, d'une manière avantageuse, ces *cours*, et de présenter convenablement les applications *spéciales* des sciences aux services de l'artillerie (1).

Les programmes des cours, après avoir été discutés dans les écoles, étant *provisoirement* déterminés au comité, les candidats seraient tenus de rédiger des cahiers conformément à ces programmes, pendant leur emploi dans les différens services, cahiers qui seraient présentés par eux au concours, et qui, considérés comme *examens écrits*, contribueraient à leur classement pour l'admission. Par ce moyen, les aspirans reçus comme

______

(1) De telles dispositions ne porteraient pas atteinte aux droits acquis des professeurs actuels, qui conserveraient l'enseignement des *cours élémentaires*, ainsi que nous l'avons dit en note, page 136.

professeurs et préparés, dès le principe, à enseigner, n'auraient qu'à exposer les matières qu'ils auraient déjà approfondies, et dont ils n'auraient plus qu'à modifier les développemens avec le temps et l'expérience.

Quant à la rédaction définitive des cahiers, l'expérience seule pouvant fixer les limites les plus naturelles des cours pour leurs développemens et leur durée, ce ne serait qu'après un cours complet, fait d'après une marche à peu près semblable à celle que nous avons tracée, page 140 et suivantes, que la rédaction définitive pourrait en être entreprise conformément aux programmes modifiés alors d'après l'expérience et *arrêtés* définitivement; les cahiers seraient mis au concours, et puis ceux adoptés coordonnés entre eux au comité avant leur impression.

L'organisation des grandes-écoles, la réduction des neuf existantes à cinq, ne contribueraient pas seulement d'une manière puissante à assurer la réussite des moyens proposés, mais devraient encore être considérées comme une mesure indispensable pour que les cours fussent continuellement suivis par un assez grand nombre d'élèves, et pour que l'émulation se soutînt, pour qu'il y eût économie et que l'on pût multiplier les ressources en tout genre sur un si petit nombre de points, ainsi qu'il serait facile de le faire.

Tel est le plan d'étude qu'on pourrait croire naturel, et, par conséquent, assez simple non pas à préparer, mais à suivre, lorsque les matériaux seraient réunis et disposés avec ordre. A le considérer sous un autre point de vue, on peut croire que, le système de nos connaissances ainsi entendu, on arriverait à fixer d'une manière plus précise les rapports qui doivent exister entre les différens services de l'artillerie, de même qu'il serait possible, à l'aide d'un plan d'études bien raisonné pour l'histoire naturelle, de parvenir à assurer la dépendance réciproque des parties qui la composent. — L'exposé méthodique des travaux de l'arme ferait mieux ressortir toute leur importance, et servirait à justifier la bienveillance et les encouragemens que le Gouvernement se plaît à accorder à l'artillerie; il servirait même à démontrer combien il serait facile et avantageux, dans l'intérêt de l'Etat, de rapprocher les corps de l'artillerie, du génie et de l'état-major, dont les attributions sont si étroitement liées entre elles, en établissant des foyers communs d'instruction et en étendant les spécialités.

Esquisse du Programme d'un Cours complet d'Artillerie à l'usage du Corps Royal.

INSTRUCTION SCIENTIFIQUE (SERVICES A L'INTÉRIEUR).

	ÉLÉMENTAIRE.		COMPLÉMENTAIRE.
PREMIÈRE SÉRIE.	DEUXIÈME SÉRIE.	TROISIÈME SÉRIE.	QUATRIÈME SÉRIE.

INSTRUCTION MILITAIRE (SERVICES DE GUERRE).

MÉLANGES (OUVRAGES A CONSULTER).

ÉCOLES RÉGIMENTAIRES.

ÉTABLISSEMENTS.

INSTRUCTION

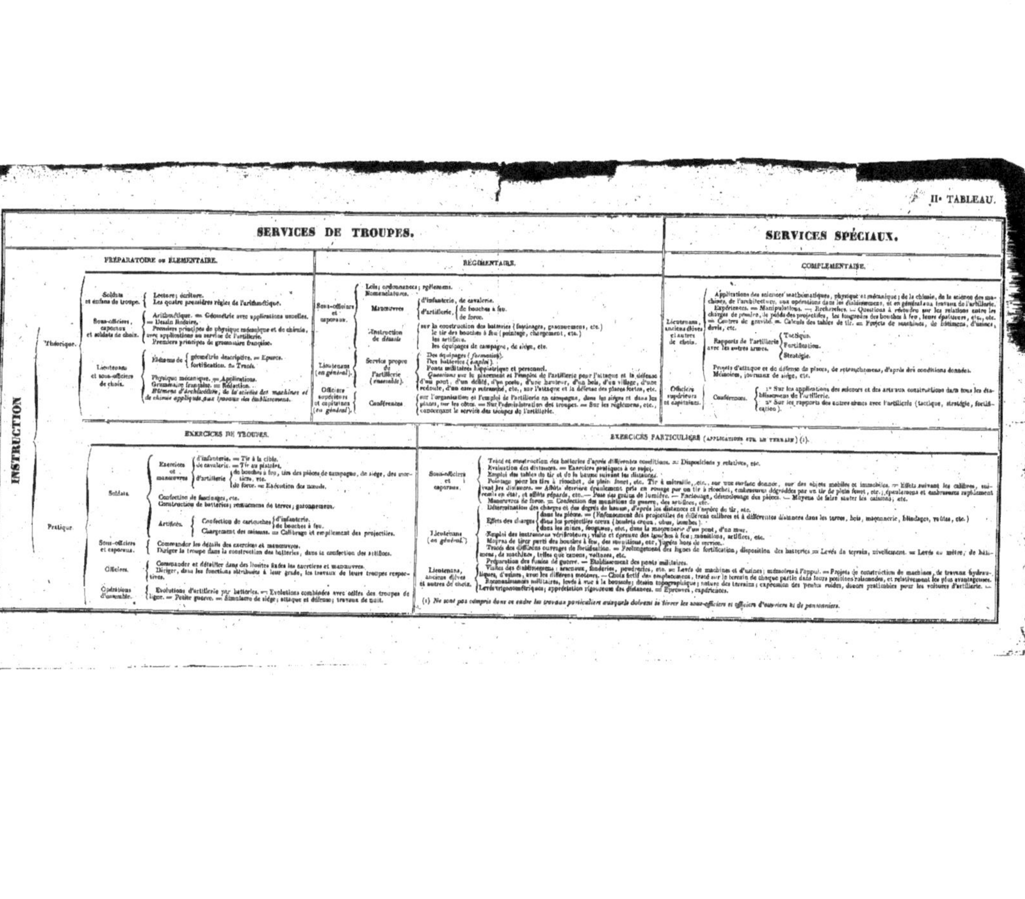

SERVICES DE TROUPES. — SERVICES SPÉCIAUX.

Théorique.

PRÉPARATOIRE ou ÉLÉMENTAIRE.

Soldats et enfans de troupe. { Lecture; écriture. / Les quatre premières règles de l'arithmétique.

Sous-officiers, caporaux et soldats de choix. { Arithmétique. = Géométrie avec applications usuelles. = Dessin linéaire. / Premiers principes de physique mécanique et de chimie, avec applications au service de l'artillerie. / Premiers principes de grammaire française.

Lieutenans et sous-officiers de choix. { Élémens de { géométrie descriptive. = Épures. / fortification. = Tracé. } / Physique mécanique. = Applications. / Grammaire française. = Rédaction. / Élémens d'architecture, de la science des machines et de chimie appliqués aux travaux des établissemens.

RÉGIMENTAIRE.

Sous-officiers et caporaux. { Lois, ordonnances; réglemens. / Nomenclatures. / Manœuvres { d'infanterie, de cavalerie. / d'artillerie, { de bouches à feu. / de force. } }

Lieutenans (en général). { Instruction de détails { sur la construction des batteries (fascinages, gazonnemens, etc.) / le tir des bouches à feu (pointage, chargement, etc.) / les artifices. / les équipages de campagne, de siège, etc. } / Service propre de l'artillerie (ensemble). { Des équipages (formation). / Des batteries (emploi). / Ponts militaires hippiatrique et personnel. / Questions sur le placement et l'emploi de l'artillerie pour l'attaque et la défense d'un pont, d'un défilé, d'un poste, d'une hauteur, d'un bois, d'un village, d'une redoute, d'un camp retranché, etc., sur l'attaque et la défense des places fortes, etc. }

Officiers supérieurs et capitaines (en général). { Conférences { sur l'organisation et l'emploi de l'artillerie en campagne, dans les sièges et dans les places, sur les côtes. = Sur l'administration des troupes. = Sur les réglemens, etc., concernant le service des troupes de l'artillerie. }

COMPLÉMENTAIRE.

Lieutenans anciens élèves et autres de choix. { Applications des sciences mathématiques, physique et mécanique; de la chimie, de la science des machines, de l'architecture, aux opérations dans les établissemens, et en général aux travaux de l'artillerie. / Expériences. = Manipulations. = Recherches. = Questions à résoudre sur les relations entre les charges de poudre, le poids des projectiles, les longueurs des bouches à feu, leurs épaisseurs, etc., etc. = Centres de gravité. = Calculs des tables de tir. = Projets de machines, de bâtimens, d'usines, devis, etc. / Rapports de l'artillerie avec les autres armes. { Tactique. / Fortification. / Stratégie. } / Projets d'attaque et de défense de places, de retranchemens, d'après des conditions données. / Mémoires, journaux de siège, etc. }

Officiers supérieurs et capitaines. { Conférences { 1° Sur les applications des sciences et des arts aux constructions dans tous les établissemens de l'artillerie. / 2° Sur les rapports des autres armes avec l'artillerie (tactique, stratégie, fortification). }

Pratique.

EXERCICES DE TROUPES.

Soldats. { Exercices et manœuvres { d'infanterie. = Tir à la cible. / de cavalerie. = Tir au pistolet. / d'artillerie { de bouches à feu, tir des pièces de campagne, de siège, des mortiers, etc. / de force. = Exécution des nœuds. } } / Confection de fascinages, etc. / Construction de batteries; remuemens de terres; gazonnemens. / Artifices. { Confection de cartouches { d'infanterie. / de bouches à feu. } / Chargement des caissons. = Calibrage et emplacement des projectiles. }

Sous-officiers et caporaux. Commander les détails des exercices et manœuvres. / Diriger la troupe dans la construction des batteries, dans la confection des artifices.

Officiers. Commander et détailler dans les limites fixées les exercices et manœuvres. / Diriger, dans les fonctions attribuées à leur grade, les travaux de leurs troupes respectives.

Opérations d'ensemble. Évolutions d'artillerie par batteries. = Évolutions combinées avec celles des troupes de ligne. = Petite guerre. = Simulacre de siège; attaque et défense; travaux de nuit.

EXERCICES PARTICULIERS (APPLICATIONS SUR LE TERRAIN) (1).

Sous-officiers et caporaux. { Tracé et construction des batteries d'après différentes conditions. = Dispositions y relatives, etc. / Évaluation des distances. = Exercices pratiques à ce sujet. / Emploi des tables de tir et de la hausse suivant les distances. / Pointage pour les tirs à ricochet, de plein fouet, etc. Tir à mitraille, etc., sur une surface donnée, sur des objets mobiles et immobiles. = Effets suivant les calibres, suivant les distances. = Affûts derrière épaulement pris en rouage par un tir à ricochet, embrasures dégradées par un tir de plein fouet, etc.; épaulemens et embrasures rapidement remis en état, et affûts réparés, etc. — Pose des grains de lumière. — Enclouage, désenclouage des pièces. — Moyens de faire sauter les caissons; etc. / Manœuvres de force. = Confection des munitions de guerre, des artifices, etc. }

Lieutenans (en général). { Détermination des charges et des degrés de hausse, d'après les distances et l'espèce de tir, etc. / Effets des charges { dans les pièces. = (Enfoncement des projectiles de différens calibres et à différentes distances dans les terres, bois, maçonnerie, blindages, voûtes, etc.) / dans les projectiles creux (boulets creux, obus, bombes). / dans les mines, fougasses, etc., dans la maçonnerie d'un pont, d'un mur. } / Emploi des instrumens vérificateurs; visite et épreuve des bouches à feu; munitions, artifices, etc. / Moyens de tirer parti des bouches à feu, des munitions, etc., jugées hors de service. / Tracé des différens ouvrages de fortification. = Prolongement des lignes de fortification, disposition des batteries. = Levés de terrain, nivellement. = Levé au mètre; de bâtimens, de machines, telles que canons, voitures, etc. / Préparation des fusées de guerre. — Établissement des ponts militaires. }

Lieutenans, anciens élèves et autres de choix. { Visites des établissemens : arsenaux, fonderies, poudreries, etc. = Levés de machines et d'usines; mémoires à l'appui. — Projets de construction de machines, de travaux hydrauliques, d'usines, avec les différens moteurs. — Choix actif des emplacemens, tracé sur le terrain de chaque partie dans leurs positions raisonnées, et relativement les plus avantageuses. / Reconnaissances militaires, levés à vue à la boussole; dessin topographique; nature des terrains; exposition des pentes roides, douces praticables pour les voitures d'artillerie. = Levés trigonométriques; appréciation rigoureuse des distances. = Épreuves, expériences. }

(1) Ne sont pas compris dans ce cadre les travaux particuliers auxquels doivent se livrer les sous-officiers et officiers d'ouvriers et de pontonniers.

ERRATA.

Pages.	Lignes.	
18	15	personnelle, *lisez* du personnel.
33	2	nul ne pouvait être admis dans le corps *sur* l'artillerie et du génie, sans être parfaitement instruit *de* l'arithmétique, *lisez* nul ne pouvait être admis dans le corps *de* l'artillerie et du génie, sans être parfaitement instruit *sur* l'arithmétique.
81	11	de la note, esprit, *lisez* l'esprit.
83	14	entrassent seuls dans, *lisez* entrassent dans.
92	23	de meilleurs, *lisez* des meilleurs.
98	20	des plans, *lisez* des lignes et des surfaces planes.
154	12	de décharge et trait, *lisez* de charge et de trait.
221	1	, l'influence, *lisez* . L'influence.
311	22	de la note, distinguaient, *lisez* distingueraient.

Note relative au 5e verset : elle contient une discussion gram-
maticale, géographique et théologique sur Balaam, fils de Béor,
devin à Péthor, dans le voisinage de l'Euphrate. On examine
principalement si Balaam étoit un vrai ou un faux prophète.

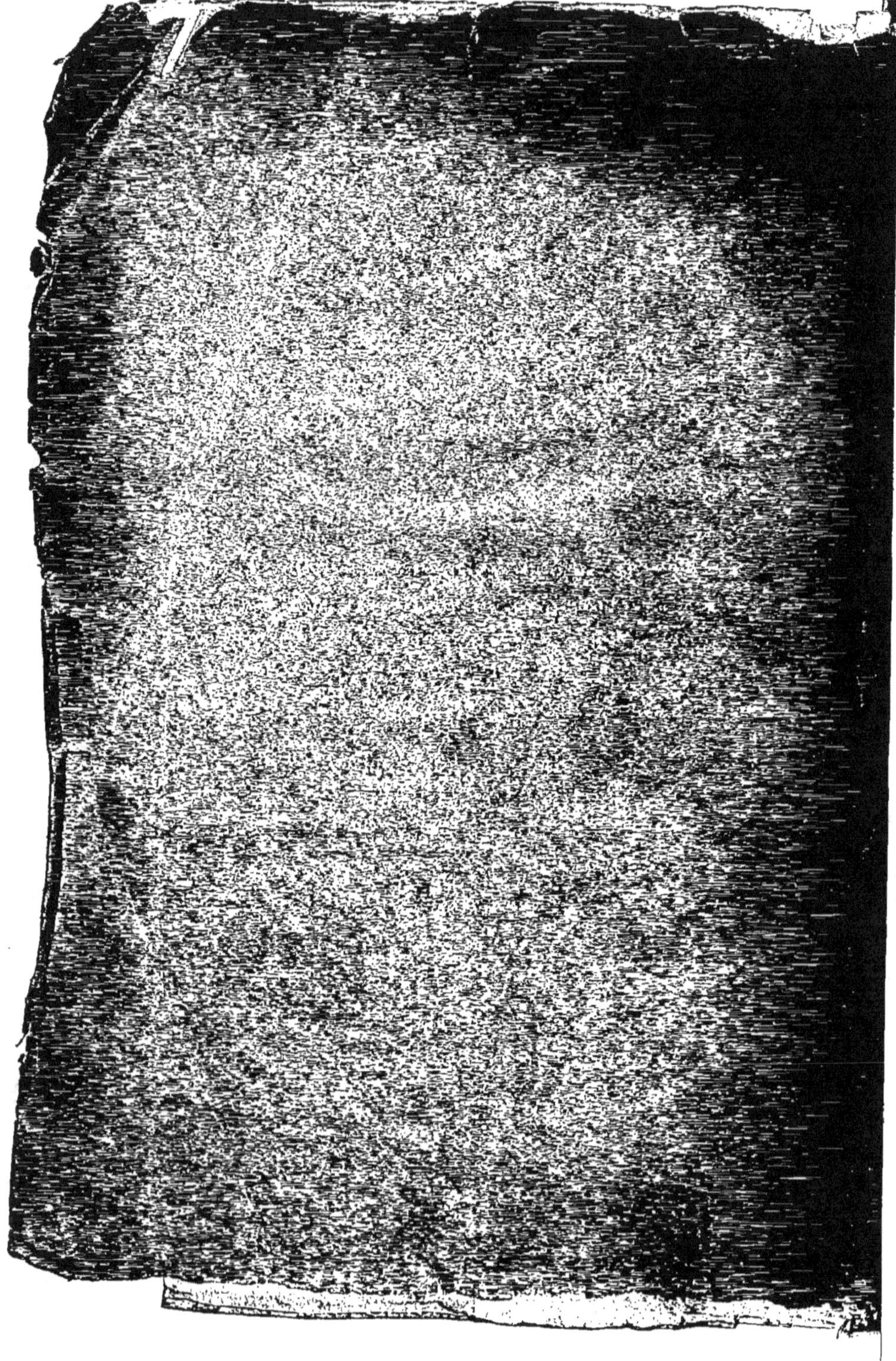